NIEDERDEUTSCHE STUDIEN

Schriftenreihe der Kommission für Mundart- und Namenforschung
des Landschaftsverbandes Westfalen-Lippe

HERAUSGEGEBEN VON ANTJE DAMMEL

SCHRIFTLEITUNG: MARKUS DENKLER

BAND 65

böhlau

GROSSLANDSCHAFTLICHE DIALEKTWÖRTERBÜCHER ZWISCHEN LINGUISTIK UND LANDESKUNDE

herausgegeben
von

Antje Dammel und Markus Denkler

2024

BÖHLAU VERLAG WIEN KÖLN

Bibliografische Information der Deutschen Bibliothek

Die Deutsche Bibliothek verzeichnet diese Publikation
in der Deutschen Nationalbibliografie:
detaillierte bibliografische Daten sind im Internet unter
http://dnb.ddb.de abrufbar

Printed in Germany

Satz: Kommission für Mundart- und Namenforschung Westfalens

Druck und Herstellung: LUC GmbH, Selm

ISBN: 978-3-412-52993-2

Inhalt

Einleitung zum Band

Antje Dammel / Markus Denkler, Münster

Der vorliegende Band versammelt Beiträge des Kolloquiums „Großlandschaftliche Dialektwörterbücher zwischen Linguistik und Landeskunde", das die Kommission für Mundart- und Namenforschung vom 28. bis zum 29. Oktober 2021 in Münster veranstaltet hat. Tagungsorte waren der Vortragssaal des LWL-Museums für Kunst und Kultur am Domplatz und der Plenarsaal im LWL-Landeshaus am Freiherr-vom-Stein-Platz.

Anlass für das Kolloquium war die Fertigstellung des fünfbändigen „Westfälischen Wörterbuchs" im Jahr 2021. Im Jahr 1927 wurde das Archiv des „Westfälischen Provinzial-Wörterbuchs" gegründet. In den folgenden Jahren legten die Mitarbeiterinnen und Mitarbeiter die Grundlage zur Erstellung eines Wörterbuchs der westfälischen Dialekte, indem sie zahlreiche Fragebogen verschickten, Erhebungen vor Ort durchführten und Belege verzettelten, lemmatisierten und ordneten. Bis heute umfasst das Archiv rund 500 Kästen mit etwa 1,35 Millionen Belegzetteln. Ab dem Jahr 1973 erschien das Westfälische Wörterbuch zunächst jährlich in schmalen Heftlieferungen, später in abgeschlossenen Bänden. Im Laufe der Jahre haben elf hauptamtliche Mitarbeiterinnen und Mitarbeiter sowie zahlreiche ehrenamtlich Tätige an dem großlandschaftlichen Wörterbuch gearbeitet. Den größten Anteil am erfolgreichen Abschluss hatte Dr. Robert Damme, der 2021 auch in den Ruhestand verabschiedet wurde. Der Projektverantwortliche hatte seit 1985 an dem Wörterbuch gearbeitet und es sich zum Ziel gesetzt, das Projekt bis zu seinem Ruhestand abzuschließen. Dieses Ziel hat er dank seines unermüdlichen Einsatzes und seiner planerischen Umsicht erreicht.

Seit dem Oktober 2023 ist das Westfälische Wörterbuch online im Portal „Wörterbuchnetz" unter www.woerterbuchnetz.de/WWB verfügbar. Die vom Trier Center for Digital Humanities (TCDH) an der Universität Trier betriebene Plattform bietet Zugriff auf mehr als 30 wissenschaftliche Wörterbücher, darunter auch mehrere großlandschaftliche Dialektwörterbücher (vgl. Moulin / Hildenbrandt 2012). Das Westfälische Wörterbuch ist das erste niederdeutsche Wörterbuch, das im „Wörterbuchnetz" angeboten wird. Damit ist das Westfälische Wörterbuch auch im Volltext durchsuchbar und kann über die lexikographischen Verweise der Druckausgabe hinaus zukünftig mit zahlreichen wissenschaftlichen Wörterbüchern vernetzt werden.

Im Unterschied zu vielen lokalen bzw. kleinregionalen und zumeist nicht von
Sprachwissenschaftlern erstellten Dialektwörterbüchern (vgl. für das Westfälische
etwa Damme 2016, 2023, Wirrer 2016) stellen die großlandschaftlichen Wörterbücher sprachwissenschaftliche Dokumentationen dar (vgl. etwa Niebaum / Macha
2014, 40–43 sowie 122–133 am Beispiel des Thüringischen Wörterbuchs). Sie beruhen auf großen Materialsammlungen und haben zumeist mit beträchtlicher Laut-,
Formen- und Bedeutungsvarianz in ihren Bearbeitungsgebieten zu tun, die nach
entsprechenden Prinzipien aufgearbeitet werden.

Die großlandschaftlichen Dialektwörterbücher erfassen auf diese Weise arbeitsteilig und flächendeckend den Wortschatz der deutschen Dialekte. Nach ihrer
Fertigstellung werden sie insgesamt eine umfassende wissenschaftliche Dokumentation der dialektalen Lexik im deutschen Sprachraum bieten. Von den 29 großlandschaftlichen Dialektwörterbüchern sind 15 bereits abgeschlossen, wie etwa
das Rheinische Wörterbuch oder das Mecklenburgische Wörterbuch, 14 sind noch
in Arbeit, wie das Niedersächsische Wörterbuch oder das Bayerische Wörterbuch
(vgl. König 2007, 138; Moulin 2010). Die noch laufenden Wörterbuchunternehmungen sind verbunden im „Netzwerk großlandschaftlicher Dialektwörterbücher
des Deutschen" (LexikoNet); eine aktuelle Übersicht bietet der Band von Lenz /
Stöckle (2021).

Das Spannungsfeld *Linguistik und Landeskunde* betrifft die Dialektologie
insgesamt, die einerseits partikular einzelne „Landschaften" fokussiert und mit
regionalen Wissensbeständen, regionalen kulturellen Praktiken und der Landesgeschichte zu tun hat, andererseits auf die allgemeine Erforschung etwa von
sprachlicher Variation und sprachlichem Wandel abzielt. Bei den großlandschaftlichen Dialektwörterbüchern kommen aber noch zwei Punkte hinzu: Erstens waren
die Wörterbücher bei ihrer Gründung zum Teil mit der regionalen Kulturpolitik
und der Heimatbewegung verflochten. Von der Erforschung der „Kulturräume"
(vgl. Frings / Tille 1925/26; Grober-Glück 1982) wurde teilweise Nutzen für die
regionale Kulturpolitik erhofft, die Wörterbuchkanzleien standen hier besonders
im Fokus (vgl. hierzu auch Ditt 2023). Zweitens griff bei den Wörterbüchern in
besonderem Maße die Erwartung, dass neben sprachbezogenen auch detaillierte
sachkundliche bzw. alltagskulturelle Informationen vorzuhalten sind. Mundartforschung und Alltagskulturforschung (damals „Volkskunde") wurden in der ersten
Hälfte des 20. Jahrhunderts als eine Disziplin wahrgenommen. Dabei war auch die
Mitarbeit von Laien von großer Bedeutung, sodass deren Einbindung sowie die
Verankerung der Unternehmung in landeskundlichen und heimatbewegten Kreisen die Datensammlung stark geprägt haben. Daher schloss die Sammeltätigkeit
der Wörterbucharchive sprachliche wie landes- und alltagskulturelle Themen und
Fragestellungen ein (vgl. beispielhaft Cantauw 2023 für das Westfälische Wörterbuch). Im Prozess der Bearbeitung und Publikation der Wörterbücher wurden

diese Bereiche oft unterschiedlich gewichtet. Im Westfälischen Wörterbuch beispielsweise wurden aus arbeitsökonomischen Zwängen landeskundliche bzw. alltagskulturelle Informationen zurückgestuft (vgl. Damme 2021). Daher finden sich in diesen Fällen in den Wörterbucharchiven und in den darauf aufbauenden Datenbanken oft weit mehr landeskundliche und alltagskulturelle Informationen als in den Wörterbüchern selbst. Die Trägerin des Westfälischen Wörterbuchs, die Kommission für Mundart- und Namenforschung Westfalens, ist in die Landeskunde eingebunden als eine von sechs Westfälischen Kommissionen für Landeskunde (WKL) im Landschaftsverband Westfalen-Lippe.

In den sieben Beiträgen des vorliegenden Bandes geht es um die Besonderheiten dieser wissenschaftlichen Dokumentationen der dialektalen Wortschätze und um Perspektiven der weiteren Nutzung. In den Fokus rücken dabei die Quellen der Dialektwörterbücher, der Einbezug landeskundlicher und alltagskultureller Angaben in den Wortartikeln, Möglichkeiten der sprachwissenschaftlichen Nachnutzung der Daten in den Wörterbüchern und in den Wörterbucharchiven sowie Fragen der Digitalisierung und Vernetzung dieser Nachschlagewerke.

Ein hervorstechendes Merkmal der großlandschaftlichen Dialektwörterbücher bilden wie erwähnt die teils umfangreichen sachkundlichen und alltagskulturellen Angaben, die die Wörterbuchartikel und entsprechend auch die Archive und Datenbanken bieten. Die Beiträge von Vollmer, Wenner und Gellan / Stöckle beschäftigen sich aus verschiedenen Perspektiven mit dem Spannungsfeld zwischen Informationen im Belegarchiv und deren Aufnahme in die Wörterbuchartikel. Außerdem zeigen sie neue Forschungsperspektiven auf, die sich im Vergleich verschiedener Wörterbücher und durch die Digitalisierung von Wörterbucharchiven ergeben.

In seinem Beitrag „Enzyklopädische Angaben in niederdeutschen Dialektwörterbüchern" untersucht **Matthias Vollmer** (Greifswald) vergleichend die Berücksichtigung enzyklopädischer Angaben im Brandenburg-Berlinischen Wörterbuch, im Mecklenburgischen Wörterbuch, im Preußischen Wörterbuch, im Westfälischen Wörterbuch, im Niedersächsischen Wörterbuch und im Pommerschen Wörterbuch. Zum einen wird der Frage nachgegangen, inwieweit die Relevanz sachbezogener Informationen auch in den Vorworten der behandelten Werke Thema ist. Zum anderen werden Umfang und Art der enzyklopädischen Angaben anhand der Artikel „Fastelabend", „Egge" und „Mühle" in den Wörterbüchern beispielhaft untersucht.

Der Beitrag von **Andreas Gellan und Philipp Stöckle** (Wien) zeigt am Beispiel des Wörterbuchs der bairischen Mundarten Österreichs (WBÖ) auf, wie Informationen zu Landeskunde und Alltagskultur zunächst gleichberechtigt mit sprachlichen Informationen erhoben wurden, im langjährigen Prozess der Bearbeitung des Wörterbuchs aus arbeitspragmatischen Zwängen aber früh zurückgestuft wurden. Durch die Zurückstufung im Wörterbuch sind über die Wörterbuchartikel hinaus die Wörterbucharchive (Belegzettel, Fragebücher, Fragebögen) und im Fall des WBÖ die alle genannten Datenarten einschließende Datenbank „Lexikalisches

Informationssystem Österreichs" (LIÖ) der Ort, an dem sich alltagskulturelle und landeskundliche Informationen auswerten lassen. Die Auswertungsmöglichkeiten in LIÖ demonstrieren die Verfasser am Beispiel der Praktiken, die in den WBÖ-Erhebungen für den Umgang mit der menschlichen Nabelschnur festgehalten wurden. Die Autoren zeigen, dass die Möglichkeiten, alltagskulturellen Forschungsfragen nachzugehen, durch die Digitalisierung von Belegmaterial massiv gesteigert werden.

Ulrich Wenner (Wittenberg) hebt aus der Perspektive des Bearbeiters eines laufenden Wörterbuchprojekts in seinem Beitrag „Von Redensarten, Wetterregeln und Bräuchen. Der Belegteil in den Artikeln des Mittelelbischen Wörterbuchs" den Belegteil als einen Baustein im Wörterbuchartikel hervor, in dem Bearbeiter großen Gestaltungsspielraum durch Auswahl und Präsentation von Belegen haben. Dass Wörter hier in ihren Verwendungskontexten gezeigt werden können, macht den Belegteil ergiebig für alltagskulturelle Fragestellungen. Wenner benennt zunächst Anforderungen (Verwendungsvielfalt abbilden) und Probleme der Belegauswahl, etwa Heterogenität, unterschiedliche Verlässlichkeit und unterschiedliche Dichte der Quellen innerhalb des Arbeitsgebiets. Er diskutiert die Eignung von Phraseologismen, die nur in Auswahl ins Wörterbuch gelangen, so dass auch hier (digitalisierte) Archive als Quelle für weiterführende Untersuchungen dienen können. Im Belegteil erscheinen unterschiedliche Arten phraseologischer Einheiten, die Wenner systematisiert und mit Beispielen illustriert. Zuletzt zeigt er für Lemmata mit genuin alltagskulturellen Denotaten wie Ernte- oder Schlachtfesten, dass in diesen Fällen die Beschreibung alltagskultureller Praktiken in den Vordergrund tritt.

Die im Folgenden vorgestellten Beiträge stellen die Digitalisierung und Vernetzung großlandschaftlicher Wörterbücher ins Zentrum ihrer Forschungsfragen. Die Digitalisierung bietet große Vorteile für die Langzeitarchivierung, aber auch für die volle Erschließung sowohl der Wörterbücher als auch der Wörterbucharchive.

Andreas Bieberstedt, Nico Förster, Petra Himstedt-Vaid und Christoph Schmitt (Rostock) beschäftigen sich mit diesem Thema in ihrem Beitrag „Vom gedruckten Wörterbuch zur virtuellen Forschungsumgebung. Digitale Vernetzungsszenarien dialektaler Großwörterbücher am Beispiel des Mecklenburgischen Wörterbuchs". Sie beschreiben Potentiale, Methoden und Herausforderungen der Digitalisierung des Mecklenburgischen Wörterbuchs sowie der Verknüpfung des Wörterbuchs mit seinen Archivbeständen und Quellen. In Arbeit ist eine virtuelle Forschungsumgebung für linguistische und kulturwissenschaftliche Fragestellungen. Der Aufsatz liefert einen Projekt- und Werkstattbericht, ist aber auch ein Beitrag zur Forschungsdiskussion. Zunächst werden aktuelle Aufgabenfelder der digitalen Dialektlexikografie skizziert, im Anschluss wird das Mecklenburgische Wörterbuch im Hinblick auf Konzeption, Inhalt, Entstehungsgeschichte und Datenbasis vorgestellt. Im Zentrum steht eine Beschreibung des laufenden Digitalisierungsprojekts, in dem Szenarien für eine horizontale und vertikale Vernetzung entwickelt werden.

Anne Klee (Trier) gibt in ihrem Beitrag „Vernetzungsstrategien zwischen Dialektwörterbüchern – am Beispiel des Trierer Wörterbuchnetzes" einen Einblick in bestehende Vernetzungen großlandschaftlicher Wörterbücher im Wörterbuchnetz und in Vernetzungsperspektiven unter Einbezug maschinellen Lernens. Als Potenziale hebt sie dialektübergreifende Vergleiche aus onomasiologischer Perspektive und die vergleichende Dokumentation historischer Alltagskultur hervor. Im Vergleich des Elsässischen, Lothringischen, Pfälzischen und Rheinischen Wörterbuchs illustriert sie, wie heterogen Wörterbuchdaten in Bezug auf den Erhebungszeitraum, die berücksichtigten Varietäten und den Lemmaansatz sind, und welche Konsequenzen dies für die Vernetzungsziele auf Lemmaebene hat. Da bei den gedruckten Wörterbüchern naturgemäß nur jüngere auf ältere Wörterbücher verweisen, werden bereits jetzt einseitige Verweise zurückgespiegelt. Für weitergehende Auszeichnungen wird mit automatisiertem Markup anhand typografischer Anhaltspunkte gearbeitet, die jedoch ambig sein und auch wörterbuchintern variieren können. Zur inhaltsseitigen Vernetzung könnte eine Hyperlemmaliste hierarchisch geordneter Konzepte, die semantische Felder integriert, auf Lemma-Definition-Komplexe bezogen werden und könnten Synonyme über Word Embeddings ermittelt werden, die jedoch auf das Problem kleiner Textmengen in Definitionen stoßen. Klee betont, dass noch Grundlagenforschung an der historisch geprägten Textsorte großlandschaftliches Wörterbuch zu leisten ist, um Lösungsansätze zur formalen und inhaltsseitigen Vernetzung anwendungsreif zu machen.

Die großlandschaftlichen Wörterbücher werden oder wurden, wie bereits erwähnt, quellenbasiert erarbeitet. Große Archivbestände wurden zusammengetragen, damit diese als Grundlage für unterschiedlichste Zwecke bei der Erarbeitung der Wörterbücher dienen können. Heute empfiehlt sich eine kritische Aufarbeitung der Sammlungstätigkeit, die Materialien haben aber auch große Potenziale für die weitere Forschung in verschiedenen Bereichen. Zwei Beiträge bieten Fallstudien, die Quellenmaterial von Wörterbüchern analysieren. Dabei stehen einerseits literarische Quellen, andererseits die linguistische Nachauswertung von Fragebogendaten im Mittelpunkt.

Robert Langhanke (Flensburg) steuert in diesem Zusammenhang den Beitrag „Dichtung als Quelle. Klaus Groths *Gesammelte Werke* und das Schleswig-Holsteinische Wörterbuch als eine (zu?) fruchtbare Beziehung" bei. Er thematisiert ein prominentes Beispiel für die Berücksichtigung literarischer Quellen im Wörterbuch. Im Schleswig-Holsteinischen Wörterbuch lassen sich an die 3.000 Verweise auf Texte des Dithmarschers Klaus Groth (1819–1899) finden. Die Bedeutung und die Funktion dieser literarischen Textquellen für das Wörterbuch werden exemplarisch analysiert, wobei sich zeigt, dass Groth-Belege teils für das dithmarsische Platt, teils für älteres Niederdeutsch und teils als literarischer Sonderwortschatz aufgeführt werden.

Agnes Jäger (Jena) zeigt in ihrem Beitrag „Verborgene Schätze im Wörterbucharchiv. Morphosyntaktische Nachauswertung am Beispiel von Fragebögen des Thüringischen Wörterbuchs" am Beispiel der Fragebögen im Archiv des Thüringischen Wörterbuchs den immensen Quellenwert, den die Fragebögen der großlandschaftlichen Wörterbücher für Nachauswertungen mit dialektgrammatischen Fragestellungen haben. Im Anschluss an eine Beschreibung der Erhebungen und des Materials, bei dem es sich um Satzübersetzungen in den Dialekt handelt, untersucht sie vier ausgewählte morphosyntaktische Phänomene: Vergleichskonstruktionen, Reflexivkonstruktionen, mit *ge*-präfigierte Infinitive und das Kurzverb *han* in unterschiedlichen grammatischen Kontexten. Die beobachtete Variation bezieht sie vergleichend auf areale Variation in angrenzenden Regionen und auf die Diachronie der betrachteten Phänomene. Analysen zu weiteren Phänomenen sollen folgen und in einem Online-Atlas publiziert werden. Der Beitrag schließt mit der übergreifenden Perspektive, dass Nachauswertungen wie die vorliegenden aufgrund der ähnlichen Erhebungsmethoden der Wörterbuchprojekte auch mit dem Archivmaterial anderer großlandschaftlicher Wörterbücher möglich wären und eine gute Basis für dialektvergleichende Analysen böten.

Im Anschluss an die Portraits der Beiträge beziehen wir deren verschiedene Perspektiven und Datenzugriffe in einer Zusammenschau auf ein Entwicklungsszenario von Wörterbuchprojekten (Abb. 1). Das Szenario abstrahiert von individuellen Chronologien (z. B. Zeitpunkt der Fertigstellung) und bezieht Digitalisierung und Vernetzung als Option, nicht als Faktum, ein (vgl. hierzu auch Lameli 2021). Es vergehen oft Jahrzehnte vom Aufbau eines Wörterbucharchivs, der je nach Alter des Projekts schon mit der digitalen Erfassung von Beleginformationen in Datenbanken verbunden sein kann, bis zum Erscheinen der Wörterbuchlieferungen und -bände. Mit der Publikation gehen die gedruckten Ausgaben in die Nutzung über. An diesem Punkt ist eine Volltext-Digitalisierung des Wörterbuchs ein Türöffner, der das Spektrum möglicher Fragestellungen an das Wörterbuchmaterial immens erweitert und eine umfassende externe Vernetzung großlandschaftlicher Wörterbücher untereinander ermöglicht. Parallel dazu bieten die Archive, deren Informationen nicht vollständig im Wörterbuch publiziert werden können, vielfältige Möglichkeiten zur weiteren Nutzung – insbesondere wenn auch diese Datenbestände digitalisiert und mit Wörterbuchdaten verknüpft sind.

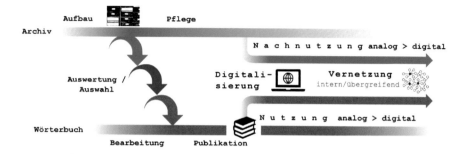

Abb. 1: Entwicklungslinien großlandschaftlicher Wörterbücher

Die Beiträge des vorliegenden Bandes setzen an unterschiedlichen Punkten dieser Entwicklungsgeschichte an: Langhankes Beitrag profiliert ein fertiges Wörterbuch als Forschungsgegenstand und untersucht den Rückgriff auf eine literarische Quelle im Schleswig-Holsteinischen Wörterbuch, wobei Praktiken der Materialauswahl nur indirekt erschließbar sind. Wenner fokussiert in seinem Beitrag auf den Schritt der Belegauswahl im Bearbeitungsprozess und stellt Phraseologismen in den Vordergrund. Vollmer geht in seinem Beitrag zu publizierten niederdeutschen Wörterbüchern dem Stellenwert enzyklopädischer Informationen nach und berührt damit sowohl Prinzipien der Sammeltätigkeit (Archiv) als auch Entscheidungen in der Lemma- und Belegauswahl bei der Bearbeitung. Gellan und Stöckle zeigen am Beispiel des Archivmaterials des WBÖ, wie auf dem Weg zur Publikation im Archiv enthaltene landeskundliche Informationen in den Hintergrund treten mussten und wie diese Informationen dank der Digitalisierung des Belegarchivs heute genutzt und auf publizierte Wörterbuchdaten bezogen werden können. Jäger führt die Nachnutzung von Fragebogendaten aus dem Archiv des Thüringischen Wörterbuchs vor. Sie zeigt, dass sich diese Daten sehr gut dazu eignen, Phänomene dialektaler Morphosyntax zu kartieren und zu analysieren und im Gesamtergebnis digital zu publizieren. In dem Beitrag von Bieberstedt, Förster, Himstedt-Vaid und Schmitt steht die Digitalisierung und interne Vernetzung der verschiedenen archivierten und publizierten Datenbestände zum Mecklenburgischen Wörterbuch in einer Forschungsumgebung im Mittelpunkt. Der Beitrag von Klee lotet Möglichkeiten der übergreifenden Vernetzung großlandschaftlicher Wörterbücher aus.

Einige Fragen nach Gemeinsamkeiten und Unterschieden großlandschaftlicher Dialektwörterbücher lassen sich dank der vorliegenden Beiträge vertieft diskutieren. Die Konzeptionen sind insgesamt recht ähnlich, auch war man von Anfang an um Vernetzung und Austausch bemüht (vgl. etwa Berthold 1924, Reichmann 1989). Andererseits führten allein die unterschiedlichen Entstehungszeiten auch zu merklichen Unterschieden. Viele Wörterbuchprojekte haben mit ähnlich konzipierten Fragebogen (vgl. etwa Bauer 1986, Eichhoff 1982, Zender 1982, 114–117) erhoben, deren Daten nun arealintern, aber auch arealvergleichend Untersuchungen zu verschiedenen sprachlichen Phänomenen erlauben, wie es im Beitrag von Jäger für grammatische Phänomene angeregt wird (vgl. auch Denkler 2021/2022, 2023). Heterogener ist die Lage sicherlich bei lautschriftlichem Material, bei ortsbezüglichen Sammlungen und weiteren Quellentypen. Dass sich die Wörterbücher hinsichtlich der Berücksichtigung sachbezogener Inhalte unterschiedlich verhalten und gruppieren lassen, wurde bereits angesprochen. Welche Arten sachkundlicher Informationen ins Wörterbuch gelangen und welche Arten trotz eventuell vorhandener Belege unberücksichtigt bleiben, wäre eine wörterbuchvergleichende Untersuchung wert, zumal gerade diese Art von Informationen (neben Fachwortschatz) auf die sozialen Milieus hinweisen kann, deren sprachliche und kulturelle Praxis Eingang ins Wörterbuch findet. Die Wörterbücher positionieren sich somit auch differenziert in ihrer Rolle für das regionale kulturelle Gedächtnis (vgl. auch Haß-Zumkehr 2001, 15). Die Möglichkeiten für wörterbuchvergleichende Analysen hängen in starkem Maß von der leichten Verfügbarkeit der Daten ab und würden durch Digitalisierung und Vernetzung immens erweitert. Es ist daher sehr zu begrüßen, dass zahlreiche großlandschaftliche Dialektwörterbücher in aktuelle Digitalisierungs- und Vernetzungspläne einbezogen werden. Wir sind sicher, dass die reichen Informationen, die die großlandschaftlichen Dialektwörterbücher über ansonsten nicht so gut dokumentierte Sprachen bieten, auch in Zukunft große Bedeutung haben werden für die Linguistik, die Landeskunde und darüber hinaus.

Abschließend möchten wir allen Teilnehmenden an dem Kolloquium sowie den Beiträgerinnen und Beiträgern zu diesem Tagungsband herzlich danken. Unser Dank gilt auch Alexandra Strauß für die Unterstützung bei der Organisation des Kolloquiums und die gewissenhafte Durchsicht der Texte sowie dem Böhlau-Verlag (De Gruyter Brill) für die gute Zusammenarbeit.

Literatur

Bauer, Werner (1986): Die Fragebogenerhebungen in den deutschen Dialektwörterbüchern. In: Hans Friebertshäuser unter Mitarbeit von Heinrich J. Dingeldein (Hg.): Lexikographie der Dialekte. Beiträge zu Geschichte, Theorie und Praxis. Tübingen (Reihe Germanistische Linguistik, 59), 93–102.

Berthold, Luise (1924): Die wortgeographische Forderung und die Programme der modernen deutschen Mundartwörterbücher. In: Teuthonista 1, 222–226.

Besch, Werner u. a. (1982) (Hg.): Dialektologie. Ein Handbuch zur deutschen und allgemeinen Dialektforschung. Erster Halbbd. Berlin / New York (HSK, 1.1).

Cantauw, Christiane (2023): Sammeln für Westfalen: Die Volkskundliche Kommission zwischen 1928 und 1951. In: Dammel / Denkler, 72–97.

Damme, Robert (2016): Zu niederdeutschen Dialektwörterbüchern in Westfalen-Lippe. In: Niederdeutsches Wort 56, 7–32.

Damme, Robert (2021): Das Westfälische Wörterbuch (WWb). In: Lenz / Stöckle, 223–249.

Damme, Robert (2023): Das „Westfälische Wörterbuch" im Spiegel der anderen Dialektwörterbücher Westfalens. In: Dammel / Denkler, 116–149.

Dammel, Antje / Markus Denkler (2023) (Hg.): Regionale Sprachforschung. 50 Jahre Kommission für Mundart- und Namenforschung Westfalens. Münster (Westfälische Beiträge zur niederdeutschen Philologie, 21).

Denkler, Markus (2021/2022): Schemata in der Dialektmorphologie: Der *s*-Plural in den westfälischen Dialekten. In: Niederdeutsches Wort 61/62, 9–76.

Denkler, Markus (2023): *Draoht, Droaht, Droht* und *Draht*: Fragebogendaten und „landschaftliche Schreibsitte". In: Niederdeutsches Wort 63, 9–29.

Ditt, Karl (2023): Die Kommission für Mundart- und Namenforschung Westfalens: Vorgeschichte, Geschichte und Gegenwart. In: Dammel / Denkler, 22–63.

Eichhoff, Jürgen (1982): Erhebung von Sprachdaten durch schriftliche Befragung. In: Besch u. a., 549–554.

Fournier, Johannes (2003): Vorüberlegungen zum Aufbau eines Verbundes von Dialektwörterbüchern. In: Zeitschrift für Dialektologie und Linguistik 70, 155–176.

Friebertshäuser, Hans (1983): Die großlandschaftlichen Wörterbücher der deutschen Dialekte. Areale und lexikologische Beschreibung. In: Werner Besch u. a. (Hg.): Dialektologie. Ein Handbuch zur deutschen und allgemeinen Dialektforschung. Zweiter Halbbd. Berlin / New York (HSK, 1.2), 1283–1295.

Frings, Theodor / Edda Tille (1925/26): Kulturmorphologie. In: Teuthonista 2, 1–18.

Grober-Glück, Gerda (1982): Die Leistungen der kulturmorphologischen Betrachtungsweise im Rahmen dialektgeographischer Interpretationsverfahren. In: Besch u. a., 91–113.

Haß-Zumkehr, Ulrike (2001): Deutsche Wörterbücher – Brennpunkt von Sprach- und Kulturgeschichte. Berlin / New York.

König, Werner (2007): dtv-Atlas Deutsche Sprache. Mit 155 Abbildungsseiten in Farbe. Grafiker: Hans-Joachim Paul. 16. Aufl. München (dtv-Atas, 3025).

Lameli, Alfred (2021): Dialektwörterbücher zwischen Web 0.0 und Web 3.0. In: Otfrid Ehrismann / Isabelle Hardt (Hg.): Das Sudetendeutsche Wörterbuch. Bilanzen und Perspektiven. Berlin (DigiOst, 11), 45–70.

Lenz, Alexandra N. / Philipp Stöckle (Hg.) (2021): Germanistische Dialektlexikographie zu Beginn des 21. Jahrhunderts. Unter Mitarbeit von Angela Bergermayer, Andreas Gellan, Sabine Wahl, Eva-Maria Wahlmüller und Patrick Zeitlhuber. Stuttgart (Zeitschrift für Dialektologie und Linguistik. Beihefte, 181).

Moulin, Claudine (2010): Dialect dictionaries – traditional and modern. In: Peter Auer / Jürgen Erich Schmidt (Hg.): Language and space. Vol. 1: Theories and methods. An international handbook of linguistic variation. Berlin / New York (Handbooks of Linguistics and Communication Science, 30.1), 592–612.

Moulin, Claudine / Vera Hildenbrandt (2012): Das Trierer Wörterbuchnetz. Vom Einzelwörterbuch zum lexikographischen Informationssystem. In: Korrespondenzblatt des Vereins für niederdeutsche Sprachforschung 119, 73–81.

Niebaum, Hermann / Jürgen Macha (2014): Einführung in die Dialektologie des Deutschen. 3., überarb. und erw. Aufl. Berlin / Boston (Germanistische Arbeitshefte, 37).

Reichmann, Oskar (1989): Geschichte lexikographischer Programme in Deutschland. In: Franz Hausmann u. a. (Hg.): Wörterbücher. Ein internationales Handbuch zur Lexikographie. Erster Teilband. Berlin / New York (Handbücher zur Sprach- und Kommunikationswissenschaft, 5.1), 230–246.

Schröder, Martin (1997): Brauchen wir ein Neues Wörterbuchkartell? Zu den Perspektiven einer computerunterstützten Dialektlexikographie und eines Projekts »Deutsches Dialektwörterbuch«. In: Zeitschrift für Dialektologie und Linguistik 64, 57–66.

Westfälisches Wörterbuch (WWb). Hg. von der Kommission für Mundart- und Namenforschung des Landschaftsverbandes Westfalen-Lippe. Bearb. von Robert Damme, Hermann Niebaum, Hans Taubken, Paul Teepe und Felix Wortmann. 5 Bände und Beiband. Kiel Hamburg 1969–2021.

Wirrer, Jan (2016): „Schatzgräber der Mundart". Laikale Wörterbücher zum Westfälischen. In: Niederdeutsches Wort 56, 33–59.

Zender, Matthias (1982): Prinzipien und Praxis dialektaler Lexikographie am Beispiel des Rheinischen Wörterbuchs. In: Besch u. a., 113–126.

Vom gedruckten Wörterbuch zur virtuellen Forschungsumgebung

Digitale Vernetzungsszenarien dialektaler Großwörterbücher am Beispiel des *Mecklenburgischen Wörterbuchs*

Andreas Bieberstedt / Nico Förster / Petra Himstedt-Vaid / Christoph Schmitt, Rostock

1. Einleitung

Das *Mecklenburgische Wörterbuch* zählt zu den klassischen Vertretern der großlandschaftlichen Dialektwörterbücher, mit denen seit dem beginnenden 20. Jahrhundert der Wortschatz der deutschen Dialekte nahezu flächendeckend erfasst wurde. In seiner kombinierten Anlage aus einer dialektologischen Beschreibung des Wortmaterials einerseits und dessen kulturhistorischer Kontextualisierung andererseits weist das *Mecklenburgische Wörterbuch* enge konzeptionelle Bezüge zu etwa zeitgleichen Wörterbuchprojekten wie dem *Hamburgischen* und dem *Schleswig-Holsteinischen Wörterbuch* auf.[1] Die Anfänge des *Mecklenburgischen Wörterbuchs* reichen mit den Feldforschungsaktivitäten und Materialsammlungen des mecklenburgischen Volkskundlers Richard Wossidlo (1859–1939) bis in die 80er Jahre des 19. Jahrhunderts zurück.[2] Seinen Abschluss fand das Wörterbuchprojekt Ende des 20. Jahrhunderts mit der Herausgabe des siebenten Bandes im Jahre 1992.[3] In der Zwischenzeit ist das *Mecklenburgische Wörterbuch* trotz eines unveränderten verkleinerten Nachdruckes im Jahre 1996 vergriffen und nur noch

---

1 Die Arbeitsstelle des *Hamburgischen Wörterbuchs* wurde 1917 von Agathe Lasch eingerichtet. 2006 konnte das Wörterbuch abgeschlossen werden (vgl. Schröder 2007). Das *Schleswig-Holsteinische Wörterbuch* von Otto Mensing erschien in fünf Bänden zwischen 1927 und 1937.

2 Zur Entstehungsgeschichte des Wörterbuchs vgl. Teuchert (1959); Gundlach (1992); Schmitt (2023, 329–347) sowie unten, Abschnitt 3.2.

3 1998 folgte noch ein Nachtrags- und Indexband (Rothe 1998).

schwer zugänglich. Dem steht eine anhaltende Nachfrage nach einem enzyklopädischen Nachschlagewerk zum Wortschatz des Mecklenburgischen gegenüber,
und zwar sowohl seitens interessierter Laien, Sprachpfleger und Sprachvermittler
als auch seitens der linguistischen und kulturwissenschaftlichen Fachgemeinde. In
den Blick geraten hierbei zunehmend nicht allein der in den Artikeln präsentierte
Wortschatz, sondern auch die ihm zugrundeliegenden, im Wörterbucharchiv dokumentierten Quellen in Form literarischer und nichtliterarischer Texte, die bis in
die mittelniederdeutsche Überlieferungsperiode zurückreichen, sowie in Gestalt
mündlicher und brieflicher Auskünfte und Fragebogen.

Vor dem Hintergrund der hier skizzierten Ausgangs- und Interessenlage thematisiert der nachfolgende Beitrag Potentiale, Methoden und Herausforderungen
der Digitalisierung des *Mecklenburgischen Wörterbuchs*. Im Rahmen eines von
der Deutschen Forschungsgemeinschaft geförderten Projektes[4] der Universitäten
Rostock und Trier erfolgt seit 2022 eine Volltextdigitalisierung des Wörterbuchs
und seine Einbindung in das *Trierer Wörterbuchnetz*.[5] Auf diese Weise soll das
Wörterbuch einem breiteren Rezipientenkreis zugänglich gemacht werden. Hierbei verfolgt das Projekt einen in mehrfacher Hinsicht vielversprechenden Ansatz.
Erstens sollen durch die Integration in das Wörterbuchnetz Möglichkeiten für eine
wörterbuch- und damit unter anderem auch dialektraumübergreifende Recherche
geschaffen werden. Zweitens soll davon ausgehend die Grundlage für eine Vernetzung mit weiteren niederdeutschen Großlandschaftswörterbüchern gelegt werden,
mit dem Fernziel einer Erfassung des gesamten niederdeutschen Sprachraumes,
also eines digitalen Verbundes niederdeutscher Dialektwörterbücher im Rahmen
des Trierer Netzwerkes. Drittens ist ein unseres Erachtens besonders innovativer
Gesichtspunkt zu nennen, und zwar die Verknüpfung des Wörterbuchs mit seinen
Archivbeständen und Quellen, die bereits zu einem großen Teil digital aufbereitet
wurden und öffentlich zugänglich sind, teils im Zuge des Projektes noch digitalisiert werden. Als Ergebnis dieser Maßnahmen sollen das Wörterbuch und seine
Quellen als virtuelle Forschungsumgebung für linguistische und kulturwissenschaftliche Fragestellungen[6] verfügbar sein.

Der nachfolgende Artikel versteht sich folglich gleichermaßen als ein Beitrag
zur aktuellen lexikografischen Forschungsdiskussion wie auch als ein Projekt- und
Werkstattbericht, der über die Projektkonzeption sowie die methodischen Herausforderungen und Lösungswege bei der Digitalisierung und Vernetzung des *Mecklenburgischen Wörterbuchs* Auskunft erteilt. Herausforderungen ergeben sich

---

4 Projektnummer: 471260637.
5 Zum Wörterbuchnetz vgl. Burch / Rapp (2007).
6 Zu den „linguistischen und kulturhistorischen Potentialen" von Dialektwörterbüchern vgl. u. a.
   Landolt / Roth (2021, 160–169) (am Beispiel des *Schweizerischen Idiotikons*). Diese liegen Landolt / Roth zufolge in den Bereichen der Etymologie, der historischen Wortgeografie, der Morpho-
   logie und Syntax, der Namenkunde, der Volkskunde, der Sach- und Rechtskultur sowie in dem
   Wörterbuch selbst in seiner Eigenschaft als Korpus. Diese Liste ließe sich problemlos erweitern.

unter anderem aus der Komplexität und zum Teil auch Heterogenität der häufig umfangreichen Artikel, an deren Entstehung mehrere Generationen von Lexikografinnen und Lexikografen mitgewirkt haben. Auch der schiere Umfang und die Vielschichtigkeit des Archivbestandes stellen hohe Ansprüche an dessen digitale Verknüpfung mit dem Wörterbuch. Dies soll nachfolgend anhand von Beispielen demonstriert und diskutiert werden. Hierfür sollen zunächst in Abschnitt 2 aktuelle Aufgabenfelder der digitalen Dialektlexikografie skizziert werden. Im nachfolgenden Abschnitt 3 wird das *Mecklenburgische Wörterbuch* näher vorgestellt, und es werden dessen Konzeption, Inhalt, Entstehungsgeschichte und Datenbasis skizziert, um auf dieser Basis nochmals den Handlungsbedarf aufzuzeigen, der die Projektidee motivierte. Abschnitt 4 geht auf das Digitalisierungsprojekt selber ein und erläutert Szenarien für eine horizontale und vertikale Vernetzung. Die Komplexität der methodischen und analytischen Herausforderungen, die mit der Aufbereitung des Wörterbuchs für seine Digitalisierung einhergehen, soll am Beispiel einzelner Wörterbucheinträge diskutiert werden. Der Beitrag schließt mit einem Ausblick, der Überlegungen zu perspektivischen Vernetzungsszenarien und Anschlussprojekten liefert.

2. Zur Ausgangslage: Aktuelle Aufgabenfelder der digitalen Dialektlexikografie

In den vergangenen zwei Jahrzehnten ist die digitale Lexikografie zunehmend an die Seite, teilweise auch an die Stelle der traditionellen Wörterbucharbeit getreten. Dies gilt in spezieller Weise für die Dialektlexikografie,[7] deren wissenschaftliche Anfänge bis in das 19. Jahrhundert zurückreichen.[8] Die großlandschaftlichen Dialektwörterbücher des Deutschen sind einerseits hinsichtlich ihrer Entstehungsgeschichte Produkte des analogen Zeitalters,[9] sie ragen andererseits aufgrund ihrer

---

7   Einen Überblick über relevante Arbeitsfelder und -methoden der gegenwärtigen Dialektgeografie im deutschsprachigen Raum vermittelt der Sammelband von Lenz / Stöckle (2021) mit zahlreichen Beiträgen zu damals in Bearbeitung befindlichen Wörterbüchern. Interessant im hier besprochenen Zusammenhang sind insbesondere die jeweiligen Abschnitte in den weitgehend einheitlich strukturierten Beiträgen zu „texttechnologischen Aspekten" sowie zu weiterführenden Planungen. Vgl. ebenso die Übersichtsdarstellung von Lameli (2021).

8   Vorläufer und Vorbild vieler Dialektwörterbücher ist das *Bayerische Wörterbuch* von Andreas Schmeller (Schmeller 1827 / 1837). Auch frühe Forderungen nach einem mecklenburgischen Dialektwörterbuch oder Idiotikon im 19. Jahrhundert orientieren sich an Schmellers Vorbild, so die Anregung von Jakob Grimm in einem Brief vom 2. Mai 1827 an Georg Christian Friedrich Lisch, den späteren Begründer des Vereins für mecklenburgische Geschichte und Altertumskunde (Mecklenburgisches Landeshauptarchiv Schwerin. Nachlass Lisch 2, Nr. 534, zit. n. Gundlach 1992, 145).

9   Die ‚klassischen' großlandschaftlichen Dialektwörterbücher – hier speziell des niederdeutschen Sprachraumes – wie das *Mecklenburgische* und das *Schleswig-Holsteinische Wörterbuch* wurden zumeist in der ersten Hälfte des 20. Jahrhunderts und damit im vordigitalen Zeitalter konzipiert und begonnen. Erste Sammelaufrufe und -aktivitäten reichen teilweise bis in das ausgehende 19. Jahr-

jahrzehntelangen Bearbeitungsdauer und fortlaufenden Nutzung in das heutige digitale Zeitalter hinein. Ihre digitale Aufbereitung stellt eine der wesentlichen Herausforderungen für die gegenwärtige Dialektlexikografie dar. Vier grundlegende, miteinander verwobene Aufgabenfelder lassen sich hierbei konturieren:

1.) Eine erste Aufgabe bildet die nachträgliche Digitalisierung der gedruckten Wörterbücher, speziell der traditionellen großlandschaftlichen Dialektwörterbücher. So liegt etwa die Mehrheit der Großwörterbücher zu den niederdeutschen Dialekten bereits in abgeschlossener Form vor, neben dem *Mecklenburgischen Wörterbuch* zum Beispiel das *Hamburgische*, das *Schleswig-Holsteinische*, das *Westfälische* sowie das *Preußische Wörterbuch*.[10] Ihre Retrodigitalisierung zielt vor allem auf eine verbesserte Zugänglichkeit dieser zumeist nur in geringen Höhen aufgelegten, nun lediglich antiquarisch erwerbbaren und nahezu ausschließlich in (wissenschaftlichen) Bibliotheken zugänglichen Drucke und damit zugleich auf eine Erweiterung ihrer Nutzungsmöglichkeiten und Nutzerkreise. Zwei grundlegende Digitalisierungsverfahren werden derzeit eingesetzt, zum einen die Erstellung von Imagedigitalisaten und zum anderen die Umsetzung als Volltextdigitalisat. Während Imagedigitalisate relativ leicht, schnell und kostengünstig zu erstellen sind, aber lediglich ein digitales „Blättern" im Wörterbuch ermöglichen,[11] eröffnet die weitaus komplexere, arbeitsaufwändigere und kostenintensivere Volltextdigitalisierung über eine verbesserte Verfügbarkeit hinaus völlig neue Nutzungsszenarien.[12] Beispiele für Volltextdigitalisate sind die digitalen Bestände des *Trierer Wörterbuchnetzes*, wie etwa die Wörterbücher zu den rheinischen bzw. rheinfränkischen Mundarten (*Rheinisches Wörterbuch, Pfälzisches Wörterbuch, Südhessisches Wörterbuch*) sowie das *Wörterbuch der Luxemburgischen Mundart*.

Eine Kompromissform aus Image- und Volltextdigitalisat stellen Images dar, die in beschränktem Maße über Suchfunktionen zugänglich gemacht werden, indem über einen verlinkten Seiten-, Alphabet- oder Lemmaindex auf die digitalisierten Wörterbuchseiten zugegriffen werden kann. Ein Beispiel für ein Imagedigitalisat mit verlinktem (Doppel-)Seitenindex (mit Angabe des jeweiligen Eingangs- und

---

hundert zurück. Die Dialektwörterbücher stehen gleichzeitig am Beginn einer akademisch getragenen Niederdeutschen Philologie, die sich mit der Einrichtung von Niederdeutsch-Professuren Anfang des 20. Jahrhunderts zu konturieren beginnt (Rostock: 1920; Hamburg: 1919 / 1926, vgl. dazu Bieberstedt / Brandt / Ehlers / Schmitt 2023). Mit der Gründung des Kartells der Mundartenwörterbücher im Jahre 1913 konstituiert sich endgültig eine dialektlexikografische Fachgemeinschaft. Zum Kartell der Mundartenwörterbücher vgl. Ehlers (2010, 201–218) und Wilking (2003, 123–165). Zu den Entwicklungen des Wörterbuchkartells nach 1945 vgl. Ehlers (2010, 268–282). Lediglich neuere wissenschaftliche Dialektwörterbücher sind von Beginn an digital angelegt („born digital"). Der vorliegende Beitrag fokussiert ausschließlich die analog konzipierten und erarbeiteten (und zumeist bereits abgeschlossenen) Dialektwörterbücher und die Frage ihrer Überführung in das digitale Zeitalter. Schwerpunkt bildet hierbei der niederdeutsche Dialektraum.

10   Weiterhin in Arbeit sind dagegen unter anderem das *Pommersche* und das *Niedersächsische Wörterbuch*.

11   Zumeist als PDF oder im DFG-Viewer.

12   Zur Volltextdigitalisierung von Wörterbüchern vgl. Burch / Fournier / Gärtner / Rapp (2003).

Schlusslemmas der Doppelseite) ist das *Mittelniederdeutsche Wörterbuch* von Karl Schiller und August Lübben (Schiller / Lübben 1875–1881). Einen alphabetischen Index weisen dagegen die Imagedigitalisate des *Hamburgischen* und des *Schleswig-Holsteinischen Wörterbuchs* auf.

Allerdings steht die digitale Dialektlexikografie trotz intensiver Bemühungen der letzten Jahre weiterhin vor großen Herausforderungen. Während die gedruckten großlandschaftlichen Dialektwörterbücher den deutschen Sprachraum vollständig und vielfach sogar mit Überschneidungszonen abbilden, liegen digitalisierte Formate lediglich für einzelne Dialektareale vor. Für die niederdeutschen Dialekte stehen derzeit mit dem *Hamburgischen*, dem *Mecklenburgischen* und dem *Schleswig-Holsteinischen Wörterbuch* lediglich drei großlandschaftliche Wörterbücher als retrodigitalisierte Images zur Verfügung. Hinzu kommt in Teilen das *Preußische Wörterbuch*, dessen zwei noch von Walther Ziesemer verantwortete Bände als PDFs online stehen. Eine umfassende Volltextdigitalisierung erfahren gegenwärtig lediglich das *Westfälische* sowie das hier zu besprechende *Mecklenburgische Wörterbuch*.

2.) Mit der (Volltext-)Retrodigitalisierung gedruckter Wörterbücher steht ihre wechselseitige Vernetzung als eine zweite Herausforderung der gegenwärtigen Lexikografie in einem engen Zusammenhang. Die elektronische Lexikografie erhebt den Anspruch, Möglichkeiten zu wörterbuchübergreifenden und zugleich alternativen, stichwortunabhängigen Recherchen zu generieren und damit eine neue Qualität der Informationsgewinnung zu erreichen (vgl. Abel / Lemnitzer 2014; Hildenbrandt / Klosa 2016). Führend auf diesem Gebiet ist das *Trierer Wörterbuchnetz*, in das derzeit 41 Wörterbücher und Enzyklopädien unterschiedlichen Typs eingebettet sind. Darunter sind auch elf Dialektwörterbücher, allerdings derzeit keines für den niederdeutschen Sprachraum.[13] In Arbeit sind die digitale Einbindung des *Westfälischen* sowie des hier im Mittelpunkt stehenden *Mecklenburgischen Wörterbuchs*.

3.) Ein zunehmender Fokus der aktuellen Bemühungen lexikografischer Digitalisierung liegt drittens auf der elektronischen Aufarbeitung des Quellenmaterials von Wörterbüchern in Form literarischer und außerliterarischer Texte, älterer Wortschatzsammlungen und Idiotika, vor allem aber der entsprechenden Wörterbucharchive. Neben der (ursprünglich primär intendierten) digitalen Langzeitsicherung lexikografischer Archivbestände steht zunehmend deren Ausbau zu virtuellen Forschungsumgebungen im Zentrum des Interesses. Gerade jedoch die Digitalisierung von Wörterbucharchiven befindet sich im deutschsprachigen Raum noch relativ am Anfang. Als beispielhaft für den Bereich der Dialektlexikografie ist hier das digitale Archiv WossiDiA des *Mecklenburgischen Wörterbuchs* zu nennen, das ein-

---

13 Eigene Zählung (Stand: 15.4.2023). Nicht zu den Dialektwörterbüchern im klassischen Sinne gezählt wurde hier die ebenfalls verlinkte Forschungsumgebung Regionalsprache.de (REDE).

zige nahezu vollständige seiner Art für den niederdeutschen Dialektraum.[14] Für den oberdeutschen Dialektraum ist als Beispiel auf die im Aufbau befindliche virtuelle Datenbank und Forschungsumgebung des *Bayerischen Wörterbuchs* hinzuweisen.[15]

4.) Die digitale Verknüpfung von Wörterbüchern mit dem ihnen zugrundeliegenden Quellenmaterial stellt eine vierte grundlegende Herausforderung der aktuellen elektronischen Lexikografie dar. Basis hierfür sind die wachsenden Digitalisierungsanstrengungen und -erfolge der letzten Jahre auf der Ebene der Kataloge, der Digitalisate (VD-Verzeichnisse) sowie durch den Zuwachs digitaler Volltextquellen. Das Ziel einer solchen „vertikalen" Verknüpfung besteht darin, einen konsequenten Durchgriff vom Wörterbuchbeleg zu dessen Quellen, d. h. zu den Archivzetteln bzw. den digitalisierten literarischen und nichtliterarischen Texten zu ermöglichen. Der im Wörterbuch präsentierte Beleg stellt notwendigerweise immer nur das ausschnitthafte Produkt eines komplexen Auswahl- und Bearbeitungsprozesses dar, der durch unterschiedlichste linguistische, kultur- und auch literaturwissenschaftliche Perspektiven auf das Material sowie durch die praktischen Zwänge der Wörterbucharbeit und des Wörterbuchformats bestimmt wird. Die vertikale Verknüpfung von Beleg und Quelle lässt diese Prozesse nachvollziehbar werden. Sie eröffnet zugleich neue Sichtweisen auf das Material und ermöglicht damit innovative Forschungsansätze. Im Falle des *Mecklenburgischen Wörterbuchs* werden zum Beispiel durch den digitalen Einbezug des Quellenmaterials unter anderem die historischen Beiträger mit ihrem konkreten sozialen Hintergrund greifbar (zumindest in Teilen), was das Material auch für soziolinguistische Analysen interessant macht.

3. Zwischen großlandschaftlichem Wörterbuch und ethnografisch-historiografischer Enzyklopädie: Das *Mecklenburgische Wörterbuch* (Wossidlo-Teuchert)

3.1. Konzeption und Inhalt

Das *Mecklenburgische Wörterbuch* zählt zu den großlandschaftlichen wissenschaftlichen Dialektwörterbüchern und stellt den wichtigsten Zugang zu dem traditionellen Wortschatz der mecklenburgischen Mundart dar. Zugleich ist es derzeit das einzige Großwörterbuch für den mecklenburgisch-vorpommerschen Dialektraum, das in abgeschlossener Form vorliegt (vom *Pommerschen Wörterbuch*

---

14 Zu WossiDiA vgl. unten, Abschnitte 3.2 und 4.3. Der Online-Bestand des *Brandenburg-Berlinischen Spracharchivs* umfasst Stand 15.8.2023 14.823 Fragebögen, womit über die Hälfte des Gesamtbestandes (22.454 Fragebögen) präsentiert wird, s. https://www.bbsa-potsdam.de/ [Zugriff: 15.8.2023].

15 https://lexhelfer.bwb.badw.de/ [Zugriff: 20.4.2023].

sind bislang neun Lieferungen des zweiten Bandes erschienen). Das *Mecklenburgische Wörterbuch* liefert umfassende Informationen zur Semantik und Verwendung sowie zum Teil zur Grammatik regionaler niederdeutscher Lexeme auf der Basis von ca. einer Million Belegen, die diatopisch und diachronisch eingeordnet und (in geringerem Umfang) auch kartografisch veranschaulicht werden.[16] Hierfür greift das Wörterbuch auf mündliche und schriftliche (literarische und nichtliterarische) Quellen unterschiedlichster Provenienz zurück, die bis in die mittelniederdeutsche Sprachstufe zurückreichen.[17]

Über den niederdeutschen Wortschatz hinaus liefert das *Mecklenburgische Wörterbuch* regional-ethnografische (volkskundliche, agrar- und sozialgeschichtliche, ergologische, naturkundliche etc.) Informationen, die vielfach zeichnerisch illustriert werden. Es vereint hierin die Eigenschaften eines großlandschaftlichen plattdeutschen Wörterbuchs mit dem Charakter einer ethnografischen und im weitesten Sinne historischen Enzyklopädie. Damit stellt das *Mecklenburgische Wörterbuch* ein unschätzbares Zeugnis der regionalen Sprach- und Kulturgeschichte Mecklenburgs des 19. und der ersten Hälfte des 20. Jahrhunderts dar.

3.2. Entstehungsgeschichte und Datenbasis

Die Quellengrundlage des *Mecklenburgischen Wörterbuchs* beruht zu über drei Vierteln auf der Sammlung des Warener Gymnasialprofessors und volkskundlichen Privatgelehrten Richard Wossidlo,[18] der von 1883 bis 1939 die ‚Volkskultur‘ und ‚Volkssprache‘ Mecklenburgs umfänglich dokumentierte. Die ersten Sammeljahre Wossidlos waren der Mundart gewidmet, für deren sprachlichen Reichtum und mentale Repräsentationen er sich begeisterte (vgl. Gundlach 1992, 146). Ab 1890 begann Wossidlo, im Auftrag des Vereins für mecklenburgische Geschichte und Altertumskunde planvoll „Mecklenburgische Volksüberlieferungen" zu sammeln und zu edieren (vgl. Schmitt 2011, 91–94). Er verlagerte damit den Schwerpunkt seines Schaffens auf die damals entstehende wissenschaftliche Volkskunde und trug zur Entwicklung ihrer zentralen Erhebungsmethode, der Feldforschung, bei (vgl. Deißner 1997, 160–161). Wegweisend waren ebenso die Art und Weise der Verschlagwortung sowie die Vernetzung seiner Feldforschungsnotizen und Literaturexzerpte durch ein selbst erdachtes Zettelkastensystem (vgl. Schmitt 2015, 36–44). Dass er sich zunächst den Kleinformen der sprachlichen Volksüberlieferung, wie Sprichwörtern, Rätseln und Reimen, zuwandte, zeigt seine Freude am

---

16 Insgesamt sind in das Wörterbuch 39 Wortkarten integriert. Vgl. dazu die im Ausblick (Abschnitt 5) genannten Ziele.

17 Exzerpiert wurden etwa Belege aus dem *Redentiner Osterspiel*, einem geistlichen Spiel aus dem Jahre 1463, sowie aus dem lateinisch-mittelniederdeutschen Schulwörterbuch *Nomenclator latinosaxonicus* des Rostocker Professors Nathan Chytraeus aus dem Jahre 1582. Zu Chytraeus und dem *Nomenclator* vgl. Peters (2023).

18 Als biografische Skizze zu Wossidlo s. Gundlach (1999), als Bibliografie s. Bentzien (1959).

Spiel mit Wörtern der heimischen Mundart, in der er empfangene Traditionen nicht nur dokumentierte, sondern auch publizierte. Auch bei der späteren Erfassung klassisch-volkskundlicher Erzählgattungen (wie Sagen, Märchen, Schwänken etc.) hielt Wossidlo über Inhalte und Motive hinaus sprachliche Auffälligkeiten fest (vgl. Beckmann 1957 / 58). Die Sammelgebiete mehr und mehr weitend, erfasste er schließlich „in unzähligen Berichten und Erinnerungserzählungen der Land- und Kleinstadtbevölkerung in Mecklenburg so etwas wie die Gesamtheit der geistigen und materiellen Volkskultur dieses Landes" (Neumann 1998, 126).

Obgleich sich Wossidlo der Notwendigkeit eines „mecklenburgische(n) Idiotikon(s)"[19] früh bewusst war, sah er sich selbst nicht in der Lage, ein solches Großprojekt in Angriff zu nehmen. Auch das Angebot einer Professur für niederdeutsche Sprache und Volkskunde an der Universität Rostock im Jahre 1919 schlug Wossidlo aus, unter anderem aus Altersgründen und da er sich primär als volkskundlicher Feldforscher und nicht als Sprachforscher betrachtete.[20]

Im Jahre 1920 wurde daher der Dialektologe Hermann Teuchert (1880–1972) als Professor für Niederdeutsche und Niederländische Sprache und Literatur an die Universität Rostock berufen.[21] Durch seine Arbeit am *Rheinischen* und am *Brandenburgischen Wörterbuch* konnte Teuchert umfangreiche Erfahrungen in der Wörterbuchpraxis vorweisen. Zugleich durfte er als ausgewiesener Spezialist für die niederdeutschen Dialekte gelten.[22] Zu den Aufgaben des Lehrstuhlinhabers gehörte auch die Erstellung des seit langem geforderten Wörterbuchs der mecklenburgischen Sprache. 1926 wurde mit dem Aufbau eines Wörterbucharchivs begonnen und eine Wörterbuch-Arbeitsstelle eingerichtet. Für den Aufbau seines Archivs war Teuchert auf Richard Wossidlos Sammlung angewiesen. Die ihnen von Wossidlo zur Verfügung gestellten Belege[23] ergänzten Teuchert und sein Wörterbuchteam ab 1926 durch systematische Fragebogenerhebungen und die Exzerpierung bis in das Mittelniederdeutsche zurückreichender schriftlicher Quellen.

Als Ergebnis dieser komplexen Entstehungsgeschichte lassen sich für den Archivbestand des *Mecklenburgischen Wörterbuchs* drei Datenschichten differenzieren. Den ersten und zugleich umfänglichsten Bestand bilden schriftliche Dokumentationen der gesprochenen Mundart, die Wossidlo und seine Sammelhelfer per Feldforschung von 1883 bis 1939 erhoben. Die Erträge dieses volkskundlich-

---

19 So formuliert im zweiten Band seiner *Mecklenburgischen Volksüberlieferungen*, Wossidlo (1899, VI).

20 Zur Geschichte der Rostocker Niederdeutsch-Professur vgl. den Beitrag von Bieberstedt / Brandt / Ehlers / Schmitt (2023).

21 Zur Forschung und Lehre Teucherts, zu seinem Wirken an der Universität Rostock sowie zu seiner Arbeit am *Mecklenburgischen Wörterbuch* vgl. diverse Beiträge in dem Sammelband von Bieberstedt u. a. (2023), insbesondere Schmitt (2023). Eine Biografie Teucherts liefert Schmitt (1972), ein Schriftenverzeichnis Klatt (1972).

22 Unter anderem aufgrund seiner Dissertation zur *Laut- und Flexionslehre der neumärkischen Mundart*, vgl. Teuchert (1907).

23 Näheres s. Gundlach (2003, 78–80); Schmitt (2023, 339–341).

sprachlichen Sammelunternehmens sind logisch-semantisch (nach Sachgebieten mit hochdeutschen Schlag- und Stichwörtern) geordnet. Für das *Mecklenburgische Wörterbuch* übertrug Wossidlo zweitens sein sprachliches Material auf ca. 400.000 kleinformatige Wörterbuchzettel (Format ca. DIN-A7). Drittens fertigten Teuchert und sein Team etwa ebenso viele, jedoch doppelt so große Zettel an und ergänzten diesen Transfer durch eigene Erhebungen sowie schriftsprachliche Exzerpte besonders älterer Sprachstufen.[24]

Alle drei Korpora wurden bereits – zusammen mit weiterem Quellenmaterial – in dem Rostocker DFG-Projekt „WossiDiA – das digitale Wossidlo-Archiv" digital transformiert und sind seit 2014 online zugänglich.[25] Proben der drei Archivbestände, ihr Zusammenhang untereinander und die Fülle des Belegmaterials, die in den konkreten Wörterbuchartikeln teils signifikant reduziert werden musste, werden unten in Abschnitt 4.3 am Beispiel des Lemmas ‚Gewitter' (siehe Abb. 1) vorgestellt und erläutert. Das Beispiel soll die Potentiale einer digital basierten vertikalen Vernetzung aufzeigen, mit der die Limitierungen der alphabetischen Struktur des Wörterbuchs überwunden und Wege zur enzyklopädischen Wissensdarbietung geöffnet werden.

3.3. Aktueller Handlungsbedarf

Sowohl die Erstausgabe des *Mecklenburgischen Wörterbuchs* als auch sein Reprint aus dem Jahre 1996 sind längst vergriffen. Ein weiterer Nachdruck wurde vom Wachholtz-Verlag ausgeschlossen. Es wurde auch kein verdichtendes, auflagenstarkes Gebrauchswörterbuch (wie für den Großraum Hamburg oder für Vorpommern) erstellt. Konsultiert werden kann das *Mecklenburgische Wörterbuch* daher fast nur im Präsenzbestand ausgewählter größerer Bibliotheken. Als Konsequenz ist das in dem Wörterbuch dokumentierte Wissen heute nur noch schwer zugänglich und steht lediglich einem eingeschränkten Nutzerkreis zur Verfügung. Ähnliches gilt wohl auch für einen Großteil der übrigen großlandschaftlichen Dialektwörterbücher des niederdeutschen Raumes.

Erschwerend tritt hinzu, dass der niederdeutsche Lemmaansatz des Wörterbuchs seine Nutzung durch nicht-dialektkompetente Adressatenkreise signifikant behindert. Die seit den 1960er Jahren rasant schwindende Dialektkompetenz der Bevölkerung Norddeutschlands und speziell Mecklenburgs bewirkten einen zunehmenden Rückzug des Niederdeutschen aus der Alltagskommunikation und lassen den niederdeutschen Dialekt gegenwärtig zu einer kaum noch verstan-

---

24 Erfasst sind Texte aus der Periode des älteren Neuniederdeutschen des 17. und 18. Jahrhunderts sowie des Mittelniederdeutschen des 15. und 16. Jahrhunderts. In den Wörterbuchartikeln sind Belege aus diesen historischen Zeiträumen vage und auch nicht durchgängig mit den Vermerken „ältere Sprache" (ä. Spr.) bzw. „alte Sprache" (a. Spr.) versehen.

25 https://apps.wossidia.de/webapp/run. Für eine Projektbeschreibung und zu den Forschungsbezügen s. https://wiki.wossidia.de/index.php/Forschungsliteratur_über_WossiDiA [Zugriff: 23.4.2023].

denen Exklusivvarietät der älteren und ältesten Bevölkerungsschichten werden.[26] Jüngere Nutzerkreise dürften daher lediglich über einen hochdeutschen Lemmaansatz an das Wörterbuch und damit an den traditionellen Wortschatz des Mecklenburgischen herangeführt werden können. Dieser Aspekt erhält eine neue Relevanz durch die wachsende institutionelle Vermittlung des Niederdeutschen als Lehrvarietät bzw. Fremdsprache im schulischen Unterricht und in der universitären Lehre, für die es entsprechender Nachschlagewerke bedarf. Zugleich liegt hierin auch ein erweitertes Potential für das *Mecklenburgische Wörterbuch*, denn gerade der Charakter des Niederdeutschen als Ausdruck regionaler Kultur und Identität, mit dem dessen institutionelle Förderung und Vermittlung aktuell verstärkt begründet wird, prädestiniert das Wörterbuch aufgrund seines enzyklopädischen Charakters für solch neue Nutzungsszenarien.

Damit ist das *Mecklenburgische Wörterbuch* in besonderem Maße geeignet für die Überführung in ein digitales Format. Zum einen ist es ein seit mehreren Jahrzehnten abgeschlossenes Wörterbuch. Zum andern verfügt es mit WossiDiA über einen bereits zu großen Teilen digitalisierten Archivbestand. Drittens fügt sich die Digitalisierung des Wörterbuchs passgenau in die Digitalisierungsstrategie der Universitätsbibliothek Rostock ein (RosDok, Digitale Bibliothek MV).

4. Digitale Vernetzungsszenarien des *Mecklenburgischen Wörterbuchs*: Das DFG-Projekt „‚Wossidlo-Teuchert' online"

Mit Blick auf die in Abschnitt 2 formulierten generellen Aufgabenfelder und Desiderata der digitalen Dialektlexikografie sowie auf den in Abschnitt 3 skizzierten spezifischen Handlungsbedarf für das *Mecklenburgische Wörterbuch* wurde im Jahre 2021 bei der Deutschen Forschungsgemeinschaft die Finanzierung eines interuniversitären Forschungsprojektes zur Digitalisierung und Vernetzung des Wörterbuchs und seines Quellenmateriales und zum Ausbau der digitalen Infrastruktur WossiDiA zu einer erweiterten virtuellen Forschungsumgebung beantragt. Nach Bewilligung des Antrags läuft das Projekt seit August 2022 über insgesamt zwei Jahre. Mitglieder der Forschergruppe sind Wissenschaftlerinnen und Wissenschaftler der Universitäten Rostock und Trier.[27] Das Projekt verfolgt drei Ziele:

---

26 Vgl. etwa die Ergebnisse des Sprachzensus von 2016 des Instituts für deutsche Sprache in Mannheim in Kooperation mit dem Institut für niederdeutsche Sprache, Bremen, in Adler / Ehlers / Goltz / Kleene / Plewnia (2016).

27 Andreas Bieberstedt, Nico Förster (Universität Rostock – Institut für Germanistik), Christoph Schmitt, Petra Himstedt-Vaid, Nadine Koop (Universität Rostock – Wossidlo-Forschungsstelle für Europäische Ethnologie / Volkskunde), Karsten Labahn (Universitätsbibliothek Rostock), Holger Meyer, Alf-Christian Schering (Universität Rostock – Lehrstuhl für Datenbank- und Informationssysteme), Thomas Burch, Tinghui Duan (Universität Trier – Trier Center for Digital Humanities).

1. Digitalisierung: Eine digitale Publikation des *Mecklenburgischen Wörterbuchs*, bei der moderne Methoden der Internetlexikografie (vgl. Hildenbrandt / Klosa 2016), der Korpuslinguistik und der Computational Folkloristics (vgl. Abello / Broadwell / Tangherlini 2012) zum Einsatz kommen (vgl. Abschnitt 4.1).

2. Horizontale Vernetzung: Die Einbindung des digitalisierten *Mecklenburgischen Wörterbuchs* in das *Trierer Wörterbuchnetz* (vgl. Abschnitt 4.2).

3. Vertikale Vernetzung: Die Verknüpfung des digitalen *Mecklenburgischen Wörterbuchs* mit seinem digitalisierten Quellenmaterial. Dieses beinhaltet sowohl die durch WossiDiA inzwischen digitalisiert vorliegenden Bestände des Wossidlo-Archivs als auch weitere bereits digitalisierte oder noch im Zuge des Projektes zu digitalisierende Quellen (vgl. Abschnitt 4.3). Auf diese Weise sollen die verschiedenen Datenbestände zu einer leistungsfähigen virtuellen Forschungsumgebung zusammengefasst und ausgebaut werden, die für linguistische und kulturwissenschaftliche Untersuchungsszenarien zur Verfügung steht.

4.1. Ausgangspunkt: Die Digitalisierung des *Mecklenburgischen Wörterbuchs*

Die Retrodigitalisierung des *Mecklenburgischen Wörterbuchs* stellt die Voraussetzung für seine nachfolgende Einbindung in das *Trierer Wörterbuchnetz* sowie seine Verknüpfung mit den digitalisierten Quellenmaterialien dar. In einem ersten Schritt wird hierfür eine Volltexterfassung des Wörterbuchs vorgenommen. Da durch eine – potentiell denkbare – automatische Texterkennung (OCR) eine hinreichende Fehlerfreiheit nicht erzielt werden kann, wird das Double-Keying-Verfahren eingesetzt, das sich schon bei der Digitalisierung zahlreicher Wörterbücher und Nachschlagewerke im *Trierer Wörterbuchnetz* bewährt hat.[28] Hierbei erfolgen eine zweifache unabhängige Texteingabe, anschließend ein automatischer Abgleich in Form eines Differenzprotokolls und schließlich eine manuelle Korrektur der Abweichungen anhand der Originalvorlage.[29] Vollständig und eindeutig erfasst werden beim Double-Keying alle Schrift- und Sonderzeichen unter Berücksichtigung von Groß- und Kleinschreibung sowie aller Leer-, Abkürzungs-, Interpunktions- und Trennzeichen, dazu alle Seiten-, Spalten- und Zeilenumbrüche sowie

---

28 Vgl. Hildenbrandt (2011). Die Vorgehensweise der aktuell bearbeiteten Dialektwörterbücher in dieser Frage ist uneinheitlich. So arbeitet etwa das *Schweizerische Idiotikon* derzeit mit OCR-generierten Digitalisaten, behält sich für die Zukunft aber noch die Wahl zwischen dem OCR- und dem Double-Keying-Verfahren vor, vgl. Landolt / Roth (2021, 157). Das *Trierer Wörterbuchnetz* begründet seine Entscheidung für das Double-Keying-Verfahren – hier allerdings im Falle des *Deutschen Wörterbuchs* von Jakob und Wilhelm Grimm – mit der hohen Fehlerhaftigkeit des OCR-Verfahrens aufgrund „der mangelhaften Druckqualität vieler DWB-Bände, der wechselnden Schriftarten und Schriftgrößen und der zahlreichen Sonderzeichen", vgl. http://dwb.uni-trier.de/de/die-digitale-version/volltextdigitalisierung/ [Zugriff: 26.4.2023]. Diese Argumente können auch bzw. gerade für ältere Dialektwörterbücher in Anschlag gebracht werden.

29 Die Genauigkeit dieser Methode liegt bei ca. 99,997 % gegenüber der Vorlage.

alle Formatierungen (kursiv, fett, hoch-/tiefgestellt, Kapitälchen, Einrückungen, Sperrungen, Schriftart-/Typenwechsel usw.).

Parallel dazu wird die Struktur des *Mecklenburgischen Wörterbuchs* im Hinblick auf dessen Systematik überprüft. Die Analyse wird auf den drei Strukturebenen des Wörterbuchs durchgeführt. Identifiziert werden die Systematik in der Abfolge der einzelnen Wörterbuchartikel (Makrostruktur), die Art und Organisation der Informationselemente innerhalb eines Wörterbuchartikels (Mikrostruktur) sowie die Verweisstrukturen zwischen den Artikeln bzw. zwischen Artikeln und artikelexternen Elementen (Mesostruktur). Ziel ist es, eine möglichst hohe Eindeutigkeit und Abgrenzbarkeit der einzelnen Wörterbuchelemente zu erreichen. Der Strukturbefund ist die Grundlage für die Ausarbeitung eines Regelwerkes zur Erstellung von Skripten, die einer möglichst tiefen XML-Auszeichnung des Wörterbuchs dienen. Die Annotation des Volltextes erfolgt gemäß den Richtlinien der *Text Encoding Initiative* (TEI) sowie unter Beachtung der OAI-Konformität.[30] Die identifizierten Strukturelemente werden hierbei formalisiert und auf die von der TEI vorgeschlagenen Schemata – insbesondere die Regeln aus den Modulen *dictionaries*, *linking* und *Lex-0* – abgebildet. Fettungen, Kursivierungen, Schrifttypenwechsel, Sonderzeichen, Einzüge sowie die absolute und relationale Stellung der verschiedenen lexikografischen Informationseinheiten innerhalb des Artikels werden hierbei verwendet, um mittels regulärer Ausdrücke und Pattern-Matching-Algorithmen schrittweise XML-Kodierungen in die Daten einzubringen.[31] Die Routinen nutzen hierfür die Typografie, das Layout und die Struktur des *Mecklenburgischen Wörterbuchs*, wie sie durch das Double-Keying-Verfahren reproduziert und durch die Strukturanalyse identifiziert wurden. Der Hierarchie von XML folgend sollten dabei zunächst die Hauptteile der Wörterbuchartikel[32] voneinander abgegrenzt und mit entsprechenden Tags versehen werden, um anschließend die Feinauszeichnung innerhalb dieser eingegrenzten Artikelteile vorzunehmen. Da eine Markierung der übergeordneten Teile innerhalb der Artikel jedoch nicht allein aufgrund der Typografie und der Trennungszeichen möglich ist, musste die Analyse in der Praxis unter Rückgriff auf den Bottom Up-Ansatz auf der elementaren Ebene begonnen werden (siehe dazu 4.4.3). Aufgrund der partiellen strukturellen Inkonsistenz der hochkomplexen Artikel des *Mecklenburgischen Wörterbuchs* stellt das Erreichen der angestrebten Auszeichnungstiefe eine der größten methodischen Herausforderungen im Projekt dar.[33]

---

30 *Open Archives Initiative*, vgl. http://www.openarchives.org/ [Zugriff: 23.4.2023].

31 Metadaten, Volltexte und XML-Schemata werden persistent adressiert und im OpenAccess zur Verfügung gestellt.

32 Form der Stichwortgruppe und grammatische Informationen (Formkommentar), Bedeutungs- und Belegteil (semantischer Kommentar) sowie Etymologie, Zusammensetzungen und Verweise (häufig als Postkommentar der Artikel).

33 Vgl. dazu die Problematisierung in Abschnitt 4.4.

Im Einzelnen wird die digitale Version des *Mecklenburgischen Wörterbuchs* dem Benutzer folgende Möglichkeiten und Suchfunktionen bieten:

1. Da die Online-Version hinsichtlich des ihr zur Verfügung stehenden Raums nicht den Zwängen der Printversion unterliegt, muss sie sich nicht darauf beschränken, ein digitales Abbild der Druckfassung zu bieten. Vielmehr können je nach Nutzerinteresse unterschiedliche Präsentationsformen des Wörterbuchs generiert werden.

2. Durch die tiefgehende Strukturierung der Wörterbuchdaten werden Recherchen möglich, die im gedruckten Wörterbuch aufgrund des damit verbundenen hohen Arbeits- und Zeitaufwandes nicht bzw. nicht ohne weiteres durchführbar wären. Neben einer Volltextsuche über den gesamten Wörterbuchtext erlaubt die digitale Form auf die Stichwörter, die Wortartangaben, die Bedeutungsbeschreibungen und die Belege zuzugreifen sowie auf die bibliografischen Nachweise bezogene Recherchen. Durch die zusätzlichen, über die alphabetische Strukturierung hinausgehenden Zugriffsmöglichkeiten werden dem Nutzer der digitalen Version z. B. das Aufdecken von Bedeutungsstrukturen, Analysen von Wortfamilien, Untersuchungen zur regionalen Wortverwendung oder Auswertungen im Hinblick auf Fragen der Wortbildung und wortklassenspezifische Abfragen erleichtert.

3. Die Realisierung der im *Mecklenburgischen Wörterbuch* enthaltenen Verweise als persistente Hyperlinks schöpft das der Textsorte Wörterbuch eigene Vernetzungspotential umfassend aus. Interne Verweise auf Synonyme, Lautvarianten, Karten, Abbildungen, Belegorte und Belegquellen können mehrdirektional abgerufen werden. Auf diese Weise können neben den expliziten, durch Marker wie „s." oder „vgl." gekennzeichneten Verweisen ebenfalls häufige Angaben zur Wortartkonversion mit Binnenverweisen auf andere Lemmata verknüpft werden. Digitalisierte Belegquellen, sowohl in Form von Literatur als auch von Wörterbuchzetteln aus den Archivbeständen, können unmittelbar über die Wörterbucheinträge adressiert werden. Diese können dann, wie nachfolgend beschrieben, im *Trierer Wörterbuchnetz* oder innerhalb des semantischen Ordnungsgefüges von WossiDiA entlang seiner Verschlagwortungssystematik (nach Überlieferungssorten, Themen, Motiven etc.) weiterverfolgt werden.

4.2. Horizontale Vernetzung: Einbindung in das *Trierer Wörterbuchnetz*

Das digitalisierte *Mecklenburgische Wörterbuch* wird als XML-kodiertes lexikografisches Informationssystem in die Infrastruktur des *Trierer Wörterbuchnetzes* eingepflegt.[34] Dies ermöglicht die Vernetzung des Wörterbuchs mit den dort bereits angelegten Nachschlagewerken wie dem *Deutschen Wörterbuch* der Brüder Grimm, aber auch mit Dialektwörterbüchern anderer nieder- und hochdeutscher

---

34 Siehe https://woerterbuchnetz.de.

Sprachregionen sowie mit Wörterbüchern historischer Sprachstufen des Deutschen. Zudem lässt sich der Bestand an Sprichwörtern, der sich regelmäßig in den Belegreihen großräumlicher Mundartwörterbücher findet, über entsprechende Vergleiche hinaus durch Referenzen zu dem im Wörterbuchnetz als „Spezialwörterbuch" präsentierten *Deutschen Sprichwörterlexikon* von Karl F. W. Wander anreichern.

Auf diese Weise können u. a. Stichwörter des *Mecklenburgischen Wörterbuchs* und ihre Belege auch im Rahmen übergeordneter Suchen (per Eintrag in die Hyperlemmaliste des *Wörterbuchnetzes*) über mehrere Wörterbücher hinweg aufgefunden und verglichen werden. Aufgrund des dialektalen Lemmaansatzes im *Mecklenburgischen Wörterbuchs* ist die Voraussetzung für eine wörterbuch- bzw. sprachübergreifende Suche allerdings zumeist die Übersetzung dieser Lemmata ins Standarddeutsche. Hierfür werden zunächst die im Wörterbuch direkt bereitgestellten Übersetzungen herangezogen. Darüber hinaus kann auf weitreichende Vorarbeiten in der Datenbank WossiDiA zurückgegriffen werden, die ebenfalls Korrespondenzlisten niederdeutscher Lemmata und ihrer hochdeutschen Entsprechungen bereithält. Drittens wird der digital aufbereitete Registerband des Wörterbuchs von Rothe (1998) mit seinem hochdeutsch-niederdeutschen Index ausgewertet, und es werden die darin vorhandenen Übersetzungen in einem automatisierten Prozess extrahiert und zugewiesen.[35]

4.3. Vertikale Vernetzung: Verknüpfung mit Archivbeständen und Quellen

Korpusbasierte Wortschatz-Informationssysteme sind „Kombinationsprodukte aus Wörterbuch und Korpus, Wörterbuch und Wörterbuch" und gelten als die Hoffnungsträger elektronischer Lexikografie (Haß 2015, 508). Die Einbeziehung der Korpora des gesprochensprachlichen Erhebungsmaterials sowie weiterer Quellen stellt daher einen besonders innovativen Ansatz dar, mit dem das Projekt über bisherige digitale Dialektwörterbücher hinausgeht.

Große Teile der drei Datenkorpora des *Mecklenburgischen Wörterbuchs* liegen bereits in der Forschungsumgebung WossiDiA digital aufbereitet vor. In dem Projekt „,Wossidlo-Teuchert' online" werden zudem weitere Archivbestände digitalisiert und in das Datenbanksystem eingepflegt. Dazu gehören u. a. die Materialien aus der systematischen Fragebogenerhebung Hermann Teucherts in den 1920er Jahren[36] sowie die sprachlichen Sammelbücher Richard Wossidlos.[37]

Um die Idiosynkrasie und Relationalität seiner Bestände, insbesondere des Zettelkastensystems, adäquat zu erfassen, wurde das digitale Archiv mit sog. Hy-

---

35 Aus Platzgründen sei an dieser Stelle auf ein Lemmabeispiel verzichtet.

36 Insgesamt wurde zwischen 1927 und 1936 eine Serie von 14 onomasiologisch-ethnologischen Fragebögen mit 602 Fragen ausgesandt. Der im Archiv vorliegende Rücklauf umfasst 4.354 Bögen mit ca. 21.000 Seiten.

37 64 Bände mit insgesamt ca. 3.000 Seiten.

pergraphen modelliert (dazu näher Meyer / Schering / Schmitt 2014 und Meyer / Schering / Heuer 2017). Eine detaillierte Erläuterung dieses datenkommunikativen Konzeptes würde zu weit führen, deshalb an dieser Stelle nur so viel: Graphen sind abstrakte Strukturen, die man sich analog zu satzartigen Beziehungsgefügen vorstellen kann. Subjekte und Objekte werden durch näher zu spezifizierende „Knoten" („nodes") abgebildet und die Beziehungen zwischen ihnen, vergleichbar Prädikaten, durch sog. „Kanten" („edges"). Wie zur genaueren Satzbildung weitere Satzglieder benötigt werden, können Graphen durch Typisierungen, Attribuierungen und räumliche Beziehungen (Richtungen) näher bestimmt werden. Hypergraphen sind als übereinanderliegende Graphen vorstellbar, deren gemeinsame Knoten und Kanten miteinander verbunden und entsprechend navigierbar sind.

Die Verknüpfung dieses Materials mit dem digitalen Wörterbuch erweitert die Zugriffsmöglichkeiten auf den dort präsentierten Wortschatz erheblich und erlaubt zugleich einen mehrperspektivischen, semasiologischen und onomasiologischen Zugang zu den Daten (vgl. Schmitt 2014). Inhalts- und Metadaten, die von den Wörterbuchmachern eliminiert werden mussten, ausgeschiedene Belege, Fragebögen und anderes mehr werden den Nutzern lemmabasiert zur Verfügung gestellt. Die temporalen, lokalen und sozialen Parameter der Belegdaten (Erhebungszeitpunkt, Erhebungsort, Schicht, Beruf, Alter, Netzwerke) können, soweit vorhanden, im Archiv zurückverfolgt und mit dort skizzierten Sprechersituationen angereichert werden.

Für diese korpusbasierten Vernetzungsszenarien kann die vorliegende Infrastruktur des digitalen Wossidlo-Archivs WossiDiA genutzt werden, die in Verbindung mit der Universitätsbibliothek Rostock geschaffen wurde. Der Zugang zu den Quellen des *Mecklenburgischen Wörterbuchs* wird darüber hinaus digitalisierte oder noch zu digitalisierende Schriftzeugnisse (besonders älterer Sprachstufen) einschließen. Auch hierfür zeichnet als Projektpartner die Universitätsbibliothek Rostock verantwortlich.

Das Potential der im aktuellen Projekt zu realisierenden Vernetzungsstrategie soll im Folgenden am Beispiel des Lemmas ‚Gewitter' (*Mecklenburgisches Wörterbuch* 3, Sp. 161–162) erläutert werden. Dabei werden die im WossiDiA-Projekt geschaffenen Voraussetzungen demonstriert, die im (in Abschnitt 4.4 näher skizzierten) Workflow aufgegriffen und grundlegend weiterverarbeitet werden, um die Treffsicherheit und *Usability* insbesondere auch für sprachspezifische Anliegen zu erhöhen.

Gewitter, -dd-, Pl. *Gewitters* n. Gewitter, in ä. Spr. auch noch Witterung als Kollektivum zu Wetter: 'So befehlen Wir ... hiemit, ... daß sie ... die so genandte zwölff Tage als abergläubisch nicht observiren, noch das Gewitter des gantzen Jahres darnach abnehmen und urtheilen' (Gü 1683) Bär. Ges. 1, 3, 313; 'in ... bequemer Jahreszeit und bei gutem Gewitter' Pachtkontrakt von 1713; mod. wie hd. Unwetter mit Blitz, Donner und Regen: *wenn dei Fleigen so dull up dei Pierd' sünd, kümmt 'n Gewidder* SchöHSchönb; von großer Bedeutung im Volksglauben: bei heraufziehendem Gewitter soll man rasch Feuer auf dem Herde machen, falls dies erloschen ist, sonst schlägt der Blitz ein StaKubl; WaVipp; in Schö dagegen löscht man das Herdfeuer, ebenso in SchwPamp; in StaUsad legte man die Holzaxt auf dem Rücken in die Haustür, in HagKrams schlug man sie in einen *Eckstänner;* die Mutter faltete die Hände, die Kinder mußten das gleiche tun, *de leiw Gott is bös',* fügte sie begründend hinzu WiBeid; Kinder dürfen nicht vorm Fenster stehn und nicht in den Blitz sehen und draußen nicht laufen Ro; auf dem Felde heißt es *fixer taulangen,* um womöglich noch rasch *nah Hus* zu kommen; sonst werden alle eisernen Geräte beiseite gelegt, und man sucht Schutz in einer Hocke, unter einem Busch oder unter dem Wagen, oder man setzt sich in einen Graben, legt sich platt auf den Erdboden oder stellt sich aufs freie Feld, nicht unter einen Baum, auch nicht in die Nähe der Pferde, die ausgespannt werden allgem.; krankhafte Gewitterangst wird geheilt durch Trinken von Gewitterregenwasser RoPap; in RoKühl heißt es: *de Scharprichter N. hett 't Gewitter ut'neinwinken künnt;* in WiNBuk: *in Brunshöwen* (Brunshaupten RoKühl) *hebben se dat Gewitter mit Attolleri ut'neinschaten;* weiterer Volks- und bes. Wetterglaube: *wo dat ierst Gewitter in 'n Frühjohr hentreckt, dor trecken s' all' hen* LuLaup; RoDierh; *Gewitter œwer kahl Böm gifft väl Awt un wenig Kuurn* StaFriedl; *Gewitter in 'n Mai Röppt dei Buer juchhei!* WiGlas. Sonstiger sprachlicher Niederschlag: *dor hett 't Gewitter* (der Blitz) *inslagen (dalslagen)* RoTress; übertr. von der

leeren Geldbörse Wa; *nu hett 't Gewitter in de Strümp (Hacken) slagen* wenn die Strümpfe Löcher haben ebda; *Nu släug' 't Gewitter int Judenhus* (nun gab es eine große Aufregung) Ratz. Mitt. 11, 42; ähnl. vom 'Sturm im Wasserglas': *nu sleiht dat Gewitter in 'n Teekätel* SchwPamp; *is Gewitter in de Luft* heißt es bei den Tagelöhnern, wenn der Inspektor schon frühmorgens schilt; Rda. beim Kartenspiel: *nu kümmt dat Gewitter von de Crivitzer* Schö; Scherz: *platz rin as 't Gewitter in 'n Nachtstauhl* Schö; Scherz: *Gewitter köpen* d. h. eine Bremse oder dgl. in einer Schachtel LuBrenz; dem Abgesandten der Bewohner von MaTet, der wegen der lange hier herrschenden Trockenheit ein Gewitter aus GöLaage holen soll, verkauft ein dortiger Imker einen Bienenkorb in seinem Sack als Gewitter Wo. Reut. 185f. Zss.: *Hasen-, Ungewitter.* — Kü. 1, 558; Mb. 2, 370.

Abb. 1: Lemma ‚Gewitter' im *Mecklenburgischen Wörterbuch*

Das Beispiel ‚Gewitter' (siehe Abb. 1) stellt einen mittelgroßen Artikel dar, der zum einen Aspekte der Mesoebene beleuchtet,[38] bildet er doch ein gemeinsames

---

38 Zur Verweisproblematik auf der Makroebene aus lexikografischer Sicht siehe unten Abschnitt 4.4.2.

Wortfeld mit Begriffen wie ‚Blitz' und ‚Donner' und ist mit Phänomenen wie Wetterleuchten, starkem Regen u. a. m. assoziiert.[39] Zum anderen listet der Artikel sprachliche Konkretisierungen der Angst vor dem Naturschauspiel und den damit verbundenen Volksglauben (Abwehrzauber, Vorhersagen) auf. Deutlich wird, dass die Archivbelege sowohl quantitativ als auch semantisch weit über die im Artikel gelieferten Informationen hinausreichen.

Die Belegreihe wird mit zwei älteren rechtlichen Quellen eröffnet, um den Wandel der synonymen Beziehung von ‚Gewitter' und ‚Wetter' nachzuweisen. ‚Gewitter' wird als „Unwetter mit Blitz, Donner und Regen" erklärt. Dann folgen gesprochensprachliche Belege, von denen im Folgenden einige ihnen zugrundeliegende Quellen abgebildet und erläutert werden. Dabei werden vor allem auch jene Quellenbereiche der digitalisierten Wossidlo-Sammlung aufgezeigt, die für das *Mecklenburgische Wörterbuch* (weil sprachlich weniger relevant) nicht herangezogen wurden, aber weitere signifikante Gebrauchskontexte und Beziehungen demonstrieren.

Die im Folgenden zitierten handschriftlichen Quellen und ihre Metadaten können in WossiDiA leicht eingesehen sowie deren Kontexte weiterverfolgt werden.[40]

Die Abb. 2 bis 4 zeigen digitalisierte Belegzettel aus dem Wossidlo-Bestand. Abb. 2 stellt eine Feldnotiz Richard Wossidlos dar (Bestandsgruppe ZAW = **Z**ettel-**A**rchiv **W**ossidlos).[41] Das Gros von Wossidlos späteren Auszügen für das Wörterbuch (**M**ecklenburgisches **W**örterbuch, Bestand **W**ossidlo = MWW, siehe Abb. 3 und 4) entstammt ZAW, also seinen *fieldnotes* oder verschlagworteten Auszügen aus der Sammelhelfer-Korrespondenz. Während der von Wossidlo aus dieser Feldnotiz erstellte Wörterbuchzettel über den Informanten noch vermerkt: „Alter in Schönberg 1926",[42] heißt es in der Druckfassung: „in SCHÖ [sc. Schönberg] löscht man hingegen das Herdfeuer", werden doch zuvor zwei Belege mit entgegenstehender Verhaltensaufforderung genannt[43]. Sprachliches wird hierbei – anders als in

---

39 Wortzusammensetzungen (wie ‚Gewitterpietsch') werden im Folgenden nicht berücksichtigt.

40 Signaturen können in das mittig platzierte Suchfeld der Einstiegsseite der WossiDiA-Webapplikation (https://apps.wossidia.de/webapp/run) eingetragen werden, sodass der betreffende Zettelbeleg im Kontext der Archivtektonik erscheint. Über der (zoombaren) Belegansicht wird ein Auszug des Zettelkastens mit den jeweiligen hierarchischen Ebenen (Zettelkasten / Verzeichniseinheit / Beleg / Seite) angezeigt. Entsprechend kann im digitalen Zettelkasten vor- und zurückgeblättert werden. In der rechten senkrechten Spalte werden – sofern man sich auf der Ebene der Belege befindet – die Verlinkungen angezeigt, die (in der rechten oberen Ecke) zudem als Hypergraph-Exzerpt visualisiert werden. Knoten- und Hyperkantentypen sind filterbar. Diesen entlang kann das Fakten- und Beziehungsnetz des digitalen Zettelkastensystems erkundet werden. Zu berücksichtigen ist, dass der Verlinkungsertrag vom Fortschritt der Metadaten-Eingabe abhängt, die zum jetzigen Zeitpunkt noch nicht abgeschlossen ist.

41 ZAW-C819-010-036. Transliteration: *„Wenn '[n] Gewitter up keem, würd [da]t Füer utmakt* /ss [sc. *sua sponte*, d. h. auf eigenen Antrieb mitgeteilt] Maaß [aus] Niendorf, [erzählt in] Schönberg 26.10.26".

42 MWW-G030-013-160-071.

43 MWW-G030-013-160-069: „Gewitter / *bi 'n G. sall 'n Füer anböten. Eens hebben de Lüd 'dat nich*

den zugrundeliegenden Wörterbuchzetteln Wossidlos – nicht mit aufgenommen. Diese vermerken vor allem auch den Zeitpunkt der Aufnahme. Im Fallbeispiel sind Zeitdaten für den Nachvollzug der Entwicklung populärer Glaubensformen wesentlich, zumal sich diese um die Jahrhundertwende beschleunigt veränderten. Abb. 3 zeigt einen weiteren Beleg zur Thematik, der nicht aufgenommen wurde.

Der Feldforschungszettel ist detailreicher, weil er neben dem Aufnahmeort den Herkunftsort des Erzählers nennt und somit Binnenmigrationen erfasst. Über den Personen„knoten" erhält man in WossiDiA zudem Hinweise auf Alter, Beruf und auf weitere Mitteilungen über die Informanten.

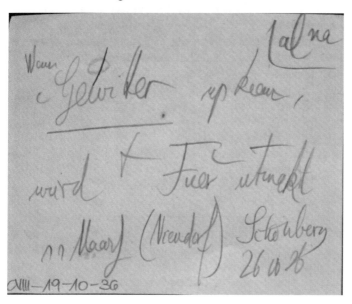

Abb. 2: Feldforschungsnotiz Wossidlos über Gewitter im Kontext von „Naturleben" (http://purl.uni-rostock.de/wossidia/zaw03819010/phys_0039)

Für das Lemma ‚Gewitter' hat Wossidlo (Wortzusammensetzungen nicht einge-rechnet) 83 Wörterbuchzettel verfasst. Hier findet man nicht nur viele weitere Be-lege über Formen des Schutzzaubers und den „Wetterglauben", sondern ebenso alltägliche Redensarten, in denen das plötzliche, gewaltvolle Naturereignis im übertragenen Sinne gebraucht wird. Ein Beispiel ist hierfür Abb. 4, die sich auf die drohende Schimpfpredigt eines Gutsinspektors bezieht. Hier stellt sich zudem die

---

dahn. Dor hett dat ropen: wisst du keen Füer anböten, denn will ik wat böten / Vipperow 1891";
MWW-G030-013-160-070: „Gewitter / wenn 'n G. is un keen Füer up 'n Füerhierd, sleiht 't in / aus Kublank".

Frage, inwieweit das in der DDR weit verbreitete und zugleich stark ideologisch geprägte Bild des „Junkers" die Belegauswahl mit beeinflusst hat.[44]

Über die den Wörterbuchzetteln vorgelagerte Belegebene (ZAW einschließlich der Fragebogen) wird die durch die alphabetische Anordnung erfolgte Zerstückelung des Wort- und Bedeutungsfeldes wieder aufgehoben, da ZAW den lebensweltlichen bzw. sachsystematischen Kontext sichtbar macht. Wird in das Suchfeld von WossiDiA ‚Gewitter' eingetragen, erhält man als Treffer in der rechten Spalte eine Auflistung der beteiligten Knotentypen, welche Verknüpfungen nunmehr per Lemma„knoten" automatisiert werden.

Der Knotentyp „ZAW 1" erfasst sämtliche sachsystematischen Verzeichniseinheiten, im Fallbeispiel sind es 40. Sieben davon behandeln ‚Gewitter' als Sagenmotiv, vielfach als Strafe für Freveltaten.[45] Für das Wörterbuch mussten sie unberücksichtigt bleiben. Die Verzeichniseinheit ‚Naturleben – Gewitter'[46] (s. dazu Abb. 2 oben) zeugt mit 134 Belegen noch weit stärker als die daraus generierten Wörterbuchzettel Wossidlos von der Vielfalt an Glaubenszeugnissen zur Gewitterangst, zu Gewittervorhersagen und zum Verhalten bei solchem Unwetter. Parallel dazu finden sich zu dieser Thematik 126 Quellen, die der überregionalen Fachliteratur entnommen sind.[47] Die Ansicht im Thesaurus weist ‚Gewitter' als ‚Wetterphänomen' neben ‚Blitz', ‚Donner', ‚Wind', ‚Nebel', ‚Regen', ‚Schnee' ‚Hagel', ‚Frost', ‚Eis', ‚Tau', ‚Kälte', ‚Wärme', ‚Hitze', ‚Sonnenschein', ‚Wolken' und ‚Dunst' aus, sodass sich Nutzer betreffende sprachliche Wendungen sowie tradierte Glaubens- und Wissensinhalte zusammenhängend erschließen können.

Eine weitere Rubrik des ZAW-Zettelkastensystems bilden die sog. „Motivkästen", in denen Querverweise in Form von Erzähl- und Brauchmotiven, Sprichwörtern und Redensarten u. a. m. erfolgen.[48] Hier wird das Naturschauspiel in seine einzelnen Elemente und Erscheinungen zerlegt, wodurch die Beziehungen zu Donner, Blitz und ähnlichen Erscheinungen (wie dem Wetterleuchten) sichtbarer werden.

Der Rückbezug auf diese Quellen erlaubt es, die im Wörterbuch teils fehlenden Verweise der Mesostruktur zu kompensieren. So enthalten weder der vergleichsweise kurze Artikel über ‚Blitz'[49] noch das Kompositum ‚Gewitterblitz' Hinweise auf den ‚Heiblick' als „weit entfernter Blick, dessen Donner nicht zu hören ist", also auf das Wetterleuchten (‚heiblicken').[50] Darüber hinaus finden sich viele wei-

---

44 Diese Lemmastrecke des *Mecklenburgischen Wörterbuchs* wurde während der DDR-Zeit bearbeitet.

45 ZAW-B608-014.

46 ZAW-C819-010.

47 ZAW-C514-002. Die Verzeichniseinheit ‚Gewitter und Herdfeuer' ist noch gesondert ausgewiesen, siehe ZAW-C514-011.

48 ZAW-E114-016 (195 Belege) sowie ZAW-E711-005 (81 Belege).

49 *Mecklenburgisches Wörterbuch*, Bd. 1, Sp. 961–962.

50 *Mecklenburgisches Wörterbuch*, Bd. 3, Sp. 578. Siehe auch ‚wäderlüchten' in *Mecklenburgisches Wörterbuch*, Bd. 7, Sp. 1022.

tere Bezüge, konnte doch das Wörterbuch eine ausführliche Regionalethnografie nicht ersetzen.

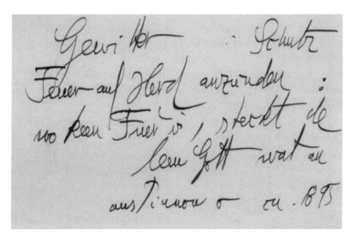

Abb. 3: Wörterbuchzettel Wossidlos für das Lemma ‚Gewitter', Aspekt Schutzglaube (http://purl.uni-rostock.de/wossidia/mww07030013/phys_0350)[51]

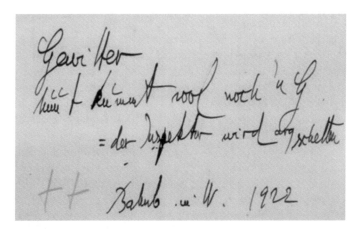

Abb. 4: ‚Gewitter' / Redensart in übertragener Bedeutung (http://purl.uni-rostock.de/wossidia/mww07030013/phys_0380)[52]

---

51 MWW-G030-013-160-024. Transliteration: „Gewitter: Schutz / Feuer auf Herd anzünden: *wo keen Füer is, steckt de leew Gott wat an* / aus Pinnow [bei] σ [= Sigma für Schwerin] ca. 1895".

52 MWW-G030-013-160-054: Transliteration: „Gewitter / *hüüt kümmt wol noch 'n G.* [Gewitter] = der Inspektor wird arg schelten / Bahnb. [Bahnbeamter] in W. [Waren] 1922". Der Artikel vermerkt, allerdings ohne Belegort: *„is Gewitter in de Luft* heißt es bei den Tagelöhnern, wenn der Inspektor schon früh morgens schilt". Hier und nachfolgend stehen die hochdeutschen Textanteile auf den

Bei dem Zettelkasten der Rostocker Wörterbuchstelle (**M**ecklenburgisches **Wö**rterbuch, Bestand **T**euchert = **M**WT) handelt es sich in der Regel um verdichtete Abschriften aus MWW, die betreffende Wortstrecke umfasst 57 Belege[53]. Daraus seien im Folgenden einige Beispiele genannt. Dieser Zettelkasten wurde von Hermann Teuchert sowie von Mitarbeiterinnen und Mitarbeitern der Wörterbuchstelle verfasst. So wurde ein weiterer Beleg zur ‚Gewitterangst' (siehe Abb. 5) von dem Rostocker Lehrer und Volkskundler Johannes Gosselck (1881–1948), einem engen Mitarbeiter Wossidlos, erstellt. Teilweise gelangten mehrere Belege aus MWW auf einen Zettel,[54] wie ein Beispiel aus der Feder Katharina von Hagenows (1882–1952) zeigt (siehe Abb. 6).

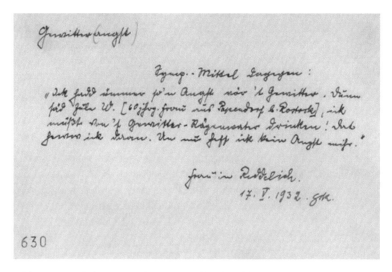

Abb. 5: Zettel der Rostocker Wörterbuchstelle über ein sympathetisches Mittel gegen Gewitterangst (http://purl.uni-rostock.de/wossidia/mwt07034002/phys_0234)[55]

Zetteln (wie das Schlagwort, die Aufnahmedaten und Erklärungen Wossidlos) recte, niederdeutsche dagegen kursiv.

53   Siehe MWT-G034-002-000-343 bis MWT-G034-002-000-399.

54   Daher variieren die Papierformate: MWT entspricht DIN A6, MWT dagegen DIN A7.

55   MWT-G034-002-000-375: Transliteration: „Gewitter(angst) / Symp. [Sympathetisches] Mittel dagegen: *Ick hadd ümmer so 'n Angst vör 't Gewitter. Dünn säd Jüle W.* (60jhrg. Frau aus Papendorf b. [bei] Rostock), *ick müsst von 't Gewitter-Rägenwater drinken! Dat heww ick daan. Un nu heff ick kein Angst mihr.* / Frau in Reddelich, 17.V.1932 Gck [Gosselck]".

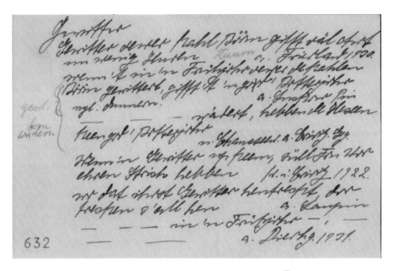

Abb. 6: Zettel der Rostocker Wörterbuchstelle mit Übertragung mehrerer Einzelbelege Wossidlos über Vorhersagen aus Gewitterformationen (http://purl.uni-ros-
tock.de/wossidia/mwt07034002/phys_0236)[56]

Der Anteil ausgesandter Fragen für das Lemma ‚Gewitter' ist über entsprechende
Knotentypen (als Suchertrag zu ‚Gewitter') ebenfalls ermittelbar. Abb. 7 zeigt die
Teilauflistung von Antworten auf die Frage „Welche Anzeichen hat man für ein
kommendes Gewitter?" aus einem von Teuchert ausgesandten Fragebogen (Nr. 9,
Frage 15).

Eine besondere Vorliebe entwickelte Wossidlo für die Zusammenstellung von
Lexemverbänden und Wortfeldern, wie das Lemma ‚gewittern' und der dortige
Verweis auf das Synonym ‚wädern' zeigt. Noch anschaulicher in dieser Hinsicht
ist jedoch das Lemma ‚dunnern'[57], das deshalb kurz vorgestellt werden soll. In der
sachsystematischen Zettelsammlung (ZAW) wird das reflexive Verb ‚updunnern'
bei der Suche nach ‚dunnern' aufgelistet, und zwar in den „sprachlichen Kästen"
im Kontext von Kleidung, die Verzeichniseinheiten zu schlechtsitzender, saube-
rer, unsauberer, zerlumpter etc. Kleidung auflistet.[58] Im Wörterbuch wird ‚updun-

56 MWT-G034-002-000-379. Transliteration: „Gewitter / *Gewitter œwer kahl Bom gifft väl Awi un
    wenig Kuurn*, a. [aus] Friedland 1930 / *Wenn 't in 'n Frühjohr œwer de kahlen Böm gewittert, gifft
    't 'n god' Botterjohr.* Vgl. dunnern aus Suckow Pim [Parchim] / *... wädert, hebben de Hexen keen
    god' Botterjohr* / Chauseew. [Chauseewärter] a. Crivi. Geg. [aus Crivitzer Gegend] / *Wenn 'n Ge-
    witter up keem, süll Fru Wor ehren Strich hebben* [sc. vermutlich: ... soll Frau Waur, die weibliche
    Anführerin der „Wilden Jagd", betrunken sein] F [Frau] in Crivitz 1922 / *Wo dat ihrst Gewitter
    hentreckt, dor trecken s' all hen* / aus Laupin. Für betreffende Originalzettel Wossidlos, die besser
    lesbar sind, s. MWW-G030-013-160-073 bis MWW-G030-013-160-077.
57 *Mecklenburgisches Wörterbuch* 2, Sp. 575–576.
58 Siehe die Zettelkästen ZAW-D304 bis ZAW-D308.

nern' hingegen äußerst knapp in der Reihe des Präfixes ‚up' (und in der Nähe der Synonyme ‚updullern' und ‚updunsen') angeführt.[59] Der situative Gebrauch und die differenzierte Verwendung durch soziale Sprechergruppen bleiben im Beispiel außen vor, da es nur heißt: „sich aufputzen". So können Nutzer über die vertikale Verlinkung zu den Belegen in WossiDiA etwa danach forschen, wie beim Sprachgebrauch die Einstellungen über zerlumpte, saubere oder aufgeputzte Kleidung schichtenspezifisch variieren. Über die diatopische Ebene hinaus können somit auch diastratische und diaphasische Dimensionen erfasst werden.

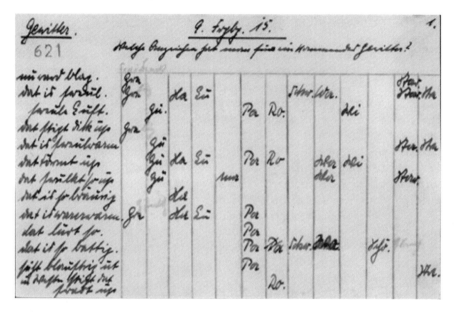

Abb. 7: Teilauswertung einer Teuchert-Frage (http://purl.uni-rostock.de/wossidia/ mwt07034002/phys_0225)[60]

4.4. Zur Strukturanalyse des *Mecklenburgischen Wörterbuchs* in Vorbereitung auf seine digitale Vernetzung: Ein Werkstattbericht und Problemaufriss

Die Volltextannotation nach TEI-P5 spielt eine zentrale Rolle bei der Retrodigitalisierung, um eine horizontale und vertikale Vernetzung des Wörterbuchs zu ermöglichen. Die fünfte Version der Richtlinien der *Text Encoding Initiative* wur-

---

59 *Mecklenburgisches Wörterbuch* 7, Sp. 538.
60 MWT-G034-002-000-357. Die Fragen sind bereits in WossiDiA eingestellt, die Antwortbögen werden derzeit projektintern digitalisiert und eingepflegt.

de 2007 veröffentlicht.[61] Erst durch das TEI-Markup kann das *Mecklenburgische Wörterbuch* „als Datenbank begriffen werden, in der bestimmte lexikographische Informationseinheiten gezielt such- und durchsuchbar" (Hildenbrandt 2011, 25) gemacht werden. Das Ziel ist dabei, im zeitlichen Rahmen des Projekts eine möglichst feingliedrige Auszeichnung der Artikelstrukturen und -elemente zu erreichen, die weitgehend automatisiert vollzogen werden soll. Voraussetzung hierfür sind eine Strukturanalyse sowie eineindeutige Isolierung und Beschreibung der Artikelelemente. Erschwert wird dies allerdings durch die formale Heterogenität innerhalb und zwischen den sieben Bänden des *Mecklenburgischen Wörterbuchs*. Zwar zeichnen sich die Mikro- und Mesostrukturen des Wörterbuchs generell durch eine weitgehend einheitliche Gestaltung aus. Dennoch können Artikelelemente aus verschiedenen Gründen in ihrer Position und in ihrer Gestaltung deutlich variieren. Dies hängt einerseits mit dem langen Erarbeitungszeitraum des Wörterbuchs zusammen. Seine sieben Bände erschienen über einen Zeitraum von 55 Jahren. Der erste Band wurde noch in Zusammenarbeit mit Richard Wossidlo erarbeitet, ab dem vierten Band unter der Mitarbeit von Jürgen Gundlach, der ab Band 6 die Leitung übernahm. Über den Erstellungszeitraum des Wörterbuchs hinweg traten außerdem mehrere weitere Artikelverfasser in Erscheinung. Andererseits führen die Komplexität und der schiere Umfang einiger Artikel zu Inkonsistenzen in deren Gestaltung bzw. verhindern zuweilen eine eineindeutige Identifizierung, etwa wenn grafische Gestaltungselemente mehrere unterschiedliche Funktionen besitzen, relationale Positionen innerhalb eines Artikels unterschiedlich besetzt sein können oder mehrere Varianten von Abkürzungen bzw. Siglen Verwendung finden.

Die methodischen und arbeitspraktischen Herausforderungen, die sich aus dieser Variation ergeben, lassen sich in den folgenden vier Punkten zusammenfassen:

1. Beschreibung der Wörterbuchstrukturen und Differenzierung zwischen Norm und Abweichungen innerhalb der einzelnen Bände.
2. Beschreibung der Strukturunterschiede der Bände zueinander.
3. Damit einhergehend Identifikation und Klassifikation aller Textsegmente nach TEI.
4. Formulierung rein zeichen- und positionsbasierter Definitionen für alle ermittelten Segmente.

---

61   Bereits 1987 gründete sich die TEI, um geisteswissenschaftliche Texte hard- und softwareunabhängig sowie frei von wirtschaftlichen Interessen zu kodifizieren. Bis 1989 fanden sich bereits rund 50 Gelehrte zusammen, um die erste Skizze P1 1990 zu veröffentlichen. Vier Jahre später galt P3 als erste offizielle Version. Zu diesem Zeitpunkt bestand die Kernarbeitsgruppe von TEI bereits aus 200 Mitgliedern. Auf Vorschlag der Universitäten von Virginia und Bergen (Norwegen) wurde aus dem *TEI Committee* das *TEI Consortium* gegründet, welches dem Erhalt, der Weiterentwicklung und der Bewerbung der TEI-Richtlinien dienen sollte. Die vierte Version (P4) wurde schließlich 2002 als XML-basierte Version des Vorgängers herausgegeben (TEI 2007).

Im Folgenden sollen einige konkrete Fragestellungen und Probleme beschrieben werden, die sich bislang bei der Strukturanalyse ergaben. Dabei wird keine vollständige Strukturbeschreibung des *Mecklenburgischen Wörterbuchs* angestrebt, sondern es werden exemplarische Bereiche präsentiert. Ebenso wenig können zum jetzigen Punkt bereits alle Fragen beantwortet werden, die in diesem Teil aufgeworfen werden.[62]

4.4.1 Analyse der Gesamtstruktur und der Paratexte

Die Interessen der klassischen Lexikografie und der analytischen Rekonstruktion der Wörterbuchstruktur in Vorbereitung auf die Digitalisierung des Wörterbuchs laufen nur bis zu einem bestimmten Punkt gleiche Wege. Das liegt vor allem daran, dass „die Linearität des Printwörterbuchs im elektronischen Wörterbuch aufgelöst [wird]" (Engelberg / Lemnitzer 2009, 140). Dennoch ist eine Beschreibung der Rahmenstruktur sinnvoll, um zu entscheiden, welche der Wörterbuchaußentexte in elektronischer Form integriert werden sollen.

Beim *Mecklenburgischen Wörterbuch* sind die Teile bandübergreifend relativ gleichmäßig aufgebaut. Alle Bände, bis auf den dritten, enthalten nach dem Impressum ein Vorwort der Herausgeber. Im ersten Band folgt ein integrierter Umtext mit thematischer Ordnung, welcher den „Stoff", also den Wörterbuchgegenstand, den Sprachraum und Informationen zur Entstehung des *Mecklenburgischen Wörterbuchs* abdeckt. Ebenfalls werden Benutzerhinweise bezüglich der Orthografie, Aussprache und für Zusätze bei Belegangaben aufgeführt. Hier bietet sich eine Übertragung der Sach- und Benutzerhinweise in die digitale Form an. Während es üblich ist, Vorworte zu übertragen, bleibt diskutabel, ob die Titelseiten und die Impressen übernommen werden sollten. Vor der Lemmaliste enthalten die Bände 1, 2, 4 und 5 jeweils ein „Verzeichnis der Abkürzungen", ein nichtintegriertes Wörterbuchverzeichnis mit nischenalphabetischer Makrostruktur, das reguläre und spezifisch linguistische Abkürzungen, abgekürzte Orts- und Personennamen sowie Literaturangaben auflistet. Diese Bände enthalten somit zwei äußere Zugriffsstrukturen, wogegen Band 3, 6 und 7 je eine äußere Zugriffsstruktur besitzen. Alle sieben Bände sind dabei monoakzessiv, können jedoch in digitaler Form durch eine Verknüpfung der Lemmaliste mit dem Verzeichnis der Abkürzungen polyakzessiv umgestaltet werden. Weiterhin werden die Abkürzungsverzeichnisse im Zuge des Projekts miteinander abgeglichen, ergänzt und auf die jeweiligen Bände angeglichen. Zusätzlich müssen editorische Fehler ausgebessert werden, welche durch die

---

62 Grundlegend sei anzumerken, dass gewisse Kenntnisse mit Programmiersprachen wie z. B. R oder Python für die Wörterbuchanalyse von Vorteil sind. Lemmalisten können zwar auch mit z. B. Adobe DC Pro durch eine Suche bestimmter Muster erstellt und in .txt bzw. .csv gespeichert werden, jedoch fehlt die Kontrolle darüber, wie viele Elemente vor und nach dem Suchergebnis ausgegeben werden. Dies lässt sich z. B. mit regulären Ausdrücken (Regular Expression [= Regex]) deutlich besser definieren.

inkonsistente Nutzung von bestimmten Abkürzungen über mehrere Bände hinweg auftreten.

4.4.2 Analyse der Makrostruktur

Bezüglich der Makrostruktur sind die Lemmalisten im *Mecklenburgischen Wörterbuch* initial- und fast durchgängig nischenalphabetisch geordnet. Eine darüber hinausgehende detailliertere Makrostrukturanalyse ist obsolet, da im digitalen Format jegliche Nester und Nischen aufgelöst werden und jedes Lemma striktalphabetisch im *Trierer Wörterbuchnetz* aufgelistet ist und unabhängig davon durchsuchbar sein wird. Ein Nest kann schließlich durch Hyperlinks im Artikel des ursprünglichen Eingangslemmas aufgegriffen werden (vgl. Svensén 2009, 441). Eine dringlichere Frage, die sich im Zuge des Projekts „‚Wossidlo-Teuchert' online" ergeben hat, ist die Erstellung einer vollständigen Lemmaliste, welche möglichst automatisch aus den kondensierten Sublemmata der einzelnen Nischen und Nester generiert wird. Zwei Beispiele mögen dies demonstrieren.

1. Eingangslemma: ‚inracken'. Sublemmata: a) ‚-racksen' b) ‚-räden' c) ‚-rahm'[63]

> **Inracken** s. *inraken.* — -racksen ein-
> schmutzen, -schmieren Meckl. Heim. 7, 102.—
> -räden einreden: *dei let sick dat nu von ehr*
> *Mudder inreden* (dazu bestimmen) Matth.
> 14, 8. — -rahm m. Rahmen: *in den höltern*
> *Inrahm wir dat Nett inarbeit't* RoWarn. —

Abb. 8: Teilauszug aus der Nische mit dem Eingangslemma ‚inracken' und den Sublemmata ‚inracksen', ‚inräden' und ‚Inrahm'

2. Eingangslemma: ‚Abendmahl'. Sublemmata: a) ‚Abendmahlsbücks' b) ‚-dauk'[64]

> **Abendmahl** n. **1.** in älterer Sprache welt-
> liches Abendessen: 'in Kösten, Kindelbeer
> und stattlickn aventmahlen' LAUR. Schg. 3,
> — Abendmahlsbücks f.: ein Gössel, das
> im Sieb geräuchert und durch die schwarze
> Abendmahlshose gesteckt wird, ist vor Raub-
> zeug geschützt MATet. — -dauk n. Teil der

Abb. 9: Teilauszug aus der Nische mit dem Eingangslemma ‚Abendmahl' und den Sublemmata ‚Abendmahlsbücks' und ‚Abendmahlsdauk'. Die Abbildung wurde aus mehreren Ausschnitten zusammengestellt.

---

63 *Mecklenburgisches Wörterbuch* 3, Sp. 1008.
64 *Mecklenburgisches Wörterbuch* 1, Sp. 34–36.

Beide Beispiele haben grundsätzlich dasselbe Problem: Da die Herausgeber keine lexikografischen Angabesymbole zur orthografischen oder morphologischen Trennung bei den Lemmapositionen angegeben haben, ist die computerbasierte Identifikation von Morphemgrenzen gerade bei dialektalen Wörterbüchern nicht ohne weiteres möglich.[65] Weiterhin zeigt die Lemmafolge im Beispiel 1, dass 1 c) einer anderen Wortart angehört als das Eingangslemma, durch das es das Präfix *in-* erhält. Da die orthografische Regel der Großschreibung von Substantiven hier nicht als identifizierendes Merkmal herangezogen werden kann, kann die korrekte Schreibung (und Wortartidentifikation) in 1 c) ‚Inrahm' lediglich durch die niederdeutsche Sprachkompetenz des Lesers oder die Genusangabe *m.* erschlossen werden. Das substantivische Eingangslemma ‚Hochfaut' mit dem kondensierten verbalen Sublemma ‚-fleigen'[66] enthält die gleiche Problematik in umgekehrter Richtung. Beispiel 2 wiederum zeigt, dass nicht davon ausgegangen werden kann, dass das Erstglied, welches das verkürzte Sublemma 2 b) ‚-dauk' vervollständigt, aus dem Eingangslemma erschließbar ist. Hier muss zur Zusammenfügung der Komposition das Sublemma 2 a) ‚Abendsmahlsbücks' konsultiert werden, welches das zusätzliche Fugenelement -s- mit einbringt.

Eine konkrete Lösung wird zu diesem Zeitpunkt des Projektes noch diskutiert. Um die bisherigen Ansätze nachvollziehbar zu machen, wird an dieser Stelle kurz ein weiterer Arbeitsprozess des Projekts „‚Wossidlo-Teuchert' online" vorgestellt, welcher bereits in Punkt 4.3 angerissen wurde: Die zu erstellenden Verlinkungen des Erhebungsmaterials betreffen auch die rund 800.000 Wörterbuchzettel, die als Imagedigitalisate im Hypergraphen-Modell (siehe Abschnitt 3.2) mit Wortknoten über eine eigene Hyperkante verknüpft werden. Die Wörter je Wörterbuchzettel ergeben sich aus den Schlagwörtern, die auf den Zetteln mit Beispielen konkretisiert werden. Somit wird beispielsweise das Wort ‚Gewitter' (als Wort-Knoten) durch die Hyperkante „MWB-Zettelverschlagwortung" mit dem Wörterbuchzettel „MWW-G030-013-160-024" (als Beleg-Knoten), auf dem Gewitter als Wetterphänomen thematisiert wird (siehe oben Abb. 3), verbunden. Durch das exakte Abtippen der Schreibform auf dem Zettel wird eine reiche Schlagwortliste erstellt. Diese Schlagwortliste könnte mit den Lemmata des *Mecklenburgischen Wörterbuchs* abgeglichen werden, um Kandidaten für die Zusammensetzung zu ermitteln und um bei eindeutigen Ergebnissen diese automatisch zuzuordnen.

Eine weitere Herausforderung bei der Analyse der Makrostruktur stellt die grundlegende Beschreibung der Wörterbuchartikelpositionen dar. Eine Hilfestellung bietet hierfür das digitalisierte Wörterbuch in Plain-Text, bei der typografische Strukturanzeiger (tS) durch Tags ersetzt werden (Schälkle / Ott 2021, 801ff.). Diese

---

65   Das *Mecklenburgische Wörterbuch* enthält eine überschaubare Anzahl an Lemmata in Form von Präfixen und Bestimmungswörtern von Komposita, die allerdings einfach am Bindestrich mit den kondensierten Sublemmata zusammengesetzt werden können. Auf bisher identifizierte Suffixe in der Lemmaposition folgen keine kondensierten Sublemmata.

66   *Mecklenburgisches Wörterbuch* 3, Sp. 721.

Praxis konvertiert tS, beispielsweise Fettmarkierung, letztendlich in neue nicht-typografische Strukturanzeiger (ntS), #F+ #F-, welche zur eindeutigen Beschreibung herangezogen werden können. Beispielsweise kann somit für die Eingangslemmata, welche mit einem neuen Absatz, einer Einrückung und Fettmarkierung erkennbar sind, das Muster <P>, zwei Leerzeichen, #F+^&#F- (<P> #F+^&#F-) definiert werden, wobei <P> für einen neuen Absatz, die Leerzeichen für die Einrückung und ^& für einen oder mehr Buchstaben, Minus, Apostrophe, Kommata oder Leerzeichen stehen. Sublemmata lassen sich für gewöhnlich mit --, Leerzeichen, #S+^&#S- (-- #S+^&#S-) definieren, wobei #S+ #S- für Sperrschrift steht. Obwohl diese Zeichenreihenfolgen schnell ermittelt sind, verbleiben Wörterbuchartikel, deren Grenzen nur unklar zu bestimmen sind. Während die allermeisten Einträge mit einem Punkt beendet werden, nestet ‚Arw-‘ [67] in Beispiel 3 als Eingangslemma mehrere Sublemmata entgegen der striktalphabetischen Ordnung und leitet diese mit einer etymologischen Angabe und einem Doppelpunkt als ntS ein.

3. <P>   #F+Arw-#F- Zss. Mit #/+Erf-,#/- die nur in der alten Sprache oder in der Kanzleisprache belegt sind: #S+-boren#S- Adj.

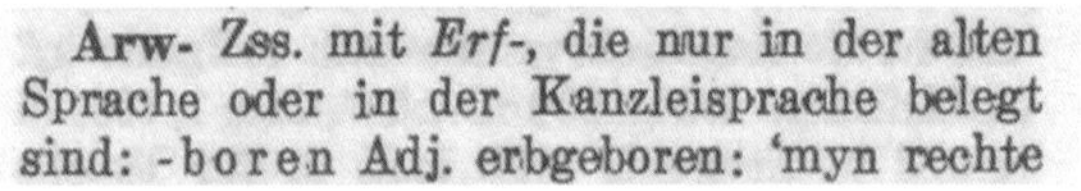

Arw- Zss. mit *Erf-*, die nur in der alten Sprache oder in der Kanzleisprache belegt sind: -**boren** Adj. erbgeboren: 'myn rechte

Abb. 10: Teilauszug aus dem Nest mit dem Eingangslemma ‚Arw-‘ und dem Sublemma ‚Erfboren‘

Einerseits muss in solchen Fällen das definierte Muster für Sublemmata ergänzt werden. Andererseits bleibt offen, ob die zusammengesetzte Mikrostruktur, bei der Eingangslemma und Sublemmata ihre eigenen Basisstrukturen aufweisen, aufgeteilt werden soll. Eine Möglichkeit wäre dabei, das Nest als solches beizubehalten, eigenständige Einträge für die Sublemmata zu erstellen und aus dem ‚Arw‘-Artikel heraus auf diese zu verweisen. Der Nachteil wäre ein sehr großer Wörterbuchartikel zu ‚Arw-‘, wodurch der Schnellzugriff auch in der digitalen Version erschwert werden könnte. Andererseits könnten die Sublemmata entkoppelt und Lemmaquerverweise erstellt werden, was dann wiederum einen Bruch der Repräsentation des originalen Textes zur Folge hätte.

4.4.3 Analyse der Mikrostruktur

Um die Problematik der automatischen Vervollständigung des Sublemmas 1 c) anzugehen, bietet es sich an, obligatorische oder unerlaubte Angaben für die jeweiligen Lemmazeichentypen heranzuziehen. Somit weichen in der Arbeitspraxis die im theoretischen Rahmen ansonsten streng gewahrten Grenzen zwischen makro- und

---

67 *Mecklenburgisches Wörterbuch* 1, Sp. 445.

mikrostrukturellen Analysen auf. In allen abstrakten Mikrostrukturen für die verschiedenen Lemmazeichentypen ist das einzige obligatorische Element des Formkommentars die Lemmazeichengestaltangabe. Man kann sich somit nicht darauf verlassen, dass Substantive auch mit Genusangaben versehen sind.[68] Umgekehrt lässt sich jedoch sagen, dass Genusangaben (*m., f., n.*), Deklinationsangaben (vor allem Angaben zum Plural) und konkrete Wortartangaben zum Substantiv (z. B. *Subst.*) für andere Lemmazeichentypen ausgeschlossen sind. Somit müssen Sublemmata, die solche Angaben enthalten, großgeschrieben werden, auch wenn der Lemmaansatz des Artikels durch ein kleingeschriebenes Lemma erfolgt. Gleiche Regeln lassen sich auch für Adjektive, Adverbien, Verben u. ä. erstellen. Allerdings schließen solche Regeln keineswegs aus, dass durch die inkonsequente Nutzung bestimmter Angaben und die hohe Variation der jeweiligen Mikrostrukturen nicht dennoch ungenaue Sublemmata geformt werden. Der Abgleich der Lemmaliste mit der eigenen Wortdatenbank ist eine mögliche Methode zum Abfangen solcher Fehler.

Wie bereits angedeutet, werden für das *Mecklenburgische Wörterbuch* einzelne Kommentare und Angaben auf ihre Art, Obligatheit, Position und kontextuelle Einbettung innerhalb der Mikrostruktur untersucht (vgl. Wiegand et al. 2010, 46).[69] Zur Vorbereitung auf die Digitalisierung orientiert sich die Analyse des *Mecklenburgischen Wörterbuchs* deutlich stärker an dem TEI-Schema als an der detaillierten Terminologie der Wörterbuchforschung hinsichtlich möglicher Unterscheidungen von Kommentaren und Angabeklassen. Beide Ansätze können vielmehr komplementär gebraucht werden. Beispielsweise ist die terminologische Differenzierung eines vorderen und hinteren Formkommentars nicht unbedingt notwendig, da beide unter <form> subsumiert werden. Jedoch ist der Fall, dass ein Zwischenkommentar zwischen diesen beiden Formkommentaren stehen kann, zu berücksichtigen.[70] Bezüglich der Angabeklassen schlägt das in diesem Projekt genutzte TEI-Schema Lex-0 für grammatische Angaben des Elements gram mit dem Attribut @type zehn Attributwerte (pos, case, gender, inflectionType, mood, number, person, tense, aspect, transitivity) vor, welche in der praktischen Umsetzung für die Klassifizierung von Segmenten der Wörterbuchartikel herangezogen werden sollten (vgl. Tasovac et al. 2018).

Die meisten Wörterbuchartikel weisen eine einfache Basisstruktur mit Formkommentar in der linken Kernstruktur und mit einem semantischen Kommentar in

---

68 Das *Mecklenburgische Wörterbuch* weist eine sehr große Variation bei den grammatischen Angaben auf. Für die Pluralangabe wurden zum jetzigen Zeitpunkt alleine auf der Strecke A–E zehn unterschiedliche Formen identifiziert (z. B. *Plur., Pl., Pl. ebenso, nur Pl.* etc.).

69 Auf eine detaillierte Präsentation der abstrakten Mikrostrukturen unterschiedlicher Lemmazeichentypen wird an dieser Stelle verzichtet, da dies im Rahmen dieses Artikels nicht zielführend ist.

70 Die TEI-Richtlinien erlauben durchaus eine individuelle Erweiterung, die solch eine Unterscheidung möglich machen würde (Hildenbrandt 2011, 23). Aus ökonomischer Sicht ist es jedoch fraglich, ob der Mehraufwand für die differenzierte Auszeichnung deren Nutzen aufwiegen würde.

der rechten Kernstruktur auf. In der rechten Randstruktur sind ebenfalls Postkommentare mit etymologischen und Verweisangaben sowie Angaben von Komposita möglich. Abb. 11 veranschaulicht diese basale Mikrostruktur.

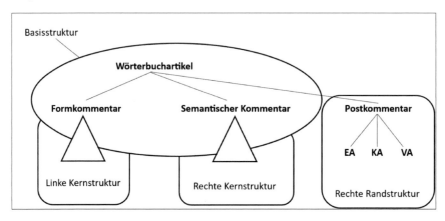

Abb. 11: Erweiterte integrierte Mikrostruktur als Beispiel für einen möglichen Wörterbuchartikel im *Mecklenburgischen Wörterbuch*. EA steht für etymologische Angaben, KA für Kompositumsangaben und VA für Verweisangaben.

Dennoch legt eine genauere Betrachtung eine starke Variation der Mikrostrukturen offen, die unabhängig vom Lemmazeichentyp scheint. Dieser Aspekt ist besonders für die XML/TEI-Auszeichnung relevant, da die Strukturanzeiger häufig keine eindeutige Abgrenzung zwischen einzelnen Angaben oder Kommentaren zulassen. Dies erschwert bereits die konventionelle Nutzung des Wörterbuchs, stellt für die automatisierte Auszeichnung der Wörterbuchartikel jedoch eine besonders hohe Hürde dar (vgl. Engelberg / Lemnitzer 2009, 156; Hildenbrandt 2011, 25; Wiegand et al. 2010, 56). Ein vereinfachtes Beispiel aus dem *Mecklenburgischen Wörterbuch* soll an dieser Stelle die Herausforderung solch einer Strukturbeschreibung verdeutlichen (vgl. Abb. 12):

4. <P> #F+Äck,#F- #S+Eck,#S- Äk n. Absonderung in den Augenwinkeln[71]

> **Äck,** E c k , **Äk** n. Absonderung in den
> Augenwinkeln: *hei schürt sick dat Eck ut*
> *dei Ogen* WıZier; PaBroock; StaRoll; Ro

Abb. 12: Teilauszug aus der Nische mit dem Eingangslemma ‚Äck'

Der Wörterbucheintrag zu ‚Äck' enthält in der Lemmaposition weitere Formvarianten, nämlich ‚Eck' und ‚Äk', wobei ‚Äck' fettmarkiert wurde, ‚Eck' in Sperrschrift steht und ‚Äk' ohne tS auftritt. Die einzelnen Angaben sind jeweils mit Komma voneinander getrennt, wobei der ntS ebenfalls Teil der Tags für Fett und Sperrschrift ist. Die Problematik an dieser Stelle liegt in den bisher nicht systematisch erfassten Kriterien, wann ein oder mehrere Formvarianten in Sperrschrift vorliegen oder aber ohne zusätzliche Markierung auftreten. Der Eintrag für ‚Eil':
<P> #F+Eil,#F- #S+Eidel, Eimen, Achel,#S-[72] zeigt dies sehr gut. Obgleich aus linguistischer Sicht phonologische oder morphologische Kriterien für die unterschiedliche Markierung der Varianten verantwortlich zeichnen, ist dies für die automatische XML/TEI-Auszeichnung wenig hilfreich. Dafür bedarf es einer systematischen Beschreibung der möglichen Positionen und Abfolgen, die es erlauben, automatisch Tags zuzuordnen.

Weiterhin zeigt sich an dem Eintrag von ‚Äck', dass für die Trennung von Formkommentar (<P> bis *n.*) und semantischem Kommentar (ab „Absonderung") kein Strukturanzeiger verwendet wird, sondern lediglich ein Leerzeichen. Ebenso ist anhand der Leerstelle zwischen ‚Äk' und *n.* erkennbar, dass auch die standardmäßige Trennung unterschiedlicher Angabeklassen (nur) mit einem Leerzeichen geschieht.[73] Hieran wird deutlich, dass jedes mögliche Segment des Formkommentars präzise in Hinsicht auf die möglichen Erscheinungen, Positionen und die (zeichen-)kontextuelle Einbettung beschrieben werden muss, damit eine Auszeichnung vollzogen werden kann. Wenn der rechte Rand des Formkommentars als rechter Rand des letzten möglichen Elements definiert wird, welches Teil der Menge der im Formkommentar zugelassenen Angaben ist, kann auch (zumindest bei Artikeln, die diesem Muster folgen) bestimmt werden, dass alle weiteren Textelemente im Wörterbuchartikel als semantischer Kommentar des Schlagwortes zu klassifizieren sind. Anders ausgedrückt, könnten Wörterbuchartikel dieser Art von links aus Element für Element ausgezeichnet werden, bis kein Element mehr vorhanden ist, welches Teil des Formkommentars sein kann. Davon ausgehend könnte das nächste Segment, unabhängig von seiner Form, als Bedeutung bzw. Übersetzung definiert werden. Dass sehr viele Mikrostrukturen im *Mecklenburgischen Wörterbuch* eine deutlich höhere Komplexität besitzen als das angebrachte Beispiel, sollte aus den bisherigen Ausführungen deutlich geworden sein.

---

72 *Mecklenburgisches Wörterbuch* 2, Sp. 696.
73 Ausnahmen bilden bestimmte Abfolgen von Angabeklassen, wie z. B. Deklinationsangaben zum Plural nach einer Lemmazeichengestaltangabe, die durch ein Komma getrennt wird. Dies geschieht aber nur, wenn die Pluralform von der Form des Lemmas abweicht.

5. Zusammenfassung und Ausblick: Perspektivische Vernetzungsszenarien und Anschlussprojekte

Der Beitrag sollte Potentiale und Herausforderungen einer Digitalisierung und Vernetzung des *Mecklenburgischen Wörterbuchs* konturieren. Vorgestellt wurden die verbesserten Nutzungsmöglichkeiten, alternativen Präsentationsformen und innovativen Auswertungsszenarien, die aus der Einbettung des *Mecklenburgischen Wörterbuchs* in das *Trierer Wörterbuchnetz* und der Verknüpfung mit seinen Datenbeständen, wie dem digitalen Wossidlo-Archiv WossiDiA sowie weiteren digitalisierten Quellen, resultieren. Hierbei konzentrierte sich die Darstellung auf einige unseres Erachtens besonders relevante Potentiale. Aufgezeigt wurde unter anderem, wie der korpusbasierte Zugang jene Inhalts- und Metadaten sichtbar zu machen vermag, die dem Verdichtungszwang konventioneller lexikografischer Präsentation zum Opfer fallen. Die Verknüpfung der Belege mit ihren Textquellen ermöglicht einen konsequenten Durchgriff vom lexikografischen Beleg zum Werk, dem Digitalisat bzw. dem digitalen Volltext. Die Wirkung des autoritativen Formats analoger Großlandschaftswörterbücher, einmal ausgewählte und erklärte Wissensbestände zu sanktionieren, wird damit aufgehoben oder zumindest relativiert. Zugleich wird die Tendenz der klassischen Dialektologie, Sprache im Raum auf Kosten des sozialen Gefüges von Sprechern und ihren kommunikativen Kontexten zu fokussieren, durchbrochen. Neue Auswertungsszenarien können über die diatopische Ebene hinaus auch diastratische und diaphasische Dimensionen erfassen. Der Varietätenlinguistik und Regionalethnografie werden auf diese Weise neue Forschungsperspektiven eröffnet. Ermöglicht werden zudem etwa wortgeografische, morphologische und syntaktische Untersuchungen.

Zugleich wurde die Komplexität der Herausforderungen deutlich, die mit dem Digitalisierungsprojekt verbunden sind und die sich einerseits aus der Quantität des zu bearbeitenden Datenmaterials, dem Wörterbuch selbst sowie seiner Archivbestände und Quellen, andererseits aus dessen Qualität, d. h. Heterogenität und Vielschichtigkeit, ergeben. Die aus der strukturellen Heterogenität des Wörterbuchs resultierenden methodischen und arbeitspraktischen Probleme wurden am Beispiel der Artikelanalyse des *Mecklenburgischen Wörterbuchs* aufgezeigt, welche die Voraussetzung für deren automatisierte XML-Auszeichnung darstellt.

Die digitale Konzeption des *Mecklenburgischen Wörterbuchs* und sein Ausbau zu einer virtuellen Forschungsumgebung mit offenen Export- und Importschnittstellen besitzt zum einen Pilotcharakter und generiert Modelle und Erfahrungen, an die weitere dialektlexikografische Digitalisierungsprojekte anknüpfen können. Zum andern eröffnet sie einen breiten Raum für weitere Vernetzungsszenarien im Anschluss an das beschriebene Projekt.

Geplant ist erstens die Vernetzung mit weiteren Archivbeständen und deren Verknüpfung mit externen Datenbanken. Im Rostocker Wossidlo-Archiv lagern noch insgesamt 186 handgezeichnete großformatige Wortkarten (Format 60 cm x

80 cm), die keinen Eingang in das Wörterbuch gefunden haben. Die digitale Aufbereitung dieser Wortkarten und ihre Weiterentwicklung zu einem digitalen linguistisch-ethnologischen Wortatlas des Mecklenburgischen stehen kurz vor dem Abschluss.[74] Eingebettet werden soll dieser Atlas zum einen in das Fachrepositorium des Forschungszentrums Deutscher Sprachatlas (LinguRep).[75] Zum andern erfolgt eine Verlinkung zum jeweiligen Lemma des *Mecklenburgischen Wörterbuchs* sowie zu den digital archivierten Fragebogen und Fragen in WossiDiA.

Digital aufbereitet werden soll ebenfalls die im Wossidlo-Archiv vorfindliche umfangreiche Gelehrtenkorrespondenz Richard Wossidlos. Ermöglicht werden auf diese Weise kultur- und sozialgeschichtliche sowie auch fachhistorische Studien zu volkskundlichen und dialektologischen Gelehrtennetzwerken und -diskursen im ausgehenden 19. und beginnenden 20. Jahrhundert. Geplant ist neben der Einbettung dieser Dokumente in WossiDiA der Anschluss an die Autografendatenbank *Kalliope*.

Zweitens soll die externe Vernetzung des *Mecklenburgischen Wörterbuchs* mit anderen regionalsprachlichen Wörterbüchern erweitert werden, und zwar in diatopischer wie in diachroner Hinsicht. Derzeit werden mit dem *Mecklenburgischen* und dem *Westfälischen Wörterbuch* zwei großlandschaftliche Dialektwörterbücher des niederdeutschen Raumes für die Integration in das *Trierer Wörterbuchnetz* vorbereitet. Beide Projekte sind bereits weit fortgeschritten und können in Zukunft als Referenzprojekte für eine wünschenswerte Digitalisierung und Einbindung der weiteren niederdeutschen Wörterbücher fungieren. Perspektivisches Fernziel ist ein Verbund großlandschaftlicher Dialektwörterbücher des niederdeutschen Sprachraumes (*Schleswig-Holsteinisches Wörterbuch, Preußisches Wörterbuch, Hamburgisches Wörterbuch, Brandenburg-Berlinisches Wörterbuch, Niedersächsisches Wörterbuch, Pommersches Wörterbuch, Mittelelbisches Wörterbuch*). Mit einem solchen Verbund würde erstmalig ein Gesamtüberblick über den niederdeutschen Wortschatz in seiner diatopischen Ausdifferenzierung eröffnet werden. Zugleich würde erstmalig einer der drei Dialektgroßräume des Deutschen (Niederdeutsch, Mitteldeutsch, Oberdeutsch) in seiner Gesamtheit lexikalisch erfasst und dokumentiert. Im Sinne der modernen Sprachkontakt- und Mehrsprachigkeitsforschung sollte sich ein solches Netzwerk jedoch nicht auf den niederdeutschen Dialektraum bzw. den niederdeutschen Wortschatz beschränken, sondern auch sprachliche Übergangsräume und Kontaktzonen in den Blick nehmen.[76] Auch hierfür bietet das Trierer Wörterbuchnetz hervorragende Voraussetzungen. Schon gegenwärtig sind mit dem *Rheinischen Wörterbuch* südwestlich zum Niederdeutschen

---

74 Kooperationspartner in diesem Projekt sind Hanna Fischer, Professorin für Germanistische Sprachwissenschaft am Institut für Germanistik der Universität Rostock, sowie die Universitätsbibliothek Rostock.

75 https://lingurep.dsa.info/home [Zugriff: 30.09.2023].

76 Überdies spiegeln die Bearbeitungsgebiete der meisten Wörterbücher nicht die dialektalen, sondern administrative Räume wider.

anschließende Dialekträume im *Trierer Wörterbuchnetz* vertreten. Und sowohl das *Brandenburg-Berlinische Wörterbuch* als auch das *Mittelelbische Wörterbuch* integrieren als südöstliche Übergangszonen nicht nur niederdeutsche, sondern auch hochdeutsche (ostmitteldeutsche) Lexik.

Erste Bemühungen auf dem Weg zu einem solchen Verbundnetz werden gegenwärtig vorangetrieben. Vom 30. November bis 1. Dezember 2023 findet an der Universität Rostock ein wissenschaftlicher Workshop zum Thema der Digitalisierung, Vernetzung und Nachnutzung als Aufgaben der niederdeutschen Dialektlexikografie statt, der die Basis für zukünftige Kooperationsprojekte und damit das Verbundnetz legen soll. Ein Folgeantrag nach Abschluss der Digitalisierung des *Mecklenburgischen Wörterbuchs* ist in Rostock derzeit in Vorbereitung. Als erster weiterer Digitalisierungsschritt böte sich aus mecklenburgischer Perspektive naturgemäß das *Pommersche Wörterbuch* an, mit dessen Verknüpfung der mecklenburgisch-vorpommersche Sprachraum erstmalig zur Gänze lexikografisch abgebildet werden könnte. Allerdings liegt dieses Wörterbuch noch nicht in abgeschlossener Form vor. Alternativ werden somit zunächst die angrenzenden Dialekträume des Mecklenburgisch-Vorpommerschen fokussiert. Mit dem *Schleswig-Holsteinischen Wörterbuch* (Mensing 1927–1937) liegt ein seit langem abgeschlossenes Wörterbuch vor,[77] das den westlich an das Mecklenburgische anschließenden Dialektraum abdeckt. 2006 wurde das Hamburgische Wörterbuch fertiggestellt. Ebenfalls bereits abgeschlossen sind das *Preußische Wörterbuch* für die (ehemaligen) östlichen Nachbardialekte des Mecklenburgischen und Pommerschen sowie das *Brandenburg-Berlinische Wörterbuch* für die südlich angrenzenden Sprachgebiete.

Eine Erweiterung in diachroner Hinsicht sollte zukünftig die historischen Sprachstufen des Niederdeutschen mit einbeziehen. Das Mittelniederdeutsche ist derzeit lexikografisch primär durch das von Conrad Borchling und Agathe Lasch begründete *Mittelniederdeutsche Handwörterbuch* sowie durch das *Mittelniederdeutsche Wörterbuch* von Karl Schiller und August Lübben erschlossen. Während das Wörterbuch von Borchling und Lasch einen im Vergleich zu Schiller und Lübben moderneren lexikografischen Ansatz verfolgt, sich aber noch in Arbeit befindet, liegt mit dem „Schiller-Lübben" ein abgeschlossenes Wörterbuch vor, das dem Konzept eines Belegwörterbuchs folgt. Im *Mecklenburgischen Wörterbuch* werden beide mittelniederdeutschen Wörterbücher als Belege zitiert. Ein naheliegender erster Schritt wäre aus unserer Sicht folglich die Digitalisierung und Verlinkung des „Schiller-Lübben" im Rahmen des *Trierer Wörterbuchnetzes*.

---

77 Dies vereinfacht unter anderem mögliche urheberrechtliche Fragen.

Quellen, digitale Forschungsplattformen und Wörterbücher

Brandenburg-Berlinisches Wörterbuch (1976–2001). 4 Bde. Hg. v. d. Sächsischen Akademie der Wissenschaften zu Leipzig, begr. u. angelegt v. Anneliese Bretschneider unter Einschluss der Sammlungen v. Hermann Teuchert, fortges. v. Gerhard Ising, bearb. unter der Leitung v. Joachim Wiese. Berlin.

Hamburgisches Wörterbuch (1985–2006). 5 Bde. Bearb. v. Beate Hennig / Jürgen Meier / Jürgen Ruge / Käthe Scheel. Neumünster (Online-Ressource: https:// resolver.sub.uni-hamburg.de/kitodo/PPN886152038 [Zugriff: 15.4.2023]).

Mecklenburgisches Wörterbuch = Richard Wossidlo / Hermann Teuchert (Hg.) (1942–1992): Mecklenburgisches Wörterbuch. Bd. 1, hg. v. Richard Wossidlo u. Hermann Teuchert. Neumünster (1942). Bd. 2–5, i. A. der Deutschen Akademie der Wissenschaften bearb. u. hg. v. Hermann Teuchert. Berlin / Neumünster (1957–1970). Bd. 6–7, hg. v. d. Sächsischen Akademie der Wissenschaften zu Leipzig u. bearb. v. Jürgen Gundlach. Berlin / Neumünster (1976–1992).

Mecklenburgisches Wörterbuch. Nachtrags- und Indexband = Christian Rothe (1998): Wossidlo / Teuchert. Mecklenburgisches Wörterbuch. Hg. v. d. Sächsischen Akademie der Wissenschaften zu Leipzig. Nachtrag und Index, bearb. unter der Leitung von Christian Rothe. Neumünster.

Mensing, Otto (Hg.) (1927–1937): Schleswig-Holsteinisches Wörterbuch. 5 Bde. Neumünster (Online-Ressource: https://dibiki.ub.uni-kiel.de/viewer/toc/ PPN1750113996/ [Zugriff: 15.4.2023]).

Mittelelbisches Wörterbuch. Bd.1ff. Begr. v. Karl Bischoff, weitergef. u. hg. v. Gerhard Kettmann. Bd. 1, bearb. v. Hans-Jürgen Bader / Ulrich Wenner. Berlin (2008). Bd. 2, bearb. v. Hans-Jürgen Bader / Jörg Möhring / Ulrich Wenner. Berlin (2002).

Mittelniederdeutsches Handwörterbuch. Bd. 1ff. Begr. von Agathe Lasch u. Conrad Borchling, hg. von Ingrid Schröder. Kiel / Hamburg 1956ff.

Preußisches Wörterbuch = Reinhard Goltz (Hg.) (1974–2005): Preußisches Wörterbuch. Deutsche Mundarten Ost- und Westpreußens. 6 Bde. Hg. von der Akademie der Wissenschaften und der Literatur Mainz. Begr. von Erhard Riemann, fortgef. von Ulrich Tolksdorf, hg. von Reinhard Goltz. Neumünster.

Schiller, Karl / August Lübben (Hg.) (1875–1881): Mittelniederdeutsches Wörterbuch. 6 Bde. Bremen (Online-Ressource: https://drw-www.adw.uni-heidelberg.de/drw-cgi/zeige?index=siglen&term=Schiller-Luebben&darstellung= alle+B%E4nde [Zugriff: 13.4.2023]).

Schmeller, Johann Andreas (1827 / 1837): Bayerisches Wörterbuch. 4 Bde. Bd. 1 / 2: Stuttgart / Tübingen 1827. Bd. 3 / 4: Stuttgart / Tübingen 1837.

Tasovac, Toma et al. (2018): TEI Lex-0: A baseline encoding for lexicographic data. Version 0.9.1. DARIAH Working Group on Lexical Resources. (Online-Ressource: https://dariah-eric.github.io/lexicalresources/pages/TEILex0/ TEILex0.html [Zugriff: 17.04.2023]).

TEI (2007): History – TEI: Text Encoding Initiative. (Online-Ressource: https://
tei-c.org/about/history/ [Zugriff: 21.04.2023]).

Trierer Wörterbuchnetz = https://woerterbuchnetz.de [Zugriff: 15.4.2023].

Westfälisches Wörterbuch. 5 Bde. Hg. von der Kommission für Mundart- und Na-
menforschung des Landschaftsverbandes Westfalen-Lippe. Bearb. von Robert
Damme / Hermann Niebaum / Hans Taubken / Paul Teepe / Felix Wortmann.
Kiel / Hamburg 2011–2021.

WossiDiA = Digitales Wossidlo-Archiv. https://apps.wossidia.de/webapp/run [Zu-
griff: 15.4.2023].

Sekundärliteratur

Abel, Andrea / Lothar Lemnitzer (2014): Einleitung. In: Dies. (Hg.): Vernetzungsstrategien, Zugriffsstrukturen und automatisch ermittelte Angaben in Internetwörterbüchern. OPAL – Online publizierte Arbeiten zur Linguistik 2, 3–8.

Abello, James / Peter Broadwell / Timothy R. Tangherlini (2012): Computational
Folkloristics. Communications of the ACM, vol. 55 (No. 7, July), 60–70.

Adler, Astrid / Christian Ehlers / Reinhard Goltz / Andrea Kleene / Albrecht
Plewnia (Hg.) (2016): Status und Gebrauch des Niederdeutschen 2016. Erste Ergebnisse einer repräsentativen Erhebung. Mannheim (Online-Ressource:
urn:nbn:de:bsz:mh39-90379 [Zugriff: 15.4.2023]).

Beckmann, Paul (1957 / 58): Sprachliches in mecklenburgischen Sagen. In: Wissenschaftliche Zeitschrift der Universität Rostock 7, Gesellschafts- und sprachwissenschaftliche Reihe 1, 81–85.

Bentzien, Ulrich (1959): Richard Wossidlo. Verzeichnis seiner Schriften. In: Deutsches Jahrbuch für Volkskunde 5, 153–163.

Bieberstedt, Andreas / Doreen Brandt / Klaas-Hinrich Ehlers / Christoph Schmitt
(2023): Stationen in der Geschichte der Niederdeutschen Philologie. Ein Überblick aus Rostocker Perspektive. In: Andreas Bieberstedt u. a. (Hg.): 100 Jahre
Niederdeutsche Philologie. Ausgangspunkte, Entwicklungslinien, Herausforderungen. Teilbd. 1: Schlaglichter auf die Fachgeschichte. Berlin, 11–102.

Burch, Thomas / Andrea Rapp (2007): Das Wörterbuch-Netz: Verfahren – Methoden – Perspektiven. In: Geschichte im Netz: Praxis, Chancen, Visionen. Beiträge der Tagung.hist 2006, hg. für Clio-online von Daniel Burckhardt u. a. Berlin
(Historisches Forum, 10/I), 607–627.

Burch, Thomas / Johannes Fournier / Kurt Gärtner / Andrea Rapp (Hg.) (2003):
Standards und Methoden der Volltextdigitalisierung. Beiträge des internationalen Kolloquiums an der Universität Trier, 8. / 9. Oktober 2001. Stuttgart (Abhandlungen der Akademie der Wissenschaften und der Literatur, Mainz; Geis-
tes- und Sozialwissenschaftlichen Klasse; Einzelveröffentlichung, 9).

Deißner, Vera (1997): Die Volkskunde und ihre Methoden. Perspektiven auf die Geschichte einer „tastend-schreitenden Wissenschaft" bis 1945. Mainz (Studien zur Volkskultur in Rheinland-Pfalz, 21).

Ehlers, Klaas-Hinrich (2010): Der Wille zur Relevanz. Die Sprachforschung und ihre Förderung durch die DFG 1920–1970. Stuttgart.

Engelberg, Stefan / Lothar Lemnitzer (2009): Lexikographie und Wörterbuchbenutzung. 4., überarb. u. erw. Aufl. Tübingen (Stauffenburg Einführungen, 14).

Gundlach, Jürgen (1992): Das Mecklenburgische Wörterbuch von Richard Wossidlo und Hermann Teuchert. Seine Geschichte und seine Aussage. In: NdJb 15, 145–158.

Gundlach, Jürgen (1999): Wossidlo, Richard. In: Biographisches Lexikon für Mecklenburg. Bd. 2. Rostock (Veröffentlichungen der Historischen Kommission für Mecklenburg, Reihe A), 279–285.

Gundlach, Jürgen (2003): Richard Wossidlos schwierige Position bei der Gestaltung des Mecklenburgischen Wörterbuchs. In: Christian Bunners u. a. (Hg.): Fritz Reuter – Richard Wossidlo – Mecklenburgische Volksüberlieferungen. Rostock (Beiträge der Fritz Reuter Gesellschaft, 13), 71–83.

Haß, Ulrike (2015): Das Wort in der Lexikografie. In: Ulrike Haß / Petra Storjohann (Hg.): Handbuch Wort und Wortschatz. Berlin / Boston (Handbücher Sprachwissen, 3), 492–515.

Hildenbrandt, Vera (2011): TEI-basierte Modellierung von Retrodigitalisaten (am Beispiel des Trierer Wörterbuchnetzes). In: OPAL – Online publizierte Arbeiten zur Linguistik 1, 21–35.

Hildenbrandt, Vera / Annette Klosa (2016): Lexikographische Prozesse bei Internetwörterbüchern (Einleitung). In: OPAL – Online publizierte Arbeiten zur Linguistik 1, 2–7.

Klatt, Hans Heinrich (Bearb.) (1972): Die Schriften Hermann Teucherts 1907–1971. Bearb. von Hans Heinrich Klatt mit Nachträgen von Ludwig Erich Schmitt. In: Hermann Teuchert: Die Sprachreste der niederländischen Siedlungen des 12. Jahrhunderts. 2. Aufl., mit Würdigung und Bibliographie des Verfassers. Köln / Wien (Mitteldeutsche Forschungen, 70), XXI–XXXVI.

Landolt, Christoph / Tobias Roth (2021): Schweizerisches Idiotikon – Wörterbuch der schweizerdeutschen Sprache. In: Lenz / Stöckle (Hg.), 143–173.

Lameli, Alfred (2021): Dialektwörterbücher zwischen Web 0.0 und Web 3.0. In: Otfried Ehrismann / Isabelle Hardt (Hg.): Das Sudetendeutsche Wörterbuch. Bilanzen und Perspektiven. Berlin (DigiOst, 11), 45–70.

Lenz, Alexandra N. / Philipp Stöckle (Hg.) (2021): Germanistische Dialektlexikographie zu Beginn des 21. Jahrhunderts. Unter Mitarbeit von Angela Bergermayer / Andreas Gellan / Sabine Wahl / Eva-Maria Wahlmüller / Patrick Zeitlhuber. Stuttgart (ZDL Beihefte, 181).

Meyer, Holger / Alf-Christian Schering / Andreas Heuer (2017): The Hydra.PowerGraph System – Building Digital Archives with Directed and Typed Hypergraphs. In: Datenbank-Spektrum 17/2, 113–129.

Meyer, Holger / Alf-Christian Schering / Christoph Schmitt (2014): WossiDiA – The Digital Wossidlo Archive. In: Corpora ethnographica online. Strategien der Digitalisierung kultureller Archive und ihrer Präsentation im Internet. Münster u. a. (Online-Ressource: https://doi.org/10.18453/rosdok_id00002265 [Zugriff: 15.4.2023]), 61–84.

Neumann, Siegfried (1998): Das Niederdeutsche im Rahmen der volkskundlichen Forschung und Dokumentation des Wossidlo-Archivs in Rostock. In: Renate Herrmann-Winter (Hg.): Heimatsprache zwischen Ausgrenzung und ideologischer Einbindung: Niederdeutsch in der DDR. Frankfurt am Main u. a., 125–145.

Peters, Robert (2023): Nathan Chytraeus' Nomenclator Latinosaxonicus (Rostock 1582) und dessen Lemgoer Bearbeitungen (1585 und 1590). In: Andreas Bieberstedt u. a. (Hg.): 100 Jahre Niederdeutsche Philologie. Ausgangspunkte, Entwicklungslinien, Herausforderungen. Teilbd. 1: Schlaglichter auf die Fachgeschichte. Berlin, 103–142.

Schälkle, Kuno / Wilhelm Ott (2021): TUSTEP. Tübinger System von Textverarbeitungs-Programmen. Version 2022. Handbuch und Referenz. Tübingen (Online-Ressource: https://www.tustep.uni-tuebingen.de/pdf/handbuch_22.pdf [Zugriff: 17.04.2023]).

Schmitt, Christoph (2011): Richard Wossidlo und die Genese der Volkskunde Mecklenburgs. In: Gisela Boeck / Hans-Uwe Lammel (Hg.): Wissen im Wandel – Disziplinengeschichte im 19. Jahrhundert. Rostock (Rostocker Studien zur Universitätsgeschichte, 12), 77–104.

Schmitt, Christoph (2014): Szenarien semantischer Vernetzung zwischen regionalethnographischen und dialektlexikographischen Korpora im Online-Projekt „WossiDiA". In: Rudolf Bühler u. a. (Hg.): Sprachkultur – Regionalkultur. Neue Felder kulturwissenschaftlicher Dialektforschung. Tübingen, 255–286.

Schmitt, Christoph (2015): Zettelwerkstatt. Feldforschungsbasierte Wissenszirkulation um 1900 und die Praxis papierner Gelehrtenmaschinen am Beispiel des „Volksforschers" Richard Wossidlo. In: Volkskunde in Sachsen 27, 7–47.

Schmitt, Christoph (2023): „Wossidlo-Teuchert" online. Potentiale einer korpusbasierten digitalen Präsentation des Mecklenburgischen Wörterbuchs vor dem Hintergrund seiner Entstehungsgeschichte. In: Andreas Bieberstedt u. a. (Hg.): 100 Jahre Niederdeutsche Philologie. Ausgangspunkte, Entwicklungslinien, Herausforderungen. Teilbd. 1: Schlaglichter auf die Fachgeschichte. Berlin. 324–359.

Schmitt, Ludwig Erich (1972): Hermann Teuchert. In: Hermann Teuchert: Die Sprachreste der niederländischen Siedlungen des 12. Jahrhunderts. 2. Aufl., mit

Würdigung und Bibliographie des Verfassers. Köln / Wien (Mitteldeutsche Forschungen, 70), XI–XIX.

Schröder, Ingrid (2007): Das Hamburgische Wörterbuch – kulturelles Gedächtnis
der Stadt. In: Quickborn 97/1, 11–24.

Svensén, Bo (2009): A Handbook of Lexicography. The Theory and Practice of
Dictionary-Making. New York.

Teuchert, Hermann (1907): Laut- und Flexionslehre der neumärkischen Mundart.
Berlin.

Teuchert, Hermann (1959): Das Mecklenburgische Wörterbuch. In: Deutsches
Jahrbuch für Volkskunde 5, 133–136.

Wiegand, Herbert Ernst u. a. (Hg.) (2010): Wörterbuch zur Lexikographie und
Wörterbuchforschung. Bd. 1: A–C. Berlin / New York (Online-Ressource:
https://doi.org/10.1515/9783110226119 [Zugriff: 15.4.2023]).

Wilking, Stefan (2003): Der Deutsche Sprachatlas im Nationalsozialismus. Studien zu Dialektologie und Sprachwissenschaft zwischen 1933 und 1945. Hildesheim u. a.

Wossidlo, Richard (1899): Die Tiere im Munde des Volkes. Erster Teil. Wismar
(Mecklenburgische Volksüberlieferungen, 2).

Volkskundliches in der WBÖ-Belegdatenbank: Zugriff und Analysemöglichkeiten

Andreas Gellan / Philipp Stöckle, Wien

1. Einleitung

Sprache ist eng und untrennbar mit Kultur verknüpft. Diese an sich trivial anmutende Erkenntnis manifestiert sich in der engen Verknüpfung der traditionellen Dialektologie mit der Volkskunde (vgl. Cox 1983) und tritt besonders deutlich im Zusammenhang mit (historischen) Dialektwörterbüchern wie dem Wörterbuch der bairischen Mundarten in Österreich (WBÖ) hervor. Neben einer systematischen Beschreibung des Dialektwortschatzes zielte das WBÖ in seiner ursprünglichen Konzeption darauf ab, „Kenntnis von dem dazugehörigen sachlichen und volkskundlichen Gut zu gewinnen" (WBÖ Bd. 1, XIV). Dementsprechend waren wichtige Repräsentanten wie Anton Pfalz und Eberhard Kranzmayer nicht nur Fachleute für Dialektologie und Sprachgeschichte, sondern gleichzeitig auch dazu befugt, Lehrveranstaltungen in Volkskunde an der Universität abzuhalten (vgl. WBÖ Bd. 1, XIV).

Der erste Band des WBÖ enthält noch eine Vielzahl sach- und volkskundlicher Inhalte wie etwa Bezeichnungen für bestimmte Kulturgüter, die einen Einblick in die bäuerliche Alltagswelt zum Erhebungszeitraum liefern (u. a. auch Lehnwörter aus slawischen Sprachen sowie aus dem Ungarischen oder Italienischen, vgl. Reiffenstein 2005, 8–9), zum Teil aber auch über die lexikalische Bedeutung hinausgehende Erläuterungen und Hinweise zu Brauchtümern, Aberglaube, Volkstümlichem etc.

Im Laufe der Zeit jedoch fielen diese volkskundlichen Inhalte nach und nach verschiedenen Straffungsmaßnahmen zum Opfer und sind mittlerweile praktisch vollständig aus den Wörterbuchartikeln verschwunden (siehe Abschnitt 2.2). Gleichzeitig fanden während der Laufzeit des Projekts umfassende technische und digitale Neuerungen statt, die der Speicherung, Transformation und Veröffentlichung der Belegmaterialien Möglichkeiten eröffneten, welche in der ersten Hälfte des 20. Jahrhunderts noch jenseits jeglicher Vorstellung lagen und die heute dazu genutzt werden können, „Leerstellen" in den Wörterbüchern durch andere Publikationsformen zu kompensieren. Ein großer Teil des Belegmaterials wurde in den vergangenen Jahrzehnten digitalisiert und ist seit ein paar Jahren online über das Lexikalische Informationssystem Österreich (LIÖ)[1] öffentlich verfügbar.

Der vorliegende Beitrag soll einen Einblick in die Möglichkeiten geben, die sich durch die Publikation des Original-Belegmaterials in Bezug auf Fragestellungen ergeben, die abseits der lexikographischen Kernarbeit liegen. Während in der jüngeren Vergangenheit anhand verschiedener Studien das Potenzial der WBÖ-Daten etwa für phonologische (z. B. Geyer 2008, Gschösser / Zeitlhuber 2021), morphologische (Stöckle / Wahl 2022) oder syntaktische (Stöckle u. a. 2021) Analysen aufgezeigt werden konnte, soll dieser Beitrag einen Einblick in die Möglichkeiten geben, auf das volkskundliche Material in den WBÖ-Daten zuzugreifen und es auszuwerten.

Zu diesem Zweck soll zunächst ein kurzer Überblick über das WBÖ-Projekt und das Material erfolgen (Abschnitt 2.1), an den eine Übersicht über die verschiedenen Straffungsmaßnahmen anknüpft (Abschnitt 2.2). Zum aktuellen Stand der Daten und der Zugriffsmöglichkeiten geben wir einen Einblick in die LIÖ-Forschungsplattform (Abschnitt 2.3). Im empirischen Teil (Abschnitt 3) präsentieren wir eine Beispielrecherche zum Begriff „Nabelschnur" und damit verbundener Bräuche und Vorstellungen (Abschnitt 3.4) und fassen unsere Ergebnisse zum Abschluss zusammen (Abschnitt 4).

2. WBÖ: Konzeption, Geschichtliches, Materialsammlung

2.1. Grundsätzliches zum WBÖ (Fragebogenerhebungen, Konzept)

Das Wörterbuch der bairischen Mundarten in Österreich (WBÖ) ist ein Langzeitprojekt, das sich mit der umfassenden Dokumentation und lexikographischen Aufbereitung der Basisdialekte (Alt-)Österreichs und Südtirols befasst. Der ursprüngliche Plan – initiiert durch den Münchener Indologen Ernst Kuhn und den Wiener Germanisten Joseph Seemüller im Jahr 1910 – sah eine Bearbeitung des gesamten bairischen Sprachraums durch die Standorte München und Wien vor. Nach der Gründung der entsprechenden Wörterbuchkommissionen wurde im Jahr 1913 die Arbeit aufgenommen.[2] Das Material wurde mithilfe von freiwilligen Sammler/innen erhoben, die – neben einer „Belehrung"[3] – in regelmäßigen Abständen Fragebögen aus den Kanzleien erhielten. Zwischen 1913 und 1937 fand die Haupterhebung auf der Basis von insgesamt 109 „großen Fragebögen" mit über 20 000

1 https://lioe.dioe.at/ (abgerufen am 21.12.2022).

2 Für ausführlichere Darstellungen der WBÖ-Geschichte inkl. der institutionellen Trennung der beiden Teilprojekte Anfang der 1960er-Jahre vgl. WBÖ Bd. 1 (Vorwort), Reiffenstein (2005) und Geyer (2019) sowie die WBÖ-Webseite www.oeaw.ac.at/acdh/sprachwissenschaft/projekte/wboe/geschichte-des-wboe (abgerufen am 21.12.2022).

3 Die „Belehrung für die Sammlerinnen und Sammler" ist unter „Materialien" auf folgender Seite einsehbar: https://lioe.dioe.at/resources (abgerufen am 21.07.2023).

Detailfragen sowie neun Ergänzungsfragebögen statt. Der Aufbau der Fragebögen erfolgte themenbezogen und sollte

> den Blick in die gesamte Vorstellungs- und Gefühlswelt der Mundart eröffnen, dadurch auch Untergrund erkennen lassen, der den ihm eingepflanzten Reisern der Schriftsprache die Nährstoffe zuführt und eigenartiges Wachstum verleiht. (AÖAW, Bayerisch-Österreichisches Wörterbuch, K. 1, ad No. 217/1913; zit. nach Geyer 2019, 487)

Dementsprechend wurden nicht nur die dialektalen Begriffe und deren Bedeutungen erfragt, sondern darüber hinaus auch Wortbildungen, Redensarten, Sprüche und Bräuche. Ziel war es, nicht nur den Mundartwortschatz zu sammeln, sondern auch „Kenntnis von dem dazugehörigen sachlichen und volkskundlichen Gut zu gewinnen". (WBÖ Bd. 1, XIV) Dieser eher „offene" Aufbau der Fragebögen, der den beteiligten Sammler/innen sowie den Gewährspersonen durchaus Platz zum freien Assoziieren ermöglichte sowie die Tatsache, dass die Sammler/innen selbst keine geschulten Expert/innen waren, führte daher auch zu einem nach heutigen Standards geringen Maß an Systematik in den Daten. Auf der anderen Seite kam durch diese Art der Erhebung eine Sammlung von ca. 3,6 Millionen Handzetteln, dem sog. „Hauptkatalog", zusammen, was wiederum einen riesigen Fundus und somit auch ein großes Potenzial für die Beantwortung sprachwissenschaftlicher wie auch volkskundlicher Forschungsfragen darstellt.

Speziell für die in diesem Beitrag aufgeworfene Frage interessant sind die Ausschnitte aus den Fragebögen, in denen spezifisch auf Volkskundliches und Brauchtum eingegangen wird. Die folgenden Beispiele sollen die Vielfalt und die Art der Fragestellung in Bezug auf Volkskundliches illustrieren:

Fragebogen	Frage
FB 2 „Die Osterwoche"	F4: Fasten am Ostersonntag, Volksglaube
FB 6 „Menschliches Haar und Bart"	C1: langes Haar, langhaarig (auch im folgenden nenne man die entsprechenden Eigenschaftswörter), Mensch mit langem H. (auch im folgenden gebe man die etwa vorhandene Benennung eines Menschen mit kurzem, dichtem usw. Haar an), Redensarten, volkstümliche Vorstellungen, Aberglaube (auch für die folgenden Nummern erwünscht!)
FB 21 „Körper (Allgemeines)"	B15: Blut stillen, be-, verstellen; volkstümliche Mittel dafür (in mundartlicher Form), z. B. auf ein Stück Rasen (‚einen Mosen') treten und sich ansprechen lassen, Blutöl, Spinnweben, Feuerschwamm, Krötenpulver u. a. (für jedes Wort eigenen Zettel); (wird ein Mittel gegen besondere Arten und Ursachen des Blutverlustes angewendet, so wolle man es angeben)
FB 68 „Zeit"	K54: Volkstümliche Einteilung des Jahres: Vierteljahr (Quartal), Halbj. usw.

| FB 87 „Blutsverwandtschaft, Alters-
stufen" | L2: Volksglaube und Redensarten (die Schwaben werden
erst mit 40 Jahren gescheid; Abrahamgrüßen = 50 Jahre
erreichen) |

Tab. 1: Beispiele für Fragestellungen zu Volksglauben und Bräuchen in den WBÖ-Fragebögen[4]

Wie aus den Beispielen hervorgeht, umfassen die Fragen zu volkskundlichen Inhalten so unterschiedliche Themen wie religiöse Feste (häufig auch in Verbindung mit Heiligen bzw. Heiligennamen), den menschlichen Körper, Verwandtschaft oder die Einteilung des Jahres. Eine Kategorisierung volkskundlicher Themen im WBÖ kann an dieser Stelle nicht vorgenommen werden, stattdessen wollen wir im Folgenden darlegen, welche Zugangs- und Analysemöglichkeiten sich trotz der verschiedenen Straffungsmaßnahmen für das WBÖ-Material bieten.

2.2. Straffungen

Als 1912 der Arbeitsplan für das WBÖ beschlossen wurde, war den Beteiligten – wie auch bei anderen Wörterbuch-Großprojekten – vermutlich nicht die gesamte Tragweite bewusst, die die ursprüngliche Konzeption mit sich bringen würde. Fünfzig Jahre nach Beginn der Arbeiten erschien 1963 die erste Lieferung. Der erste Band, der die Lemmastrecke zum Buchstaben *A* enthält, war im Jahr 1970 fertiggestellt. Um das Voranschreiten der Wörterbucharbeit zu beschleunigen, wurden daher wiederholte Male und aufbauend aufeinander Straffungsmaßnahmen beschlossen, die sich auf verschiedene Aspekte der lexikographischen Arbeit sowie der Artikel selbst erstreckten (z. B. Streichungen bestimmter Lemmata, Kürzungen von Angaben zu Lautung, Etymologie, Verbreitung etc.) und dabei regelmäßig auch volkstümliche Inhalte betrafen. So steht etwa im Vorwort zu WBÖ-Band 3:

> Wo es ohne Minderung der für einen Wörterbuchartikel relevanten Aussage möglich ist, wird auch bei der Etymologie, bei der Zitierung mehrfacher historischer Belege, bei Sachinformationen und bei volkskundlichen Angaben eine etwas knappere Artikelgestaltung angestrebt. (WBÖ Bd. 3, Vorwort)

Eine weitere Verknappung (jedoch noch keine Streichung) volkstümlicher Angaben wurde in den Straffungskonzepten von 1993 und 1998 (mit nahezu identem Wortlaut) beschlossen:

> Angaben zu Aussehen, Verwendung, Brauchtum, Volksmedizin, Aberglaube u. dgl. sollen in knappestmöglicher Form (mit Hinweis auf weitere Infor-

---

4   Eine Gesamtliste sämtlicher WBÖ-Fragebögen ist unter „Materialien" auf folgender Seite einsehbar: https://lioe.dioe.at/resources (abgerufen am 21.07.2023).

mationen in der Datenbank) erfolgen. (Straffungskonzept 1998, vgl. WBÖ Beiheft 2, 13)

Nach der vorübergehenden Einstellung des WBÖ im Jahr 2014 und der Wiederaufnahme zwei Jahre später (vgl. Geyer 2019, 483), die eine Reihe grundlegender Umstrukturierungen und konzeptioneller Neuerungen mit sich brachte (vgl. Stöckle 2021, 16–18), wurden die Auflagen an die neue Redaktion für eine Fertigstellung des Wörterbuchs in absehbarer Zeit noch einmal verschärft. Dies brachte eine stärkere Konzentration linguistischer Aspekte mit sich und mündete in den Beschluss, auf Angaben zu Brauchtum, Aberglaube etc. ganz zu verzichten, sofern sie nicht für die Erschließung der Grundbedeutungen der Lexeme vonnöten waren. Gleichzeitig wurde die technische Verbesserung der zwischen 1993 und 2011 digitalisierten Belegdatenbank stark vorangetrieben (vgl. Abschnitt 2.3), sodass auch volkskundliches Material – trotz Straffungen – weiterhin der interessierten Öffentlichkeit zugänglich gemacht werden sollte. Wir werden im Folgenden die Digitalisierung des Belegmaterials skizzieren sowie dessen Einbettung in das Lexikalische Informationssystem Österreich (LIÖ) vorstellen.

2.3. LIÖ als Forschungsplattform

Während die „klassische" lexikographische Arbeit am WBÖ auf der Handzettelsammlung, dem sog. „Hauptkatalog", basierte, wurden Anfang der 1990er-Jahre Überlegungen stark gemacht, die eine Digitalisierung aller bis dato noch nicht in die Wörterbuchartikel eingeflossenen Handzettel vorsahen (vgl. Bauer / Kühn 1998, 371–372). Die dadurch entstehende Datenbank sollte die Wörterbucharbeit erleichtern und somit das Voranschreiten des Projekts beschleunigen. So wurde 1993 ab dem Buchstaben *D* systematisch mit dem Aufbau der Datenbank der bairischen Mundarten in Österreich (DBÖ)[5] begonnen. Zu diesem Zweck wurden die Mundartbelege manuell digitalisiert, als System der Wahl erwies sich zu dem Zeitpunkt (aufgrund der umfangreichen Möglichkeiten zur Eingabe von Diakritika für die Darstellung der Lautungen) die Software TUSTEP (Tübinger System von Textverarbeitungs-Programmen)[6] (vgl. Barabas u. a. 2010). Bis zum Jahr 2011 wurden auf diese Art etwas mehr als 2,4 Millionen Handzettel transkribiert, die die Lemmata zu den Anfangsbuchstaben *D–Z* umfassen.

Zweifellos stellte TUSTEP ursprünglich eine sehr gute Wahl zur digitalen Verarbeitung der Handzettel dar und spielte somit eine wichtige Rolle für den Aufbau der WBÖ-Datenbank. Allerdings zeigten sich in jüngeren Jahren einige Unzulänglichkeiten hinsichtlich moderner Anforderungen der Datenverarbeitung und insbesondere der Zugriffsmöglichkeiten. Da die TUSTEP-Daten zwar in einem offenen, jedoch proprietären Format gespeichert werden, können die Inhalte nur in TUSTEP

---

5   https://dboema.acdh.oeaw.ac.at/ (abgerufen am 21.12.2022).
6   https://www.tustep.uni-tuebingen.de/ (abgerufen am 09.12.2022).

selbst bearbeitet werden, was z. B. die Publikation der Daten im Internet stark einschränkt (vgl. Breuer / Stöckle im Druck). Von besonderer Bedeutung ist in diesem Zusammenhang auch die Darstellung der Schriftzeichen, wofür sich mittlerweile Unicode[7] als internationaler Standard etabliert hat.

Diese und weitere Gründe führten schließlich zu der Entscheidung, die elektronische Belegdatenbank in das Format XML/TEI zu konvertieren (vgl. Bowers / Stöckle 2018). Für die Konvertierung waren mehrere iterative Schritte und Überarbeitungen notwendig, seit einigen Jahren aber liegt die Datenbank in einer stabilen TEI-Version vor, die auch als Grundlage für die Wörterbucharbeit verwendet wird.

Im Zuge der Neukonzeption des WBÖ wurde entschieden, die Belegdatenbank zusammen mit den Wörterbuchartikeln online zu publizieren. Zu diesem Zweck wurde in Kooperation mit dem Spezialforschungsbereich „Deutsch in Österreich. Variation – Kontakt – Perzeption"[8] eine eigene Plattform geschaffen, das Lexikalische Informationssystem Österreich (LIÖ), das seit Oktober 2020 öffentlich und frei zugänglich ist. Gegenüber der Print-Publikation bietet das Internet Möglichkeiten, die gerade für die Lexikographie entscheidende Vorteile bieten. Neben der einfachen und niederschwelligen Zugänglichkeit, den hypertextuellen Möglichkeiten der Artikel-Rezeption und dem Wegfall von Zeichenbeschränkungen zählt dazu insbesondere die Einbindung weiterer Daten und Materialien. Zum aktuellen Zeitpunkt enthält LIÖ nur WBÖ-Inhalte (d. h. Wörterbuchartikel, die Belegdatenbank, ein Kartierungstool sowie zusätzliche Materialien und Informationen), es ist aber darauf ausgelegt, zukünftig weitere Inhalte rund um den Wortschatz in Österreich aufzunehmen.[9]

Um einen schnellen und übersichtlichen Zugriff auf das WBÖ-Belegmaterial zu gewähren, werden die im TEI/XML-Format vorliegenden Daten mittels Elasticsearch[10] durchsucht und vom Text- in ein Tabellenformat konvertiert, wobei die verschiedenen Kategorienbezeichnungen (wie „Lemma", „Lautung", „Bedeutung" etc.) als Spaltenüberschriften fungieren. Von besonderer Bedeutung für unsere Zwecke sind die Fragen bzw. die dazugehörigen Nummern aus dem systematischen Fragenkatalog (vgl. Tabelle 1), über die sich volkskundliche Inhalte direkt ermitteln lassen. Dabei kommt der Recherchearbeit zugute, dass die Sammler/innen bei den Erhebungen dazu angehalten waren, die Nummer der jeweiligen Fragen auf den Handzetteln zu notieren, um somit eine klare Zuordnung von Frage und abgefragtem Lemma zu ermöglichen.[11] Abbildung 1 zeigt einen Ausschnitt der Er-

7   https://home.unicode.org/ (abgerufen am 09.12.2022).
8   https://www.dioe.at/ (abgerufen am 09.12.2022).
9   Für eine ausführliche Darstellung des technischen Gesamtkonzepts vgl. Breuer / Stöckle (2023).
10 https://www.elastic.co/de/ (abgerufen am 09.12.2022).
11 Vgl. dazu auch die „Belehrung für die Sammler des bayrisch-österreichischen Wortschatzes", S. 2 (einsehbar über https://lioe.dioe.at/resources) (abgerufen am 31.03.2023).

gebnisse der Suchabfrage zu Fragebogen 87 „Blutsverwandtschaft, Altersstufen",
Frage L2 „Volksglaube und Redensarten", wie sie auf LIÖ dargestellt werden.[12]

Abb. 1: WBÖ-Belegdatenbank-Abfrage zu Fragebogen 87 „Blutsverwandtschaft,
Altersstufen", Frage L2 „Volksglaube und Redensarten"

Interessant sind für unsere Zwecke (neben der Spalte „Frage") die Spalten „Kontext" und „Bedeutung/Kontext". Erstere enthält dialektale Belegsätze, die häufig
zum entsprechenden Begriff genannt wurden und denen dann in vielen Fällen (jedoch nicht immer) eine Übersetzung, Paraphrasierung oder ein Kommentar im
Standard zur Seite gestellt wurde. In dem vorliegenden Beispiel *Die Tiroler we*a*rn
erscht mit vi*a*rz 'g Iohr gscheit, die Böhm ober gor nia* („Die Tiroler werden erst mit
vierzig Jahren gscheit, die Böhmen aber gar nie') liefert der Kommentar gleichzeitig eine Interpretation des Belegsatzes, wonach sich ältere Menschen aus Tirol
im Vergleich zu Böhmen durch eine größere Heimatverbundenheit auszeichnen.

---

12 Für eine ausführliche Darstellung der Suchmöglichkeiten sowie des Zugangs zu den WBÖ-Fra-
    gebögen sei auf die LIÖ-Seite selbst verwiesen (https://lioe.dioe.at/) (abgerufen am 09.12.2022).

Im folgenden Teil des Beitrags wollen wir die Möglichkeiten, die sich auf der Grundlage des WBÖ-Materials mittels des Zugangs durch LIÖ ergeben, systematisch anhand eines Beispiels aufzeigen.

3. Beispielanalyse

Wie eingangs erwähnt, waren das WBÖ sowie das Bayerische Wörterbuch (BWB) darauf ausgelegt, neben dem lexikalischen auch ein umfangreiches volkskundliches Material anzulegen. Dieser Ansatz spiegelt sich auch in dem im Jahr 1912 erstellten Arbeitsplan wider und zeigt sich vor allem in den Fragebögen, die sowohl auf den Mundartwortschatz als auch auf den Verwendungskontext und den volkskundlichen Hintergrund abzielten. Im weiteren Verlauf stellte sich heraus, dass ein großer Teil der gesammelten Belege v. a. für die Kultur- und Sozialanthropologie von großem Wert waren, da viele bis dahin unbekannte Traditionen auf den Handzetteln festgehalten waren. Das führte wiederum zum Entschluss, das „volkskundliche Material in kurzer Skizzierung in die publikationsreif ausgearbeiteten Artikel aufzunehmen" (WBÖ Bd. 1, XIV) und auf andere Wörterbuchartikel aus diesem Brauchtumskontext zu verweisen sowie entsprechende Fachliteratur bei der Recherche heranzuziehen. Der ursprüngliche Plan war, manchen volkstümlichen Bräuchen und Traditionen einen ausführlichen Kommentar innerhalb des Artikels zu widmen, wobei dieser unter dem jeweiligen Lemma bzw. Kompositum angeführt wurde, wie dies etwa bei der *Pèrcht(e)* geschah (s. WBÖ Bd. 2, 1035) bzw. für *(Hôh)zeit* geplant war (vgl. WBÖ Bd. 1, 27). Die durch den hohen Arbeitsaufwand bedingte Straffung wurde über die Jahre jedoch weiter ausgebaut und bei vielen Artikelteilen eine „etwas knappere Artikelgestaltung angestrebt" (WBÖ Bd. 3, Vorwort), worunter auch die volkskundlichen Angaben fielen.

Ab dem fünften Band des Wörterbuchs traten noch einmal umfangreiche, einschneidende Änderungen in Kraft, die Sachangaben und volkskundliche Informationen in den Wörterbuchartikeln auf Fälle beschränkten, die für das Verständnis der Bedeutung von Relevanz waren (vgl. WBÖ Bd. 5, II). Ansonsten wurde bei einem Variantenreichtum an Sachangaben lediglich auf publizierte Literatur und unpublizierte Materialsammlungen verwiesen (vgl. WBÖ Bd. 5, 452). Dennoch war geplant, das unbearbeitete Handzettelmaterial zu transkribieren und über eine Datenbank zugänglich zu machen (vgl. Abschnitt 2.3 bzw. WBÖ Beiheft 2, 18).

Diese Digitalisate sind heute von großem Mehrwert für bestehende Forschung im Bereich der Volkskunde bzw. Kultur- und Sozialanthropologie, da viele dieser Informationen in keinen Publikationen aufscheinen. Denn auch die Neuaufnahme des Projekts am Austrian Centre for Digital Humanities and Cultural Heritage (ACDH-CH) in der Abteilung Sprachwissenschaft verfolgt ein ähnliches Straffungskonzept, um das über 100jährige WBÖ-Projekt in absehbarer Zeit zu Ende bringen zu können. Aus diesem Grund wurde bei der Konzeption der verwendeten Datenmenge und der Wörterbuchartikel weitestgehend auf die Angaben zu Brauchtum, Aberglaube, Tradition und Volkskundlichem verzichtet und damit der Fokus verstärkt auf die Lexik ausgerichtet.[13]

3.1. Soziokultureller Hintergrund

Wirft man einen Blick in das Datenmaterial, das den einzelnen Wörterbuchartikeln hinterlegt ist, stößt man häufig auf – aus heutiger Sicht – kuriose Fundstücke, die einen tiefen Einblick in eine homogen-bäuerliche und hierarchisch-autoritär strukturierte Gesellschaft geben. Sofern solche Informationen nicht dem Verständnis der Semantik dienen oder zumindest als Belegsätze genutzt werden können, sind diese nicht in den Wörterbuchartikeln zu finden.

Dabei handelt es sich etwa um allgemeine Annahmen, die auch heutzutage noch in unterschiedlichem Ausmaß verbreitet sind, wie in folgendem Beleg: *Wenn du eine Sternschnuppe fallen siehst, musst du dir geschwind etwas denken, das geht in Erfüllung* (Pottendorf). Ganz gleich, ob die Religion als Argument für die Kritik an medizinischen Neuerungen herangezogen wird *Unser Herrgott ist auch nicht geimpft gewesen* (Rohr im Gebirge), oder ob die charakterlichen Eigenheiten der Nachbarn näher beschrieben werden – *Ein Neugeborenes mit Zähnchen soll vom Antichrist sein (Glaube nur in einer Familie, die aber viel am Altertümlichen hängt – aber auch etwas hysterisch angehaucht ist)* (Fusch an der Großglocknerstraße) – die Belege geben oft einen interessanten Einblick in den Lebensalltag der Menschen.

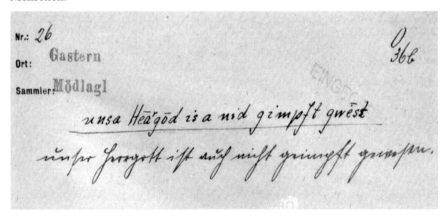

Abb. 2: Argumente von damals gegen das Impfen (Handzettel aus der WBÖ-Datenbank)

---

13 https://www.oeaw.ac.at/acdh/sprachwissenschaft/projekte/wboe/wboe-neukonzeption/straffungen-und-konzeptionelle-neuerungen (abgerufen am 18.11.2022).

Ebenso geben die Belege Auskunft über die vermeintlichen Charaktereigenschaften aufgrund einer bestimmten Physiognomie *Spitze Nås'n, spitzigs Kinn – steckt Teufel drin* (Eger) oder über das Bild von Menschen, die aufgrund ihrer körperlichen Disposition nicht in die gesellschaftliche Normvorstellung jener Zeit passen *Narr – dann im bes. \ein Zwitter\ ein Mensch, bei dem die Geschlechtsteile unvollkommen entwickelt sind oder der sexuell unvermögend ist* (Feldkirchen in Kärnten) sowie über die Vorurteile gegenüber Verhaltensweisen, die nicht der gesellschaftlichen Erwartungshaltung entsprechen *ãfarb'ln – schminken (unter Perversen)* (Wien). Sofern misogyne, homophobe und fremdenfeindliche Angaben jedoch für ein Verständnis der Bedeutung notwendig sind, bleiben diese im Wörterbuch enthalten, um kein idealisiert-romantisches Bild der damaligen Gesellschaft zu konstruieren. Sie werden aber mit einer Stilmarkierung „[pejorativ]" gekennzeichnet.[14]

3.2. Die Nabelschnur in anderen Kulturen

So stößt man im Datenmaterial vielfach auf Gewohnheiten, Bräuche und Traditionen, die jedoch nicht auf Spontanäußerungen zurückzuführen sind, sondern bewusst von den Explorator/innen evoziert wurden, da Fragen danach in die Fragebücher aufgenommen wurden (Näheres dazu in Abschnitt 2.1). Im Zuge dessen ist ein Phänomen aufgefallen, das aus der heutigen Lebenswelt so gut wie verschwunden zu sein scheint. Dabei handelt es sich um die unterschiedlichen Bräuche, die die Nabelschnur betreffen und die – aus heutiger Sicht – äußerst ungewöhnlich erscheinen. Zwar gibt es auch heute noch gemeinhin den Usus, dass der Vater bei der Geburt eines Kindes die Nabelschnur mit einem medizinischen Instrument durchtrennen darf, was das medizinische Personal auch schneller und unkomplizierter durchführen könnte, aber die Tradition dieser Geste bleibt weiterhin erhalten. Dieser Beitrag beschäftigt sich einerseits mit der durchtrennten und abgefallenen Nabelschnur und welche Eigenschaften ihr zugeschrieben wurden, andererseits werden die Analysemöglichkeiten auf LIÖ näher betrachtet, um solche Themengebiete abzudecken, die sich nicht primär mit lexikalischen Fragestellungen beschäftigen. Bevor der Blick auf das bairische Sprachgebiet in Österreich gerichtet wird, sehen wir uns in einem kurzen Überblick an, inwiefern solche Bräuche auch in anderen Gegenden und Kulturen in der Literatur zu finden waren bzw. sind.

Beim Volk der Navajos in den Vereinigten Staaten von Amerika wurden die Nabelschnur und die Nachgeburt am Geburtsort vergraben, um so die Verbundenheit zu diesem zum Ausdruck zu bringen (vgl. Renner 2018, 176). In aztekischen Gesellschaften im vorspanischen Mexiko wurde die Nabelschnur und die Nachgeburt getrocknet und am Ort der zukünftigen Tätigkeit vergraben, um so die Rollenerwartung an das Neugeborene abzusichern. Die Nabelschnur eines Mädchens wurde

---

14 Vgl. dazu auch den Absatz Bedeutung auf www.oeaw.ac.at/acdh/sprachwissenschaft/projekte/wboe/wboe-neukonzeption/artikelstruktur (abgerufen am 21.12.2022).

demnach unter der Herdstelle vergraben, die eines Jungen auf einem Schlachtfeld (vgl. Riese 2011, 101). Ähnliches ist auch für Asien und Ozeanien belegt, wo der Nabelschnurrest einen Talisman für Gesundheit, Unversehrtheit und bei Rechtsstreitigkeiten darstellte (vgl. Ploss 1872, 188).

Auch in anderen Teilen der Welt und Europas sind ähnlich geartete Bräuche und Traditionen im Umgang mit der Nachgeburt und der dazugehörigen Nabelschnur bis ins 20. Jahrhundert zu finden (vgl. Hovorka / Kronfeld 1909, 589ff.; Ploss 1872, 186–189; Leschber 2019, 61–70; Himstedt-Vaid 2017, 139–156).

Mit dem Fokus auf den deutschsprachigen Raum ist der früheste Beleg dafür vermutlich im Erzgebirge des 17. Jahrhunderts zu finden, wo eine als Amulett getragene Nabelschnur vor Krankheiten und Flüchen schützen soll (vgl. Lehmann 1699, 715). Ähnliche Traditionen sind in dieser Region auch knapp 200 Jahre später noch zu finden, wo die Nabelschnur nicht nur gegen Krankheiten schützen, sondern auch der Intelligenz förderlich sein soll. Ebenso soll sie wehrfähige junge Männer vor einer Aushebung als Soldat bewahren (vgl. Seyfarth 1913, 285). Zu finden sind in saar-pfälzischen und lothringischen Regionen auch Belege dafür, dass sich die Eigenschaften eines Baumes auf die charakterlichen und physischen Eigenschaften des Kindes auswirken, wenn dessen Nabelschnur unter der Baumwurzel vergraben wurde, oder dass die Nabelschnur Auswirkungen auf das Geschlecht der danach geborenen Geschwister hätte (vgl. Labouvie 2013, 281–282). Ähnliches findet man auch weiter nördlich in Mecklenburg, wo die Plazenta mitsamt der Embryonalhülle und der Nabelschnur in der Nähe eines jungen Baumes vergraben wurde, um so das Wachsen des Kindes zu symbolisieren (vgl. Hovorka / Kronfeld 1909, 635). Und wiederum in der Pfalz wurde die Nabelschnur bei einem Jungen zerhackt, um seine späteren Fähigkeiten als Geschäftsmann zu verbessern, die Nabelschnur der Mädchen wird zerstochen, um sie auf ihre Pflichten als Hausfrau vorzubereiten. Und auch einem Knoten in der Nabelschnur wird eine besondere Wirkung zugesprochen. Wird dieser von den Kindern in jungen Jahren aufgelöst, gilt dies als Zeichen für Geschicklichkeit und Reichtum, wie etwa in Ostpreußen, im Frankenwald und in der Schweiz belegt ist. Auf österreichischem Gebiet findet man in der Literatur Belege aus der Steiermark, wo der Nabelschnurrest gemeinsam mit dem Geldgeschenk des Taufpaten aufbewahrt wird, um das Kind später vom Stehlen abzuhalten (vgl. Hovorka / Kronfeld 1909, 636).

Ein Blick in großlandschaftliche Wörterbücher zeigt, dass Themenkomplexen des Volksglaubens durchaus noch Beachtung geschenkt wurde – sei es durch einen Kommentar, oder durch einen angeführten Belegsatz:

Volksg.: Die N[abelschnur] eines neugeborenen wird in ein Stück alter Leinwand eingewickelt und zerhackt [...] damit er >>einen geschickten Geschäftsmann abgebe<<; die eines Mädchens wird zerstochen, damit es eine tüchtige Näherin der Hausfrau werde (Pfälzisches WB Bd. 5, 2)

Ebenso kann der Belegsatz aufschlussreich über den Volksglauben sein „*Me Kind sei^n N[abelschnur] hebt mer uff, noo wird's g'scheit*" (Pfälzisches WB Bd. 5, 2). Bei anderen Wörterbüchern kann eine speziellere Bedeutung anhand des Belegsatzes nur vermutet werden „*Dein hebamm hat dir am tag deiner geburt dein n[abelgert]lin nit abgeschnitten*" (Idiotikon Bd. 2, 442). In den bereits publizierten Bänden des Wörterbuchs der bairischen Mundarten in Österreich wurde zwar ebenfalls darauf eingegangen „*N[achgeburt] u. die Nabelschnur werden an der Wurzel e. Baumes eingegraben*" (WBÖ Bd. 3, 1476), ein Blick in die Originalquelle zeigt jedoch, dass die Angabe einer regionalen Verortung nicht im Mittelpunkt stand (vgl. Handwörterbuch des deutschen Aberglaubens 1934–1935, 760).

3.3. Recherche in der LIÖ-Datenbank

Es ist anzunehmen, dass diese Tradition im gesamten deutschsprachigen Raum gebräuchlich bzw. bekannt war, wobei die Datenlage in Bezug auf Österreich in der Literatur recht dünn ausfällt und es unklar ist, ob sich die Bräuche mit der Nabelschnur auch im Alpenraum bis ins 20. Jahrhundert gehalten haben bzw. ob es auch dort zu weiteren Ausprägungen gekommen ist. Deshalb möchte dieser Beitrag veranschaulichen, wie das online über die Forschungsplattform Lexikalisches Informationssystem Österreich (LIÖ) zugängliche Datenmaterial des WBÖ auch für diese Fragestellung eine wertvolle Quelle darstellt.

In einem ersten Schritt kann eine Gesamtabfrage auf LIÖ durchgeführt werden. Je nachdem, wie stark bestimmte Phänomene in der Datenbank vertreten sind, kann es durchaus von Vorteil sein, spezifischere Kleinabfragen zu machen, um die Ergebnisse leichter zu bearbeiten, da die Informationen in unterschiedlichen Spalten enthalten sein können und sich das Datenmaterial oftmals als sehr heterogen erweist.

3.3.1. Fragebücher

Zunächst können das Fragebuch und die Ergänzungsfragebögen für eine Recherche herangezogen werden, um zu sehen, ob von den Explorator/innen auf bestimmte Themen bevorzugt eingegangen wurde. Im Themenkomplex *Geburt* sieht man, dass mehrere Fragebuchnummern dafür in Frage kommen. Wie etwa unter „67B23 Geburt: Nabelschnur" oder noch spezifischer unter „67B32 Geburt: Nachgeburt; Volksmeinungen dazu, […] Schließt man von der Zahl der falschen Nabelschnurknoten auf die künftige Fruchtbarkeit der Erstgebärenden? […]". Es sei aber erwähnt, dass die Explorator/innen nicht immer den gesamten Inhalt des Fragebuchs abarbeiten konnten, da der Zeitaufwand zu groß gewesen wäre, wodurch es zu sehr großen Lücken kommen kann.

3.3.2. Das Bedeutungsfeld

Für eine speziellere Analyse können die einzelnen Bedeutungen auf LIÖ durchsucht werden, um auch auf synonyme Lemmata zur Nabelschnur zu stoßen, die ebenfalls weitere Informationen, Anmerkungen oder relevante Belegsätze enthalten können. In unserem Fall sind im Bairischen Österreichs und in den angrenzenden Gebieten folgende Lemmata belegt: *Mutterschnur, -schnürlein, Nabelstrang, Geburtshäutlein, Sehne, Sehnlein, Spannader, Kindsader*.

Lemma	Wortart	Lautung	Bedeutung/Lautung
(Nabel)schnŭr	Subst	*Nǫẇ̇ẇeschn̂ua*	Nabelschnur
(Nabel)schnŭr	Subst	*Noblschnuᵃr*	Nabelschnur
(Nabel)schnŭr	Subst	*nobü'schnuɒʳ*	Nabelschnur
(Nabel)schnŭr	Subst	*d-nobüschnoua*	die Nabelschnur
(Ge-purts)haut	Subst	*Geburtshäutel*	Nabelschnur
Sëne	Subst	*Sendl*	Nabelschnur

Abb. 3: Abfrage der Bedeutung „Nabelschnur" im Lexikalischen Informationssystem Österreich (LIÖ)

3.3.3. Belegsätze, Kontextbelege, Anmerkungen

Ebenso können die angeführten Belegsätze bzw. deren nicht immer enthaltenen Übersetzungen sowie Anmerkungen und diverse Angaben durchsucht werden, wobei auch hier gilt: Je allgemeiner gefragt wird, umso größer ist auch die Anzahl der Belege. Es kann jedoch nicht garantiert werden, dass diese auch immer den gewünschten Inhalt liefern.

Letztendlich kann das Datenmaterial weiter auf LIÖ bearbeitet werden, um etwa Karten zu zeichnen oder um die gesammelten Informationen mit der Datenbasis der Wörterbuchartikel zu vergleichen. Alternativ können die Daten in unterschiedlichen Formaten (Excel, CSV, JSON) heruntergeladen werden, um sie nach eigenem Ermessen zu überarbeiten, zu taggen oder zu erweitern.

3.4. Die Nabelschnur im bairischen Gebiet Österreichs und Südtirols

Da – wie bereits erwähnt – die Erhebungen mittels Fragebuch sehr oft Lücken aufweisen, ist die Untersuchung bestimmter Phänomene nicht flächendeckend möglich. Dennoch lassen sich anhand der Daten bestimmte Muster erkennen. Von den
fast 130 Belegen, die für eine nähere Betrachtung in Frage kommen, können zumindest 35 für eine Untersuchung der unterschiedlichen spezifischen Gebräuche
mit der Nabelschnur herangezogen werden.[15] Auf eine nähere Untersuchung der
Bräuche mit der Plazenta oder der Embryonalhülle wurde bewusst verzichtet, um
den Rahmen der Untersuchung nicht zu sprengen, im Kontext dieser Tradition sind
noch weitreichendere Analysen möglich.

Im Zusammenhang mit der Nabelschnur sieht man, dass viele der zuvor erwähnten Gebräuche auch für Österreich belegt sind. Viele dieser Handzetteleln-
träge stellen vermutlich Erstbelege dar, da dieses Phänomen für Österreich noch
nicht näher untersucht worden zu sein scheint. Auf die unterschiedlichen Themen-
komplexe wird im Folgenden eingegangen.

3.4.1. Die Nabelschnur vergraben, verbrennen, ins Wasser werfen

In der Gegend um den Ossiacher See in Kärnten wird die Nabelschnur vergraben, wobei zusätzlich vermerkt wird, dass dies nur im Keller geschieht und nicht
außerhalb des Hauses, was vermutlich als eine nähere Verbundenheit zu den Be-
sitztümern verstanden werden kann. Im Großarltal in Salzburg wird die abgefallene Nabelschnur gleich in ein fließendes Gewässer geworfen (*Wird gleich (in) ein
fließendes Wasser geworfen. Auch in eine Quelle oder Brunnstube (wird bestraft)*,
Großarl), eine Tradition, die vor bösen Geistern schützen soll, da diese das Fluss-
wasser meiden (vgl. Hovorka / Kronfeld 1908, 444). Ein Hineinwerfen in Quellen
und Brunnen wird laut Belegdatenbank jedoch unter Strafe gestellt, vermutlich
um eine Verunreinigung des Trinkwassers zu verhindern. Wie für das Weinviertel
belegt, wird die Nabelschnur aber auch nach einer kurzen Aufbewahrungszeit ver-
brannt.

3.4.2. Die Nabelschnur als Talisman

Weitaus häufiger sind Belege dafür zu finden, dass die Nabelschnur als Anden-
ken oder Glücksbringer – neben den ersten Milchzähnen oder den ersten Klei-
dungsstücken – aufbewahrt wird; etwa in einer Schatulle oder geplättet in einem
Buch oder Glas, wie dies im Tiroler Brixental bzw. im Most- und Weinviertel geschieht (*Nǫbłschnuərrest a d Hła auffi trǫŋ und an a Kłåss eiⁿhiⁿstöckn*, Brixental).
Sollte die Nabelschnur von Mäusen angenagt werden, wird dies als Vorzeichen

---

15 Eine Collection der Gesamtabfrage kann unter dem Stichwort „Volkskundliches zur Nabelschnur"
auf https://lioe.dioe.at/ abgefragt werden.

gewertet, dass das Kind später stiehlt, wie im Hausruckviertel in Oberösterreich angenommen wurde (*sonst stiehlt das Kind später; Wenn man den abgefallenen Nabelschnurrest eines Kindes aufbewahrt so muß man DAS MACHEN*, Attersee). Ebenso belegt ist die bereits erwähnte Geldspende, das sogenannte *Kresengeld* des Taufpaten (s. Abschnitt 3.3), die in der Obersteiermark in das erste Badewasser des Kindes gegeben und gemeinsam mit der Nabelschnur verwahrt wird (*Wird für immer aufbewahrt und kommt zum „Gręsngöld" dazu. Letzteres Spende der Taufpatin ins 1. Badwasser*, Lobmingtal). In Verbindung mit einem Geldgeschenk für die Hebamme steht die Nabelschnur dann, wenn sie im Bad abfällt, was für die ehemaligen deutschsprachigen Gebiete im Böhmerwald belegt ist (*der abgefallene Nabelschnurrest wird nicht aufbewahrt. Wenn er im Bad abfällt, wirft man den Hebammen ein Geldstück ins Kinderbad; Aberglaube*, Plattetschlag). Darüber hinaus wird die Nabelschnur mitunter auch deshalb aufbewahrt, um auch Einfluss auf die Gesundheit nehmen zu können; etwa um Kinderkrankheiten abzuwenden, Nabelbrüche vorzubeugen oder den Tod des Kindes zu verhindern, wie in Mittelkärnten, in der südlichen Obersteiermark bzw. in der Weststeiermark, wo die pulverisierte Nabelschnur die Fruchtbarkeit kinderloser Frauen verstärken soll (*der abgefallene Nabelschnurrest wird pulverisiert Kinderlosen gegeben, damit sie in d. Hoffnung kommen; Aberglaube*, St. Peter im Sulmtal).

3.4.3. Knoten in der Nabelschnur

Eine besondere Bedeutung kommt den in der Nabelschnur befindlichen bzw. im Nachhinein gemachten Knoten zu. Unechte Nabelschnurknoten, die durch ein Abknicken der Blutgefäße hervorgerufen werden und eine auffällige Verdickung hervorrufen, sollen auf die Anzahl der nachfolgenden Geburten schließen lassen; wie es etwa in der Weststeiermark, im oberösterreichischen Hausruckviertel, im Wald- und Weinviertel Niederösterreichs und in Südböhmen belegt ist (*Bei der ersten Geburt zähle man die falschen Nabelschnurknoten. Soviel Kinder bekommt man*, Traun). Eine besondere Bedeutung kommt den nach der Geburt in die Nabelschnur gemachten Knoten zu, welche bis zum Schulbeginn aufbewahrt und vom Kind zum Schuleintritt aufgelöst werden sollen. Dies soll einen besonders positiven Einfluss auf die kognitive Leistungsfähigkeit des Kindes haben und die Lernfähigkeit erhöhen (*Ja 6 Jahre, Bis das Kind zum Schulgehen beginnt, soll es den Knopf auflösen dann lernt es leicht; Aberglaube*, Hohenfurt). Diese Praktik steht vermutlich in einem engen Zusammenhang mit der Vorstellung, dass die Intelligenz als etwas Fließendes versinnbildlicht wird und durch einen Widerstand unterbunden werden kann. Das zeigt sich etwa auch in der im Industrieviertel belegten Redewendung *Erst beim Erscheinen der Weisheitszähne zeigt sich, das Oan da^r Knöbf aufgånga is*, die ein bestimmtes Maß an Reife und Verständigkeit beschreibt, wobei mit Knopf im Bairischen häufig ein Knoten bezeichnet wird. Ähnliche Vorstellungen zeigen sich in einem standardnahen Kontext auch bei den Redewendungen *auf dem*

Schlauch stehen bzw. *auf der Leitung stehen*, die ein vermindertes Reaktions- und Lernvermögen umschreiben (vgl. Schemann 2011, 484 bzw. 713).

4. Fazit

Der kurze Einblick in ein scharf abgegrenztes Einzelphänomen zeigt, welch inhaltlicher Reichtum in der Datenbank zum Wörterbuch der bairischen Mundarten in Österreich steckt. Zwar zielt das mittlerweile historische Datenmaterial in erster Linie auf lexikalische Besonderheiten ab und stellt weiterhin eine wichtige Quelle für weitere sprachwissenschaftliche Analysen dar, es ist aber – gemäß seiner ursprünglichen Konzeption – auch eine reichhaltige Fundgrube für einen Einblick in die gesellschaftlichen Normen und Gepflogenheiten seiner Zeit. Da großlandschaftliche Wörterbuchprojekte immer stärker dazu gezwungen sind, ihre Publikationsgeschwindigkeit zu beschleunigen und demnach viele Informationen sprichwörtlich unter den Tisch fallen müssen, ist die Digitalisierung des Datenmaterials in durchsuchbarem Format ein – wenn möglich – wichtiger Schritt, der die gesammelten Informationen einer breiten Öffentlichkeit zu Verfügung stellen kann. Dass die LIÖ-Datenbank hierbei keine Ausnahme darstellt, zeigt sich etwa bei dem ähnlich gelagerten digitalen Wossidlo-Archiv,[16] in dem ebenfalls volkskundliche Datensammlungen, die ursprünglich für das Mecklenburgische Wörterbuch vorgesehen waren, online zur Verfügung gestellt werden. Und auch dabei zeigt sich, dass unter dem Stichwort *Nabelschnur* eine Vielzahl an Traditionen belegt ist – seien es Schutzzauber für die Unversehrtheit oder als Talisman für das leichtere Lernen bei Schulkindern.

Literatur

Barabas, Bettina / Claudia Hareter-Kroiss / Birgit Hofstetter / Lana Mayer / Barbara Piringer / Sonja Schwaiger (2010): Digitalisierung handschriftlicher Mundartbelege. Herausforderungen einer Datenbank. In: Germanistische Linguistik 199–201 (Fokus Dialekt. Festschrift für Ingeborg Geyer zum 60. Geburtstag), 47–64.

Bauer, Werner / Elisabeth Kühn (1998): Vom Zettelkatalog zur Datenbank. Neue Wege der Datenverwaltung und Datenverarbeitung im „Wörterbuch der bairischen Mundarten in Österreich". In: Claus Jürgen Hutterer (†) / Gertrude Pauritsch (Hg.): Beiträge zur Dialektologie des ostoberdeutschen Raumes. Referate der 6. Arbeitstagung für bayerisch-österreichische Dialektologie, 20.–24.9.1995 in Graz. Göppingen, 369–382.

---

16 https://apps.wossidia.de/ (abgerufen am 22.12.2022).

Bowers, Jack / Philipp Stöckle (2018): TEI and Bavarian dialect resources in Austria: updates from the DBÖ and WBÖ. In: Andrew U. Frank u. a. (Hg.): Proceedings of the Second Workshop on Corpus-Based Research in the Humanities (CHR-2), 25–26 January 2018 Vienna, Austria. Wien, 45–54.

Breuer, Ludwig / Philipp Stöckle (2023): Das WBÖ-online im ‚Lexikalischen Informationssystem Österreich' – Zugriff und Vernetzungsmöglichkeiten. In: Thomas Krefeld u. a. (Hg.): Berichte aus der digitalen Geolinguistik (II): Vernetzung und Nachhaltigkeit. In: Korpus im Text, Bd. 9, Version 30. URL: www.kit.gwi.uni-muenchen.de/?p=54448&v=2 (abgerufen am 21.07.2023).

Cox, Heinrich Leonhard (1983): Wechselseitige Beziehungen zwischen Dialektologie und thematischer Kartographie in der deutschen Volkskunde. In: Werner Besch u. a. (Hg.): Dialektologie. Ein Handbuch zur deutschen und allgemeinen Dialektforschung. Zweiter Halbband. Berlin / New York (Handbücher zur Sprach- und Kommunikationswissenschaft, 1.2), 1579–1597.

Geyer, Ingeborg (2008): Zur Entwicklung von Laut- und Wortgrenzen im Bairisch-österreichischen Raum an Hand ausgewählter Beispiele aus dem Wörterbuch der bairischen Mundarten in Österreich (WBÖ) und der Datenbank der bairischen Mundarten in Österreich (DBÖ). In: Peter Ernst / Franz Patocka (Hg.): Dialektgeographie der Zukunft. Akten des 2. Kongresses der Internationalen Gesellschaft für Dialektologie des Deutschen (IGDD) am Institut für Germanistik der Universität Wien, 20. bis 23. September 2006. Stuttgart (Zeitschrift für Dialektologie und Linguistik. Beihefte, 135), 193–202.

Geyer, Ingeborg (2019): Wörterbuch der bairischen Mundarten in Österreich: Rückblick auf 105 Jahre Erheben, Aufbereiten und Auswerten im institutionellen Rahmen der ÖAW. In: Sebastian Kürschner u. a. (Hg.): Methodik moderner Dialektforschung. Erhebung, Aufbereitung und Auswertung von Daten am Beispiel des Oberdeutschen. Hildesheim (Germanistische Linguistik, 241–243), 471–488.

Gschösser, David / Patrick Zeitlhuber (2021): MIR KEHREN ZAM! – Die Entwicklung der germanischen Velare im Anlaut in den bairischen Dialekten Österreichs und Südtirols. Eine Untersuchung anhand der Datenbank des „Wörterbuchs der bairischen Mundarten in Österreich". In: Agnes Kim u. a. (Hg.): Vom Tun nicht lassen können: Historische und rezente Perspektiven auf sprachliche Variation (in Österreich und darüber hinaus) – Festgabe für Alexandra N. Lenz zum runden Geburtstag. Wien (Wiener Linguistische Gazette, 89), 531–578.

Handwörterbuch des deutschen Aberglaubens (1934–1935). Hg. vom Verband deutscher Vereine für Volkskunde. Abteilung I. Aberglaube. Berlin / Leipzig.

Himstedt-Vaid, Petra (2017): Böser Blick und Amulett: Magie im südslawischen Lied im Wandel. In: Wolfgang Dahmen / Gabriella Schubert (Hg.): Schein und Sein. Sichtbares und Unsichtbares in den Kulturen Südosteuropas. Wiesbaden, 139–156.

Hovorka, Oskar von / Adolf Kronfeld (Hg.) (1908): Vergleichende Volksmedizin. Eine Darstellung volksmedizinischer Sitten und Gebräuche, Anschauungen und Heilfaktoren, des Aberglaubens und der Zaubermedizin. Unter Mitwirkung von Fachgelehrten. Band 1. Stuttgart.

Hovorka, Oskar von / Adolf Kronfeld (Hg.) (1909): Vergleichende Volksmedizin. Eine Darstellung volksmedizinischer Sitten und Gebräuche, Anschauungen und Heilfaktoren, des Aberglaubens und der Zaubermedizin. Unter Mitwirkung von Fachgelehrten. Band 2. Stuttgart.

Idiotikon Bd. 2 = Schweizerisches Idiotikon (1885). Wörterbuch der schweizerdeutschen Sprache. Gesammelt auf Veranstaltung der Antiquarischen Gesellschaft in Zürich unter Beihülfe aus allen Kreisen des Schweizervolkes. Hg. mit Unterstützung des Bundes und der Kantone. 2. Bd. Frauenfeld.

Labouvie, Eva (2013): „Gauckeleyen" und „ungeziemende abergläubische Seegensssprüchereyen". Magische Praktiken um Schwangerschaft, Geburt und Wochenbett. In: Eva Kreissl (Hg.): Kulturtechnik Aberglaube. Zwischen Aufklärung und Spiritualität. Strategien zur Rationalisierung des Zufalls. Bielefeld, 271–298.

Lehmann, Christian (1699): Historischer Schauplatz derer natürlichen Merckwürdigkeiten in dem meissnischen Ober-Ertzgebirge. Leipzig.

Leschber, Corinna (2019): Amulette in Südosteuropa: Etymologische Betrachtungen. In: Wolfgang Dahmen u. a. (Hg.): Auge und Sehen: Sichtbares und Unsichtbares in den Sprachen und Literaturen Südosteuropas. Wiesbaden, 61–70.

Pfälzisches WB Bd. 5 = Pfälzisches Wörterbuch (1992). Band 5: *N–Schw*. Bearb. von Rudolf Post. Stuttgart.

Ploss, Hermann (1872): Die Glückshaube und der Nabelschnurrest; ihre Bedeutung im Volksglauben. In: Zeitschrift für Ethnologie 4, 186–189.

Reiffenstein, Ingo (2005): Die Geschichte des „Wörterbuches der bairischen Mundarten in Österreich" (WBÖ). Wörter und Sachen im Lichte der Kulturgeschichte. In: Isolde Hausner / Peter Wiesinger (Hg.): Deutsche Wortforschung als Kulturgeschichte. Wien (ÖAW, Sb. der phil.-hist. Kl. 720), 1–13.

Renner, Erich (2018): „Umgeben von Heiligen Bergen." Tradition als Bildungsprozess: Mythisch-reales Weltbild und kulturelle Identität bei den Navajo-Indianern. In: Norbert Jung u. a. (Hg.): Was Menschen bildet. Bildungskritische Orientierungen für gutes Leben. Berlin / Toronto, 175–189.

Riese, Berthold (2011): Das Reich der Azteken. Geschichte und Kultur. Berlin.

Schemann, Hans (2011): Deutsche Idiomatik. Wörterbuch der deutschen Redewendungen im Kontext. Berlin / Boston.

Seyfarth, Carly (1913): Aberglaube und Zauberei in der Volksmedizin Sachsens. Ein Beitrag zur Volkskunde des Königreichs Sachsens. Leipzig.

Stöckle, Philipp (2021): Wörterbuch der bairischen Mundarten in Österreich (WBÖ). In: Alexandra N. Lenz / Philipp Stöckle (Hg.): Germanistische Dialektlexikographie zu Beginn des 21. Jahrhunderts. Stuttgart (Zeitschrift für Dialektologie und Linguistik. Beihefte, 181), 11–46.

Stöckle, Philipp / Sabine Wahl (2022): Lexicography and corpus linguistics. The case of the Dictionary of Bavarian Dialects in Austria (WBÖ) and its database. In: Anette Klosa-Kückelhaus u. a. (Hg.): Dictionaries and Society. Book of Abstracts of the XX EURALEX International Congress. Mannheim, 105–107.

WBÖ Bd. 1 = Wörterbuch der bairischen Mundarten in Österreich (1970). Band 1: *A–Azor*. Hg. im Auftrag der Österreichischen Akademie der Wissenschaften. Wien.

WBÖ Bd. 2 = Wörterbuch der bairischen Mundarten in Österreich (1976). Band 2: *B(P)–Bezirk*. Hg. im Auftrag der Österreichischen Akademie der Wissenschaften. Wien.

WBÖ Bd. 3 = Wörterbuch der bairischen Mundarten in Österreich (1983). Band 3: *Pf–C*. Hg. von der Kommission für Namenkunde und Mundartforschung. Wien.

WBÖ Bd. 5 = Wörterbuch der bairischen Mundarten in Österreich (2015). Band 5: *deu–Ezzes*. Hg. von der Österreichischen Akademie der Wissenschaften. Wien.

WBÖ Beiheft 2 = Wörterbuch der bairischen Mundarten in Österreich. Beiheft Nr. 2. Erläuterungen zum Wörterbuch. (2005). Hg. vom Institut für österreichische Dialekt- und Namenlexika (I Dinamlex). Wien.

Verborgene Schätze im Wörterbucharchiv

Morphosyntaktische Nachauswertung am Beispiel von Fragebögen des Thüringischen Wörterbuchs

Agnes Jäger, Jena

1. Einleitung

Das Thüringische Wörterbuch (ThWB), eines der großlandschaftlichen Dialektwörterbücher des Deutschen, wurde ab 1907 über einen Zeitraum von 100 Jahren erarbeitet. Es beruht wie vergleichbare Dialektwörterbücher neben verschiedenen anderen Materialien auf zahlreichen indirekten Dialekterhebungen per Fragebogen, die über Jahrzehnte regelmäßig durchgeführt wurden. Die im Archiv des Thüringischen Wörterbuchs erhaltenen Fragebögen stellen einen großen Schatz auch für die heutige Dialektforschung dar, da sie nicht nur Daten zu lexikalischen, sondern auch zu morphosyntaktischen Merkmalen des Dialekts enthalten, die es sich lohnt, systematisch nachauszuwerten. Der vorliegende Beitrag demonstriert dies anhand von vier ausgewählten morphosyntaktischen Phänomenen: den Vergleichskonstruktionen, den Reflexivkonstruktionen, den *ge*-präfigierten Infinitiven und dem Kurzverb ‚haben‘. Bevor die Ergebnisse der Nachauswertung zu diesen Fragen in Abschnitt 3 im Einzelnen vorgestellt werden, wird zunächst in Abschnitt 2 ein kurzer Überblick über das Thüringische Wörterbuch und seine Materialbasis gegeben.

2. Das Thüringische Wörterbuch und seine Materialbasis

Das Thüringische Wörterbuch wurde von 1966 bis 2006 in sechs Bänden und einem Beiband zum Laut- und Formeninventar thüringischer Dialekte publiziert.[1] Damit wurde die 100jährige Phase seiner in Trägerschaft der Universität Jena, zeitweise zusätzlich auch der Deutschen Akademie der Wissenschaften zu Berlin bzw. der Sächsischen Akademie der Wissenschaften zu Leipzig durchgeführten Bearbei-

---

[1] Zum Thüringischen Wörterbuch s. auch ausführlich Niebaum / Macha (2014, 122–133).

tung erfolgreich abgeschlossen. Das Bearbeitungsgebiet wurde von den Projektbegründern 1907 weitgehend gemäß den damaligen politischen Grenzen festgelegt[2] und umfasst neben überwiegenden mitteldeutschen Varietäten, dem eigentlichen Thüringischen, anteilig auch nieder- und oberdeutsche Varietäten (Ostfälisch im Nordwesten, Ostfränkisch im Süden / Südwesten), vgl. Karte 1, aus der zudem die dialektale Binnengliederung der thüringischen Dialekte ersichtlich ist. Da somit alle drei dialektalen Großräume des deutschen Sprachraums zumindest anteilig vertreten sind, handelt es sich um ein dialektologisch besonders interessantes und facettenreiches Gebiet. Aufgrund der historischen Festlegung reicht das Untersuchungsgebiet dabei, wie die Karte zeigt, deutlich über das heutige Bundesland Thüringen hinaus in die benachbarten Bundesländer Sachsen-Anhalt und Bayern hinein, in denen ebenfalls thüringische Varietäten gesprochen werden.

Die Erarbeitung des Thüringischen Wörterbuchs erfolgte zunächst auf Basis von Zettelmeldungen aus der dialektinteressierten Öffentlichkeit sowie der Auswertung von Dialektliteratur und historischem Schrifttum. Später kam auch Material aus im Kontext der Wörterbucharbeit entstandenen wissenschaftlichen Monographien zum Thüringischen sowie ab den 1960er Jahren aus Tonbandaufnahmen hinzu. Die hauptsächliche Materialbasis bilden jedoch die nach dem Vorbild des Rheinischen Wörterbuchs ab 1913 bis Mitte der 1960er Jahre durchgeführten Fragebogenerhebungen. Dieses Material ist – bis auf Verluste u. a. durch die beiden Weltkriege, v. a. durch einen Bombeneinschlag in die Arbeitsstelle 1945 – im Archiv der Arbeitsstelle für thüringische Dialektforschung erhalten. Es umfasst ein Zettelarchiv mit ca. 1,5 Millionen Einzelwortbelegen, ca. 4.000 handgezeichnete Karten (sogenannte Wörterbuchskizzen), Tonbandaufnahmen aus den 1960er Jahren, das Flurnamenarchiv mit über 100.000 Flurnamenzetteln, das derzeit digital aufbereitet und zugänglich gemacht wird (vgl. https://projekte.thulb.uni-jena.de/flurnamen/projekt/allgemeines.html) sowie die für die Nachauswertung genutzten ca. 19.000 überwiegend handschriftlich ausgefüllten Fragebögen aus ca. 25 Erhebungsrunden mit einem Kernbestand von ca. 2.000 Orten, wobei insgesamt aus knapp 4.000 verschiedenen Orten Fragebögen vorliegen.

Die Fragebögen enthalten der lexikographischen Zielstellung entsprechend überwiegend Aufgaben zu Einzelwortübersetzungen, vgl. Abb. 1, hier etwa „Wie heißt in Ihrer Mundart der Feuersalamender, der Thymian, die Egge?" etc., daneben beispielsweise auch Redensarten, um hier eine potenziell besonders archaische Lexemschicht zu erfassen. Bei neun Fragebogenrunden wurden jedoch auch

---

2 Endgültig festgelegt wurde das Arbeitsgebiet in Absprache mit anderen großlandschaftlichen Wörterbuchprojekten auf der Marburger Wörterbuchkonferenz 1913. Die Ergebnisse der Nachauswertung der ThWB-Fragebögen wurden im Oktober 2021 bei der Tagung „Großlandschaftliche Dialektwörterbücher zwischen Linguistik und Landeskunde" in Münster, im November 2022 im Linguistischen Kolloquium in Marburg und im Dezember 2021 beim JenLing-Kolloquium in Jena vorgestellt. Ich danke den Zuhörern sowie den beiden Gutachtern für wertvolle Kommentare und Hinweise.

Satzübersetzungen mit standarddeutscher Vorgabe und exemplarischer dialektaler Version erhoben, vgl. Abb. 2, teils nur ein Satz pro Bogen, teils mehrere. Insgesamt sind in den vorhandenen Bögen knapp 100 Satzübersetzungsaufgaben dieser Art enthalten.

Die Dialektgebiete im Arbeitsgebiet des Thüringischen Wörterbuchs

Nordostthüringisch

Ostfälisch · Nordhausen · Halle

Nordthüringisch

Heiligenstadt

Mühlhausen

Naumburg
Ostthüringisch

Westthüringisch

Eisenach · Erfurt
Gotha · Jena · Altenburg

Zentralthüringisch

Gera

Ilmthüringisch

Südostthüringisch

Suhl · Saalfeld

Hennebergisch · Schleiz

Ostheim

Sonneberg

Coburg · Itzgründisch

0 10 20 km

Freistaat Thüringen
Dialektgebietsgrenze

Oberdeutsch   Mitteldeutsch   Niederdeutsch

Karte 1: Das Bearbeitungsgebiet des Thüringischen Wörterbuchs

17 G

Landesstelle für Thüringische Mundartenforschung
angegliedert der Thür. Landesuniversität
Jena
Schloßgasse 17, Griesbachsches Haus

Eing. 17 11. 34 … Meiningen

Bleibt frei für die Landesstelle!

Fragebogen 10.

Sommer 1934

Ort der Mundart: Schweina **Kreis:** Meiningen
(Berichtsort, für den die Antworten gelten)

Mundartliche Aussprache dieses Ortsnamens: Schwein. ausgezettelt

Zur Schreibweise: Verwenden Sie bitte die **gewöhnlichen Schriftzeichen,** aber **ohne** jede **Rücksicht** auf die in der Schule erlernte **Rechtschreibung,** damit Sie die **mundartliche** Aussprache des Berichtsortes so **getreu** wie nur möglich wiedergeben können. — Besonders wertvoll wird Ihre Auskunft, wenn Sie darüber hinaus noch folgendes berücksichtigen:

Alle **langen** Klanglaute (Langvokale) kennzeichnet man am besten durch den Dehnungsstrich über dem Buchstaben: ā, ē, ī, ō, ū, ǟ, ȫ, ǖ.

Den hellen Laut zwischen *a* und *ä* schreiben Sie: *ą*.

Die zahlreichen Laute zwischen *a* und *o* geben Sie durch *å*, wenn sie dem *a* näher liegen, durch *ǫ*, wenn sie sich dem *o* nähern. Aussprache und Sprachgebrauch **der alten, im Orte geborenen** Mundartsprecher ist entscheidend, wenn Sie selbst bei einer Antwort unsicher sind. — Was die **jüngere** Generation **anders** ausspricht als die ältere, bitten wir durch entsprechenden Vermerk zu kennzeichnen.

Es wird gebeten, nur im Orte geborene Personen zu befragen.

Wie heißt in Ihrer Mundart:	Antwort:
1) **der Feuersalamander** (Salamandra maculosa)? z. B. *dr molmer, dr saimollich, dr rēnmulks, dr guldworm, usw.*	1) dr füirsalamandr.
2) **der Thymian** (Feldthymian, Thymus Serpyllum L.)? z. B. *dr kwängl, de dīmichn, dr rēnkēmel, usw.*	2) Koche bohlich
3) **die Egge?** z. B. *de ait, di īach, die ēche, die ēe, de ǟde, di ain, usw.*	3) die Ǟde
4) a) der überdachte, halboffene **Gang** (Galerie) **am Wohnhause** vor dem **oberen** Stockwerk, oft zum Wäschetrocknen benutzt? z. B. *dr gang, dr jonk, de tröcke, usw.*	4 a) dr gang
b) kommt er im Berichtsort häufig, vereinzelt oder gar nicht vor?	b) fast nicht!
5) **die Aschkuchenform?** z. B. *dr rīwes, ds rebs, dr åsch, dr ringl, usw.* Bitte abweichende, dort gebräuchliche Formen mit ein paar Strichen andeuten! 	5) dr kucheform
6) a) **die Rosengalle** (Gallwespenstich auf dem wilden Rosenstrauch, moosartiger Auswuchs)? z. B. *de schlǟfröse, dr sīmschlǟfr, di dōströse, dr schlōfåbl, usw.*	6 a)
b) Volksmeinung darüber? Verwendung, Brauch?	b)
7) **die Eule?** (die allgemeine Bezeichnung) z. B. *de aiwel, di öüwel, de üeln, dr nåchdījel, de ādsl, usw.*	7) di euile
8) der enge **Durchgang zwischen zwei Häusern** oder Gärten? z. B. *dr dsīch, dr dswenger, de klenge, dr schlīfdr, usw.*	8) dr zwänger
9) **die Klette** (Arctium Lappa L.)? z. B. *de klädde, dr jūdeknǫbf, de glądde, di klēwe, usw.*	9) die klądde
10) a) **die Hündin?** z. B. *de bądse, di lubbe, di dēwen, usw.*	10 a) die zübche
b) der **männliche** Hund? z. B. *dr rätter, s rīdele usw.*	b) —
11) **die Ofenstange,** neben oder über dem Ofen in Oefen von der Stubendecke aus befestigt (besonders zum Trocknen nasser Kleidungsstücke)? z. B. *de ösdnschdǫng, de hellschdang, di ūfnschdånge, s rīk, di hänge, usw.*	11) —
12) **das Gerät zum Zusammenkratzen der Teigreste** beim Backen? z. B. *de trökschärrn, de daichscharre, usw.*	12) backdröksch̄arr

Abb. 1: ThWB-Fragebogen 10 (1934) aus Schweina, Kreis Meiningen, S. 1

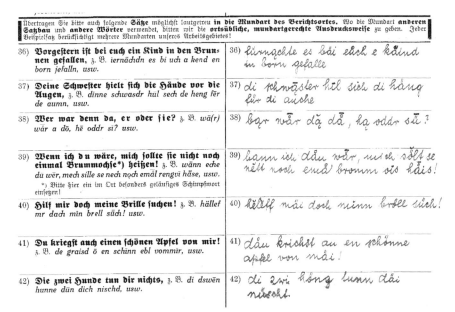

Abb. 2: ThWB-Fragebogen 10 (1934) aus Schweina, Kreis Meiningen, Ausschnitt S. 3 mit Satzübersetzungen

Diese dialektalen Satzübersetzungen in den Fragebögen des Thüringischen Wörterbuchs bilden die Grundlage für die morphosyntaktische Nachauswertung, für die jeweils ein vergleichbares Sample von Ortspunkten zu verschiedenen Phänomenen ausgewertet wurde, um einen aussagekräftigen Eindruck von der arealen Verteilung zu erhalten. Hierzu wurde das Untersuchungsgebiet in 160 Planquadrate eingeteilt und jeweils ein Ort pro Planquadrat in die Nachauswertung einbezogen, wobei die Anzahl von Ortspunkten in der Regel etwas unter 160 liegt und je nach Phänomen leicht variiert, da in einzelnen Fragebogenrunden für manche Planquadrate im Archiv keine Bögen vorhanden waren oder die untersuchte Frage teils nicht bzw. in nicht relevanter Weise beantwortet wurde. Im Folgenden werden exemplarisch die Ergebnisse der morphosyntaktischen Nachauswertung zu vier Phänomenen – den Vergleichskonstruktionen, Reflexivkonstruktionen, *ge*-präfigierten Infinitiven und dem Kurzverb ‚haben‘ – vorgestellt.[3]

---

3 Für die Unterstützung bei der Nachauswertung und der Erstellung der Karten danke ich Annika Grenzow, Paul Kreibich, Catharina Marinica, Jasmin Möbius, Sophia Oppermann und Lisa Wiegand.

3. Ergebnisse der morphosyntaktischen Nachauswertung

3.1. Vergleichskonstruktionen

Im Standarddeutschen wird in Komparativvergleichen (‚Vergleichen der Ungleichheit') die Vergleichspartikel *als*, in Äquativvergleichen (‚Vergleichen der Gleichheit') die Vergleichspartikel *wie* verwendet.[4] Dialektal finden sich in beiden Vergleichsarten Abweichungen vom Standard – bei den Äquativvergleichen etwa die Verwendung von Entsprechungen von *als* (*as, osse* etc.) insbesondere im niederdeutschen Raum oder die Verwendung von *als wie* in etlichen hochdeutschen Varietäten (vgl. Jäger 2016; Jäger 2018, Kap. 6.2). Die größten Abweichungen vom Standard sind jedoch bei den Komparativvergleichen zu beobachten (vgl. Weise 1918; Lipold 1983; AdA 2003ff.; Jäger 2016; 2018). Wie die auf der Auswertung älterer Dialektliteratur beruhende Karte 2 aus Lipold (1983) illustriert, wird in hochdeutschen Dialekten überwiegend die Vergleichspartikel *wie* verwendet, im Niederdeutschen sowie in einem schmalen westlichen Streifen im Hochdeutschen überwiegend *als*, v.a. innerhalb des *wie*-Areals verstreut auch *als wie*, daneben sehr lokal begrenzt auch weitere Vergleichspartikeln wie *denn, weder, oder, wann* etc.[5] In Vergleichen mit satzwertigem Vergleichsstandard ist zudem auch sogenannter gestützter Vergleichsanschluss in Form von *wie dass, weder dass* etc. belegt (vgl. Friedli 2012, 67f.; Jäger 2018, 290).

Für die Komparativvergleiche in thüringischen Dialekten hält Spangenberg (1993, 259) fest, dass sie überwiegend die Vergleichspartikel *wie* neben (jüngerem) *als* und *als wie* aufweisen.[6] Um differenziertere Aussagen zum Vergleichsanschluss in thüringischen Dialekten treffen zu können, wurde im Rahmen der morphosyntaktischen Nachauswertungen Fragebogen 10 (1934), Satz 49, untersucht. Hier waren die Gewährspersonen gebeten, den Satz ‚Ihr Klugschwätzer, das wissen wir doch viel genauer als ihr!' in ihren Dialekt zu übersetzen. Die im ausgewerteten Sample auftretenden Varianten stimmen mit den von Spangenberg genannten und laut Karte 2 erwartbaren überein: Neben Entsprechungen von *als*, vgl. (1a), finden sich Entsprechungen von *wie*, vgl. (1b), und *als wie*, vgl. (1c). Gelegentlich wurde

---

4   In archaisierender, weitgehend idiomatisierter Verwendungsweise wird gelegentlich auch *denn* in Komparativvergleichen (z. B. *besser denn je*) und *als* in Äquativvergleichen (z. B. *so bald als möglich*) verwendet (Duden 2016, 377), wie es im historischen Deutschen üblich war (vgl. Jäger 2018).

5   Hierbei handelt es sich überwiegend um bewahrte historische Varianten des Vergleichsanschlusses (vgl. Jäger 2018, 289).

6   Sprachhistorisch gesehen ist *als* in Komparativvergleichen älter als *wie*, dessen Verwendung in Komparativvergleichen eine Weiterentwicklung gemäß der sprachhistorisch wiederholt zu beobachtenden Distributionsverschiebung der Äquativ- zu Komparativpartikeln (Komparativzyklus) darstellt. Dies ist im Deutschen zuvor bereits für *als* zu beobachten, das seinerseits zunächst nur in Äquativen verwendet wurde und erst im 17. Jh. *denn* in den Komparativvergleichen verdrängt (vgl. Jäger 2018). Spangenbergs (1993, 259) Formulierung vom „jüngeren" *als* in thüringischen Komparativvergleichen deutet also eher auf einen rezenten Einfluss der Standardsprache auf den Dialekt als auf die sprachhistorischen Verhältnisse hin.

auch eine andere Art der Konstruktion ohne Vergleichspartikel gewählt, etwa ein
impliziter Vergleich wie in (1d).[7]

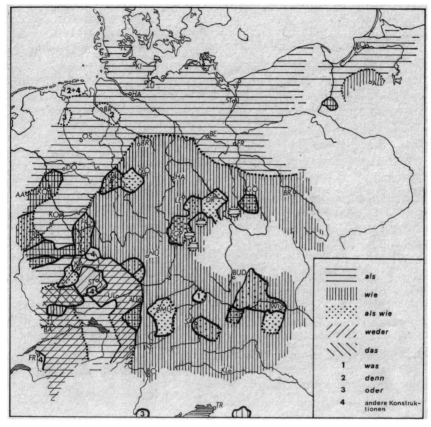

Karte 2: Vergleichspartikel im Komparativvergleich in den Dialekten des Deutschen (Lipold 1983, 1237)

(1)   a. *ihr klugschwitzer das wessen mor doch vill jenauer <u>as</u> ihr*
                (Altenburg / Naumburg [Abu])
             b. *Ihr Klügschisser, das wesse mai doch vill basser <u>bi</u> eui*
                (Schweina [Schw_Salz])
             c. *Ihr gluchschaiser, das wessj fehl besser <u>als wie</u> ihr!*
                (Wiehe [Wie_Art])

---

7   Bei den Beispielbelegen sind in eckigen Klammern jeweils die im ThWB verwendeten Ortssiglen
    angegeben.

d. *Ihr Klugshiesser, doas wessen mi'e besser*
(Geraberg [Ger_Ilm])
‚Ihr Klugschwätzer, das wissen wir doch viel genauer als ihr!'

Die Verteilung der Varianten zeigt Karte 3.[8] Ganz überwiegend tritt mit 64,1 % der Vergleichspartikeln (n=100) *wie* auf, das im gesamten Untersuchungsgebiet, einschließlich des niederdeutschen Bereichs nördlich der *ik/ich*-Linie im Nordwesten, belegt ist und im Zentralthüringischen fast ausschließlich verwendet wird. Die zweithäufigste Variante ist *als* mit 29,5 % (n=46), das ebenfalls im gesamten Gebiet verteilt auftritt, insbesondere im (nord-)östlichen Teil. Sehr vereinzelt ist zudem *als wie* zu finden, das nur 6,4 % (n=10) ausmacht und ebenfalls in thüringischen Dialekten nicht arealbildend ist.

Aufschlussreich ist dieses Ergebnis auch im Vergleich zu den im Rahmen des Projekts Syntax Hessischer Dialekte (SyHD) erzielten Resultaten für das unmittelbar westlich angrenzende Bundesland Hessen (vgl. Jäger 2016): Hier wurde in Komparativvergleichen 53–55 % *wie*, 29–34 % *als* und 10–18 % *als wie* verwendet.[9] Am direktesten mit dem für die thüringischen Dialekte ausgewerteten Satz vergleichbar ist E4_01 ‚Susanne kann besser kochen als meine Tante.' (ebenfalls mit adverbialer AP ‚besser' als Tertium Comparationis und NP als Vegleichsstandard), vgl. Karte 4.[10] Hier macht die Vergleichspartikel *wie* 55 % (n=462), *als* 30 % (n=254) und *als wie* 15 % (n=124) aus. In thüringischen Dialekten wird somit anteilig mehr *wie*, etwa gleich häufig *als* und weniger *als wie* verwendet als in hessischen Dialekten.

Auch die Nachauswertung von Äquativvergleichen, die, wie oben erwähnt, durchaus dialektale Variation zeigen (vgl. auch zu hessischen Dialekten Jäger 2016), wäre wünschenswert. Hier zeigen sich jedoch gewisse Beschränkungen des Datenmaterials: In den Fragebogenerhebungen für das Thüringische Wörterbuch wurde leider kein Grad-Äquativ (‚so gut wie' o. ä.) abgefragt. Auch Nicht-Grad-Äquative (Similative) sind nicht in den Satzübersetzungen enthalten. In den frühen Fragebögen wurden jedoch zur Erhebung von Sprichwörtern bzw. idiomatischen Wendungen teilweise Nicht-Grad-Äquative als Satzanfänge vorgegeben, die die Gewährspersonen teils in ihren Antworten im Dialekt mit aufgegriffen haben: ‚Er ist nur so ein kleiner Kerl […], hat aber einen Rachen wie…' (Fragebogen I, Satz 20), ‚Der hat dicke Beine wie' (Fragebogen VII, Satz 24), ‚Der hat dicke Arme wie …' (Fragebogen VIII, Satz 32). Von den Fragebögen VII und VIII sind jedoch leider nur einer bzw. nur vier Bögen im Archiv des ThWB erhalten. Von Fragebogen I sind rund 80 ausgefüllte Bögen vorhanden, von denen nur rund die Hälfte einen

---

8 Antworten mit gänzlich anderen Konstruktionen sind hier und im Folgenden jeweils nicht mit kartiert.
9 Die Angaben beziehen sich auf Komparativvergleiche mit phrasalem Vergleichsstandard. Bei satzwertigem Vergleichsstandard wurde *als* anteilig etwas häufiger verwendet.
10 Karte 4 weist andere Farbcodierungen auf als Karte 3 (s. Legenden).

Eintrag mit Vergleichspartikel enthält. Hier wurde jeweils ausschließlich die Äqua-
tivpartikel *wie* gewählt (z. B. *nur so ä Knirps, Kriepel, aber die Frasse geht wie
änne Dräckschlauder* – Eyba [Ey_Saalf]). Systematische Ergebnisse insbesondere
zu Grad-Äquativen lassen sich aber für thüringische Dialekte nur im Rahmen von
Neuerhebungen gewinnen.

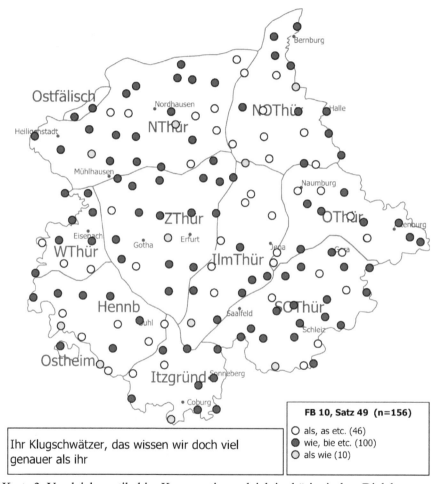

FB 10, Satz 49 (n=156)

○ als, as etc. (46)
● wie, bie etc. (100)
◐ als wie (10)

Ihr Klugschwätzer, das wissen wir doch viel
genauer als ihr

Karte 3: Vergleichspartikel im Komparativvergleich in thüringischen Dialekten

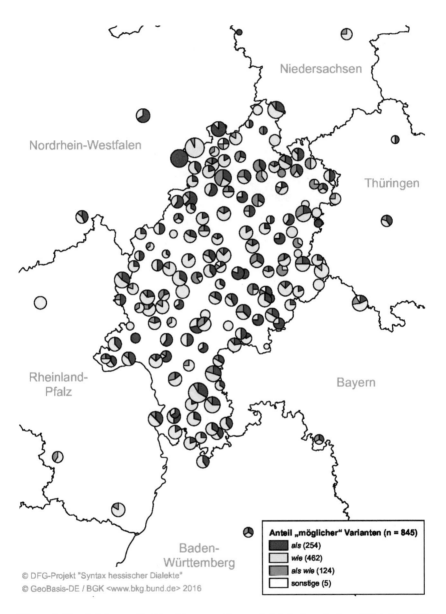

Karte 4: Vergleichspartikel im Komparativvergleich in hessischen Dialekten (Jäger 2016)

3.2. Reflexivkonstruktionen

Ein morphologisch eigenständiges, dezidiertes Reflexivum weist das heutige Standarddeutsche nur für die 3.Sg. / Pl. Dat. / Akk. auf: *sich*.[11] Für die 1. / 2. Sg. / Pl. werden dagegen die Formen der Personalpronomen reflexivisch gebraucht (*ich wasche mich, ihr freut euch, wir haben uns gedacht* etc.). In den Dialekten ist teils eine eingeschränktere Verwendung von *sich* zu beobachten, indem die reflexivische Verwendung des Personalpronomens anstelle von *sich* wie im historischen Deutschen auch noch für die 3. Sg. / Pl. Dat. gilt, wie die bairischen Belege in (2) und (3) illustrieren.

(2)   *Sie håt ihra a Fiatn gekaft.*

        ‚Sie hat sich [wörtl.: ihr] eine Schürze gekauft.'

        (Südbairisch, Kärnten – nach Berndt 1912, 3)

(3)   *D'Buama håm eana gwaschn.*

        ‚Die Buben haben sich [wörtl.: ihnen] gewaschen.'

        (Bairisch – nach Plank 2008, 351)

Andererseits werden teilweise zusätzliche Reflexiva in der 3. Sg. Dat. verwendet (s. u. zu thüringischen Dialekten). Daneben ist dialektal z. T. auch eine weitreichendere Verwendung des Reflexivums *sich* als im Standard zu beobachten, indem *sich* auch für die 1. und seltener 2. Pl. verwendet wird.[12] Die Verwendung des Reflexivums *sich* für die 1. Pl. wie in den Belegen (4) aus dem Hessischen und (5) aus dem Bairischen ist in allen dialektalen Großräumen unterschiedlich stark verbreitet und stellt das häufigste zusätzliche Reflexivum dar, wobei in der Literatur uneinheitliche Angaben zur Verbreitung gemacht werden: Laut Berndt (1912, 10–12) ist dies v. a. im mitteldeutschen und ostfränkischen Gebiet sowie weiteren Regionen, u. a. Teilen des bairischen Raums belegt. Schirmunski (2010, 516) erwähnt west-

---

11 Sprachhistorisch trat dieses ursprünglich nur im Akkusativ auf, wohingegen im Dativ entsprechende Formen der Personalpronomen reflexivisch verwendet wurden. Im Frühneuhochdeutschen wurde *sich* dann auch auf den Dativ ausgeweitet, wobei sich Einzelbelege für dativisches *sich* nach Präpositionen bereits im Alt- und Mittelhochdeutschen finden.

12 Wie es zur Verwendung von *sich* in der 1. Pl. gekommen ist, ist nach wie vor umstritten. Neben der Archaismus-These, gemäß der die Form auf die alte Akkusativform des Personalpronomens der 1. Pl. *unsih* zurückzuführen ist (Behaghel 1923, 305), ist auch phonologische Assimilation und Zusammenfall der Pronomen 3. Sg. *man* und 1. Pl. *wir* in den hochdeutschen Dialekten (Schirmunski 2010, 517) und dadurch Übertragung des *sich* von 3. Sg. auch auf 1. Pl., Übertragung des *sich* von der 3. Pl. auf die 1. Pl. bei übereinstimmender Verbalform der beiden Personen (Berndt 1912, 8) und Sprachkontakt in Form einer Entlehnung aus dem Tschechischen ins Bairische (Steinhauser 1978) vorgeschlagen worden. Eine neuere These sieht die *sich*-Varianten als phonologische und syntaktische Klitika bzw. defiziente Formen, die etwa im (mittel-)bairischen Raum als zusätzliche Reflexiva neben der Vollform *uns* existieren (Stangel 2015), wobei die Beförderung der Argumentreduktion des Verbs und der potenziell reziproke Ausdruck mögliche Gründe für die Existenz dieser zusätzlichen Reflexiva darstellen (Marinica 2020).

mitteldeutsche Dialekte sowie Gebiete im Ostmitteldeutschen (Leipzig, Ruhla) und Ostfränkischen (Nürnberg), während Stangel (2015, 105) das Phänomen v. a. für die mittelbairischen Varietäten Österreichs beschreibt. Innerhalb Hessens konnten im SyHD-Projekt nicht nur Vorkommen im Zentralhessischen, sondern auch in südlichen niederdeutschen Dialekten nachgewiesen werden (Fleischer 2016), vgl. Karte 5. Für gewisse nordniederdeutsche und niederpreußische Gebiete ist die Ausdehnung des Reflexivums *sich* auch auf die 2. Pl. beschrieben (vgl. Schleswig-Holsteinisches Wörterbuch IV, 492; Jørgensen 1928, 17; Goltz / Schröder 1997, 116), die in (6) illustriert ist.

(4)   *Eich soi de Erwin. Mer duze sich häi.*

,Ich bin der Erwin. Wir duzen uns [wörtl.: sich] hier.'

(Hessisch, Allendorf a. d. Lahn – nach Fleischer 2016)

(5)   *I hob um aans Zeit, treff'ma si am Prodastean.*

,Ich hab um eins Zeit. Treffen wir uns [wörtl.: sich] am Praterstern.'

(Mittelbairisch, Wien – nach Marinica 2020)

(6)   *Moakt sech nich dreckig un paßt op, dat ju sech nich dat Kleed terriete!*

,Macht euch [wörtl.: sich] nicht dreckig und passt auf, dass ihr euch [wörtl.: sich] nicht das Kleid zerreißt!'

(Niederpreußisch – nach Goltz / Schröder 1997, 116)

In thüringischen Dialekten wird laut Vetter (1937, 21) und Spangenberg (1993, 251) in der 3. Sg. / Pl. Dat. / Akk. in der Regel wie im Standarddeutschen *sich* verwendet (wobei als phonologische Varianten sowohl Dehnungen wie *sīχ, sęiχ* als auch Reduktionsformen wie *sχ, sš* vorkommen). In manchen Gebieten des thüringischen Sprachraums ist *sich* dagegen zusätzlich auch für die 1. Pl. beschrieben, etwa fürs Hennebergische oder, wie oben erwähnt, für das Gebiet um Ruhla, vgl. (7) und (8).

(7)   *Mi hon siχ gəęrd.*

,Wir haben uns [wörtl.: sich] geirrt.'

(Hennebergisch und um Ruhla – nach Spieß 1873, 49)

(8)   *mə frööən siχ*

,Wir freuen uns [wörtl.: sich].'

(Hennebergisch: Unterschönau, Kreis Schmalkalden – nach Spangenberg 1993, 251)

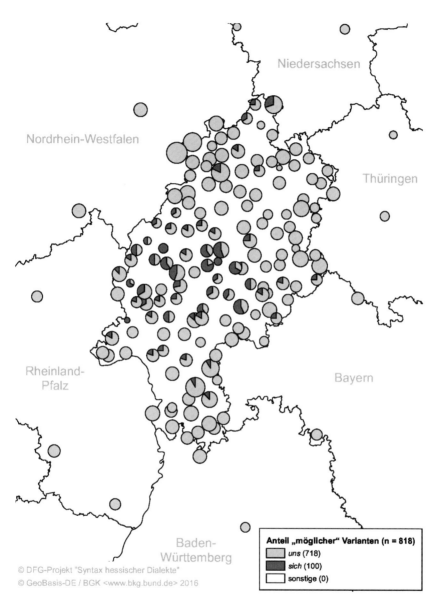

Karte 5: Reflexivpronomen der 1. Pl. in hessischen Dialekten (Fleischer 2016)

Die DSA-Karte 36 verzeichnet zudem die besondere Reflexivform *sir* bzw. *sīr* für die 3. Sg. Dat. im östlichen Zentralthüringischen und mittleren Ilmthüringischen.[13] Obgleich aufgrund entsprechender Formen u. a. im Gothischen eine germanische Form **siz* für die 3. Sg. Dat. des Reflexivums rekonstruiert werden kann, das entsprechend ein **sir* im Deutschen erwarten ließe, fehlt dieses in den frühen Sprachstufen des Deutschen, in denen im Dativ in der Regel statt des Reflexivums die entsprechenden Formen des Personalpronomens reflexivisch verwendet wurden (Braune / Heidermanns 2018, 332; Paul 2007, 215), bis sich im Frühneuhochdeutschen auch für den Dat. der 3. Person die Form *sich* weitgehend durchsetzte (Ebert et al. 1993, 215). Es dürfte sich entsprechend bei der 3. Sg. Dat. *sir* bzw. *sīr* im Thüringischen nicht um Fortsetzungen historischer Formen handeln, sondern eher um Neubildungen in Analogie zu den Formen der 1. und 2. Sg. (*mich : mir = dich : dir = sich : sir*).

Im Rahmen der morphosyntaktischen Nachauswertung wurde Fragebogen 10 (1934), Satz 37 ‚Deine Schwester hielt sich die Hände vor die Augen‘ untersucht, der ein Reflexivum der 3. Sg. Dat. enthält. Die in den ausgewerteten Bögen enthaltenen Varianten beschränken sich auf *sich* in verschiedenen phonologischen Varianten, vgl. (9a), einschließlich verkürzter klitischer Formen, vgl. (9b). Gelegentlich bildeten die Gewährspersonen auch eine Konstruktion ohne Reflexivum wie in (9c). Weder die ggf. in den oberdeutschen Dialektgebieten Thüringens erwartbare reflexive Verwendung des Personalpronomens *ihr* statt des Reflexivums *sich* im Dativ noch die für das östliche Zentralthüringische und mittlere Ilmthüringische beschriebene besondere Dativform des Reflexivums *sir* / *sīr* ist in den untersuchten ThWB-Bögen nachweisbar. Karte 6 enthält entsprechend flächendeckend nur Varianten von *sich* (rot unterschieden klitische Formen).

(9)   a. *Dinne Schwasdr hul <u>sech</u> de Henge fers Gesecht.*

              (Gierstädt, [Gie_Erf])

           b. *Deine Schwaster hiels<u>'ch</u> de Henge vor de Ochen.*

              (Nöbdenitz [Nöb])

           c. *Dinne Schwastr hil de Hänge fär de Ochn.*

              (Ballstedt [Bal_Weim])

           ‚Deine Schwester hielt sich die Hände vor die Augen.‘

---

13 Auch in anderen Dialekten finden sich teils verschiedene Formen für Dat. vs. Akk. der 3. Sg., etwa im Süden des Sauerlands die Differenzierung zwischen *si* (Dat.) vs. *sick* (Akk.), vgl. WWB (4, 1402) (für diesen Hinweis danke ich einem der Gutachter).

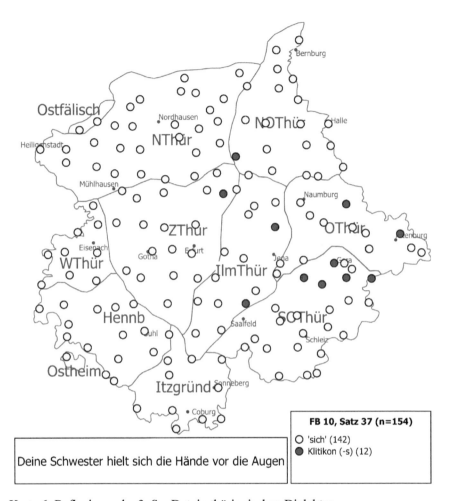

Karte 6: Reflexivum der 3. Sg. Dat. in thüringischen Dialekten

Aufschlussreich wäre es, weitere Sätze mit Reflexivkonstruktionen aus den ThWB-Fragebögen auszuwerten. Die Bögen enthalten allerdings neben der 3. Sg. Dat. ausschließlich Konstruktionen mit reflexivem Bezug auf die 3. Sg. / Pl. Akk. bzw. 2. Sg. Akk. (,sie verkleidet sich', ,sie freuen sich', ,Beeil dich!'). Hier sind letztlich nur die dem Standard entsprechenden Varianten *sich* bzw. *dich* zu erwarten. Der im Vergleich dazu möglicherweise ergiebigere Fall mit reflexivem Bezug auf die 1. Pl., für den in der Literatur zum Thüringischen gebietsweise die Verwendung von *sich* statt *uns* beschrieben ist, die auch in der SyHD-Erhebung noch in rezenten hessischen Dialekten nachweisbar war, ist leider in den Fragebögen nicht enthalten. Auch hierfür wäre also eine Neuerhebung erforderlich.

3.3. *ge*-präfigierte Infinitive

Eine weitere morphosyntaktische Besonderheit mancher Dialekte des Deutschen, so auch einiger thüringischer Dialekte, ist das Vorkommen *ge*-präfigierter Infinitive in bestimmten syntaktischen Kontexten, das entsprechende sprachhistorische Muster fortsetzt. Das Präfix *ge*- (ahd. *gi-* / *ga-*) diente ursprünglich zur aspektuellen Markierung von Verben, d. h. zum Ausdruck perfektivischen Aspekts bzw. telischer Aktionsart, also der Bezeichnung eines Ereignisses mit einer internen Zeitstruktur, die einen inhärenten Grenz- bzw. Endpunkt aufweist.[14] Entsprechend wurde das Präfix bereits früh regelmäßig bei Partizipia II verwendet, die einen durch ein abgeschlossenes Ereignis hervorgerufenen Zustand („perfect state') bezeichnen. Bei Partizipia II von ohnehin perfektiven / telischen Verben war das *ge*-Präfix entsprechend semantisch überflüssig und wurde daher üblicherweise nicht verwendet, vgl. Partizipia II wie *kommen, bracht, funden* etc. (Braune / Heidermanns 2018, 374; Paul 2007, 247; Klein et al. 2009ff. II.2, 739f.; Ebert et al. 1993, 238), was sich dialektal ebenfalls teils bis heute erhalten hat (Schirmunski 2010, 583).[15]

Zur Markierung perfektivischer / telischer Lesart kam das *ge*-Präfix im historischen Deutschen jedoch nicht nur bei Partizipia II, sondern auch bei anderen Verbformen wie finiten Verbformen im Präsens oder Präteritum oder bei Infinitiven vor (Paul 2007, 289f.). Insbesondere Infinitive in Modalverbkonstruktionen weisen häufig das *ge*-Präfix auf, z. B. im Mittelhochdeutschen Infinitive in Kombination mit *mugen*, vgl. (10), z. T. auch *wellen, soln, durfen, muoȝen* und *kunnen* (Klein et al. 2009ff., III, 481ff.). Auch hier dürfte das Auftreten des *ge*-Präfixes ursprünglich semantisch gesteuert sein, da in der Regel eine perfektive / telische Lesart intendiert ist (z. B. bei *mugen* + Infinitiv: in der Lage sein, etwas vollständig bis zum Ende auszuführen).

(10)   *wande siu niemmin ne **mahte** getuon.*

---

14 Aspekt und Aktionsart bezeichnen zwei verschiedene sprachliche Ausprägungen von Aspektualität, wobei Aspekt dem englischen Terminus ‚grammatical aspect' und Aktionsart dem Terminus ‚lexical aspect' entspricht. In der Forschung bestehen unterschiedliche Auffassungen darüber, ob in den altgermanischen Sprachen einschließlich des Althochdeutschen in der Verwendung dieses Präfixes Reste eines Aspektsystems vergleichbar dem in heutigen slavischen Sprachen greifbar sind oder ob es sich vielmehr um Aktionsarten handelt, wie sie auch im heutigen Deutschen u.a. durch Präfixe markiert werden können (vgl. atelisch: *spielen* – telisch: *verspielen*), teilweise werden beide Kategorien jedoch auch nicht klar terminologisch unterschieden (für eine Analyse als Aspektmarker vgl. u. a. Streitberg 1891, hier allerdings terminologisch entgegen dem heute Üblichen als „perfective und imperfective Actionsart" gefasst, Leiss 1992, Schrodt 2004, 106–109, dagegen Schrodt 2004, 125–127 als Aktionsartmarker; auch Wischer / Habermann 2004 sehen das Präfix als „Ausdruck von Aspekt / Aktionsart" an, betonen fürs Deutsche aber auch eher die Funktion als Aspektmarker im Unterschied zu anderen, stärker aktionsartmarkierenden Präfixen).

15 Neben Erhalt des präfixlosen Partizipis II liegt hierbei teils jedoch auch Assimilation des bereits durch Schwa-Synkope zu bloßem *g*- reduzierten Präfix bei mit Plosiv (insbesondere *g* / *k*) anlautenden Verben vor, vgl. Bairisch: *Host ma du pfiffa?* ‚Hast du nach mir gepfiffen?'.

‚weil sie [= seine zahlreichen Zeichen/Wunder] niemand tun konnte'
(St. Trudperter Hohelied, 1. Hälfte 13. Jh.)

Seit dem späten 16. Jahrhundert wurde das *ge*-Präfix bei Verben zunehmend als Partizip-II-Marker grammatikalisiert und damit auch bei Partizipia II perfektiver / telischer Verben obligatorisch – ein Prozess, der sich etwa bei *kommen* bis ins 18. Jahrhundert hinzog. Parallel kam das *ge*-Präfix an anderen Verbformen wie finiten Verben und Infinitiven außer Gebrauch.

Dialektal haben sich *ge*-präfigierte Infinitive in Abhängigkeit von Modalverben wie *können*, seltener auch *mögen*, jedoch teilweise erhalten, u.a. in einem mitteldeutschen Areal in thüringischen und – wie in Beleg (11) illustriert – hessischen Dialekten (Luks / Schwalm 2016; Birkenes / Fleischer 2019) sowie in angrenzenden ostfränkischen Dialekten (Wolf 1998, 338; SUF III, Karte 129; König et al. 2007, 60, Karte 24), zudem in alemannischen (u. a. Hodler 1915, 46 zum Berndeutschen, Schweizerisches Idiotikon IV, 107 zum Zürichdeutschen), zumindest bis ins 19. Jh. teils auch in bairischen (Schmeller 1821, 382f.; Schmeller 1872–1877, I, 1576) und vereinzelt in niederdeutschen Dialekten (Niedersachsen, Maik Lehmberg p. c.).[16]

(11)   *Bos hon ich fröher* **konnt** geschwemm! *Be en Fesch!*

         ‚Was habe ich früher schwimmen können! Wie ein Fisch!'

         (Hessisch: Kämmerzell / Fulda – nach Luks / Schwalm 2016)

Für das Thüringische ist beschrieben, dass *ge*-präfigierte Infinitive in Modalverbkonstruktionen mit *können*, z. T. mit *mögen* und vereinzelt mit *dürfen* im Nordthüringischen, Westthüringischen, Zentralthüringischen, Hennebergischen und Itzgründischen auftreten (Spangenberg 1993, 264; vgl. auch Weise 1900, 106; Sperschneider 1959). Die im ThDA (1961, 39f. und Karte 6) enthaltene, ebenfalls auf der Grundlage der ThWB-Fragebögen (Fragebogen 7, Satz 24 ‚Meine Schwiegertochter kann noch keine Strümpfe stopfen.') erstellte Karte, vgl. Karte 7, zeigt eine im Wesentlichen mit der Diphthongierungsgrenze übereinstimmende Nord-Süd-verlaufende Isoglosse, die den thüringischen Sprachraum in ein westliches Areal mit und ein östliches Areal ohne *ge*-Präfigierung des vom Modalverb *können* abhängigen Infinitivs teilt, wobei die Grenze laut Kartenkommentar westwärts zurückgedrängt wird (vgl. auch Spangenberg 1993, 264).[17]

---

16 Daneben hat sich ausgehend von der ursprünglichen, Aspektualität markierenden Funktion des *ge*-Präfixes in einigen schweizerdeutschen Dialekten die von Modalverben unabhängige Verwendung präfigierter Formen aller Tempora und Modi zum Ausdruck der „Fähigkeit zur Handlung" (Schirmunski 2010, 584) ausgebildet (z. B. *er maxxet* ‚er macht' – *er kmaxxet* ‚er vermag zu machen').

17 Für ein Teilgebiet im Süden des thüringischen Sprachraums (südöstlicher Thüringer Wald) hat Sperschneider (1959) die Verwendung *ge*-präfigierter Infinitive in Kombination mit ‚können' im Satz ‚Ich kann dir nicht helfen' sowie mit nicht initial betonten Verben auf -*ieren* (‚rasieren', ‚passieren') untersucht, die im Standarddeutschen selbst in der Partizip-II-Form kein *ge*-Präfix aufwei-

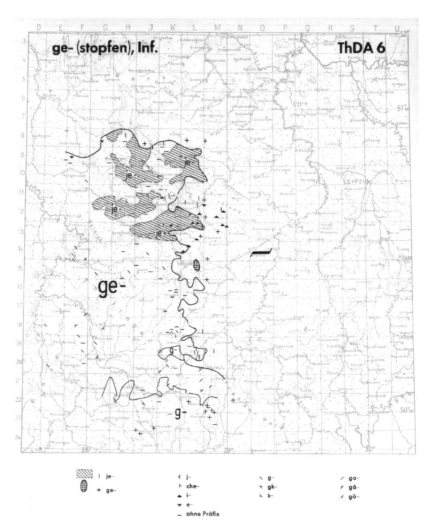

Karte 7: *Ge*-präfigierter vs. *ge*-loser Infinitiv in Abhängigkeit von *können* in thüringischen Dialekten (ThDA, Karte 6)

Im Rahmen der morphosyntaktischen Nachauswertung der ThWB-Fragebögen haben wir Fragebogen 55 (1960), Satz 40, ‚Kannst du mir in die Erbsen ein Stück
Wurst hinein schneiden?', ausgewertet, der ebenfalls einen vom Modalverb *können*
abhängigen Infinitiv enthält. Die Gewährspersonen wählten in ihrer Übersetzung

---

sen, im Dialekt jedoch in einem Subareal um Sonneberg / Lauscha / Schwarzbach in Abhängigkeit
von ‚können' auch mit *ge*-präfigiertem Infinitiv auftreten.

dieses Satzes teils dem Standard entsprechend einen Infinitiv ohne *ge*-Präfix wie in (12a), teils einen *ge*-präfigierten Infinitiv wie in (12b) und nur gelegentlich auch ganz andere Konstruktionen (z. B. Imperativ statt Modalverbkonstruktion, entsprechend kein Infinitiv) wie in (12c).

(12)   a. **kannst** *dû mr in de erbsen ä schdigge wôrschd nein* <u>*schnaide*</u>
                  (Drößnitz [Drö_Jena])

             b. **Kannste** *mech in de Arbsen e Steck Worscht nîn* <u>*geschnît.*</u>
                  (Aschara [Asch_LSalz])

             c. *schnibble mah in die absen noch ä schdike worscht nei*
                  (Zeitz [Zeitz])

             ‚Kannst du mir in die Erbsen ein Stück Wurst hinein schneiden?'

Die Karte (Karte 8) bestätigt den Ost-West-Kontrast innerhalb der thüringischen Dialekte mit einem westlichen *ge*-Präfigierungsareal, das das Itzgründische, Hennebergische, Westthüringische sowie große Teile des Nordthüringischen und Zentralthüringischen umfasst und dessen Grenzlinie westlich von Erfurt verläuft. Insgesamt überwiegt im ausgewerteten Sample die Verwendung *ge*-loser Infinitive (56,7 %, n=85) nur leicht gegenüber der *ge*-präfigierter Infinitive (43,3 %, n=65).

Auch weitere Modalverbkonstruktionen sowie Konstruktionen mit anderen Infinitiv selegierenden Verben sind in den Fragebögen enthalten. In die Nachauswertung wurden zusätzlich Sätze mit den Modalverben *wollen* (Fragebogen 55, Satz 41 ‚Er wollte einen Nagel in die Wand schlagen'), *müssen* (Fragebogen 55, Satz 30 ‚Den Löwenzahn hinter euerm Zaun müsst ihr absicheln') und *sollen* (Fragebogen 10, Satz 39 ‚Wenn ich du wäre, mich sollte sie nicht noch einmal Brummochse heißen') sowie den ebenfalls Infinitive selegierenden Verben *helfen* (Fragebogen 10, Satz 40 ‚Hilf mir doch meine Brille suchen') und *brauchen* (Fragebogen 10, Satz 43 ‚Du brauchst dich nicht vor ihnen zu fürchten') einbezogen. Hier zeigt sich ein recht einheitliches und von der Modalverbkonstruktion mit *können* deutlich verschiedenes Bild mit (bis auf Einzelnennungen im Hennebergischen bzw. Itzgründischen) praktisch ausschließlicher Verwendung *ge*-loser Infinitive (in den genannten Sätzen jeweils 99–100 %). Dies illustriert exemplarisch Karte 9 für die Modalverbkonstruktion mit *wollen*.

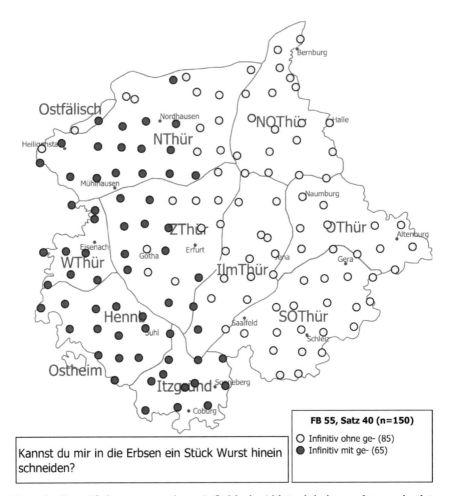

Karte 8: *Ge*-präfigierter vs. *ge*-loser Infinitiv in Abhängigkeit von *können* in thüringischen Dialekten

Die Nachauswertung kann also bestätigen, dass *ge*-präfigierte Infinitive in Abhängigkeit von *wollen, müssen, sollen, helfen* und *brauchen* ganz im Gegensatz zu Kontexten mit *können* unüblich sind. Die laut Literatur neben *können* für die Lizenzierung *ge*-präfigierter Infinitive teilweise ebenfalls einschlägigen Modalverben *mögen* und *dürfen* sind in den ThWB-Fragebögen leider nicht berücksichtigt. Hier würden sich Neuerhebungen lohnen, die zum einen diese Verben mit berücksichtigen und zum anderen der Frage nachgehen, ob und in welchem Ausmaß sich die vor Jahrzehnten bereits beschriebene Zurückdrängung des *ge*-Präfigierungsareals bei von *können* abhängigen Infinitiven Richtung Westen in aktuellen Daten nachweisen lässt.

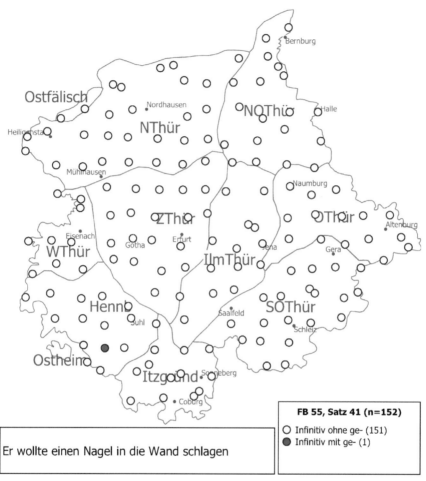

Karte 9: *Ge*-präfigierter vs. *ge*-loser Infinitiv in Abhängigkeit von *wollen* in thüringischen Dialekten

3.4. Kurzverb ‚haben'

Kurzverben, d. h. Verben mit einsilbigem Infinitiv[18] und zumeist auch einsilbigen finiten Formen, v. a. im Präsens, sowie einsilbigem Partizip II finden sich in verschiedenen deutschen und anderen germanisch-sprachigen Dialekten (vgl. Nübling

---

18 Das Merkmal des einsilbigen Infinitivs ist für thüringische Dialekte nur bedingt anwendbar, da hier verbreitet *-en*-lose und dadurch in der Regel ohnehin einsilbige Infinitive auftreten.

1995, 130). Sie entstammen zwei sprachhistorischen Quellen: Zum einen gehen sie zurück auf Wurzelverben (athematische Verben / *mi*-Verben), bei denen bereits seit dem Indogermanischen das Flexiv ohne Stammbildungselement direkt an die Wurzel trat und die daher von alters her besonders kurz sind. Zu diesen Verben gehören ahd. / mhd. *sīn* 'sein', *tuon* 'tun', *gān / gēn* 'gehen' und *stān / stēn* 'stehen'. Zum anderen gehen sie auf sogenannte kontrahierte Verben zurück, bei denen erst später durch Elision von intervokalischem *b, d, g*, z. T. auch *h* und *s* (ggf. mit kompensatorischer Dehnung des Wurzelvokals) kurze Formen entstanden, so dass sich etwa in mittelhochdeutscher Zeit ein Nebeneinander von Lang- und Kurzformen wie *er gibet – er gīt, er liget – er līt, vāhen – vān* 'fangen', *lāzen – lān* 'lassen', *haben – hān* 'haben' etc. ergibt (vgl. Paul 2007, 280–284). Das für die Wurzelverben typische, auf idg. **-mi* (s. o. Bezeichnung *mi*-Verben) zurückgehende besondere Flexiv der 1. Sg. Präs. Ind. *-n*, im heutigen Standarddeutschen nur erhalten bei *ich bin*, ist von den kontrahierten Verben analogisch übernommen worden, so dass sich Formen wie mhd. *ich hān* 'ich habe' ergeben. Typisch für Kurzverben ist zudem, dass es sich um Verben mit hoher Gebrauchsfrequenz handelt, wodurch die entsprechenden lautlichen Besonderheiten zustandegekommen sind bzw. sich erhalten konnten.

	Präsens		Präteritum	
	Indikativ	Konjunktiv	Indikativ	Konjunktiv
1. Sg.	*hān (habe)*	*habe (hā)*	*hāte / hete / hatte / habete*	*hæte / het(t)e / habete*
2. Sg.	*hāst (habest)*	*habest (hāst)*	*hātest* etc.	*hætest* etc.
3. Sg.	*hāt (habet)*	*habe (hā)*	*hāte* etc.	*hæte* etc.
1. Pl.	*hān (haben)*	*haben (hān)*	*hāten* etc.	*hæten* etc.
2. Pl.	*hāt (habet)*	*habet (hāt)*	*hātet* etc.	*hætet* etc.
3. Pl.	*hānt (habent)*	*haben (hān)*	*hāten* etc.	*hæten* etc.

Tab. 1: Konkurrenz von kontrahierten und nicht-kontrahierten Formen des Verbs *haben* im Mittelhochdeutschen (nach Paul 2007, 283f.; Klein et al. 2009ff., II.2, 950–963)

Beim Verb *haben* beispielsweise zeigt sich zu mittelhochdeutscher Zeit im Paradigma eine Konkurrenz der regulären Langformen und der Kurzverbformen, vgl. Tab. 1, wobei insgesamt die Kurzformen überwiegen (Klein et al. 2009ff. II.2, 950). Dabei ist die Wahl der jeweiligen Form im Mittelhochdeutschen morphosyntaktisch konditioniert. Zum einen spielen die morphologischen Merkmale der Verbform eine Rolle. Kurzverbformen finden sich laut Paul (2007, 280f.) v. a. im Infinitiv, Präsens Indikativ und Partizip I, wohingegen im Präsens Konjunktiv und gesamten Präteritum die unkontrahierten Langformen präferiert werden. Gemäß der korpusbasierten Darstellung in Klein et al. (2009ff. II.2, 950f.) sind jedoch Kontraktionsformen bei *haben* häufiger im Präteritum als im Präsens und im Präsens wiederum häufiger im Singular als im Plural belegt, wohingegen bspw. Konjunktiv Präsens oder Partizip II überwiegend als Langform auftreten (Klein et al. 2009ff. II.2, 957f.). Dies deckt sich im Wesentlichen mit der bei Becker / Schallert (2021, 226f.) auf Grundlage von Urkunden des 13. Jahrhunderts ermittelten implikationellen Hierarchie mit von links nach rechts zunehmender Neigung zu Kurzverbformen bei *haben*: Inf. > 1. Pl. Präs > 3. Pl. Präs > 1. Sg. Präs > 3. Sg. Präs > Prät, d. h. in der 3. und 1. Pl. Präs. treten beispielsweise weniger Kurzverbformen auf als in der 1. Sg. Präs. (die Unterschiede zwischen Konjunktiv und Indikativ sind hier ebenso wie das Partizip II nicht berücksichtigt).

Zum anderen spielt laut Paul (2007, 283) der morphosyntaktische Status des Verbs eine Rolle: *haben* zeige unkontrahierte Langformen v. a. in der Verwendung als Vollverb, Kurzverbformen dagegen eher in der Verwendung als Auxiliar, so dass sich hier die weiter fortgeschrittene Grammatikalisierung und dadurch erhöhte Frequenz in einer kürzeren Form widerspiegeln würde. Dies ist jedoch in der Forschung durchaus umstritten. So findet de Boor (1976) in oberdeutschen Urkunden des 13. Jahrhunderts keinen Unterschied zwischen Vollverb- und Auxiliarverwendung von *haben* hinsichtlich Lang- oder Kurzformen, vgl. auch Becker / Schallert (2021, 232). Auch nach Klein et al. (2009ff. II.2, 951f.) besteht im Präsens kein Unterschied hinsichtlich Vollverb- und Auxiliarverwendung (allenfalls im Präteritum, in dem aber ohnehin kaum Langformen auftreten).

In der neuhochdeutschen Standardsprache sind die Kurzverbformen fast vollständig den üblichen Formen der schwachen / starken Verbflexion angeglichen (z. B. *ich gehe* statt *ich gēn / gān*) bzw. weitgehend nur die Langformen der kontrahierten Verben erhalten (z. B. *ich habe*, *wir haben* statt *ich / wir hān*, aber: *du hast*, *er hat*). In bestimmten Dialekten und anderen germanischen Sprachen finden sich jedoch weiterhin vielfach Kurzverbformen, z. B. Alem. *hā* 'haben', *chō* 'kommen', *lō* 'lassen' etc., vgl. Nübling (1995, 128), die aus ihrer vergleichenden Untersuchung verschiedener deutscher Dialekte und germanischer Sprachen schlussfolgert, dass „der Süden (Alemannisch) und der Norden (Schwedisch, Norwegisch) reich an Kurzverben" sind. Sie beschreibt Kurzverben zudem fürs Westfriesische, Niederländische, Luxemburgische, z. T. Isländische und Färöische, wobei sie für insgesamt 15 Verblemmata Kurzverbformen erwähnt. Über die bei Nübling (1995) genannten Dialekte hinaus kommen Kurzverbformen in etlichen weiteren deutschen Dialekten (vgl. Schirmunski 2010, 624–640 zu verschiedenen Wurzelverben und kontrahierten Verben, 632f. speziell zu *haben*) und damit nicht nur am Süd- und Nordrand des germanischen Sprachraums vor, sondern beispielsweise auch in mitteldeutschen Dialekten, etwa im Westmitteldeutschen u. a. im Ripuarischen (vgl. auch Kölsches Wörterbuch), Moselfränkischen, Pfälzischen, Hessischen oder im Ostmitteldeutschen: in obersächsischen und auch in thüringischen Dialekten.

Für *haben* beschreibt Spangenberg (1993, 190, 263) das verbreitete Auftreten von auf mhd. *hān* zurückgehendem *hån, hon, hun* in der 1. Sg. Präs. im südlichen Nordthüringischen, Westthüringischen, Zentralthüringischen und nördlichen Hennebergischen. Auch in der 1. und 3. Pl. Präs. ist mit Ausnahme von Teilen des

Südostthüringischen und Itzgründischen laut ThWB (s. v. *haben*) weithin *hån, hon, hun* in Gebrauch. In verschiedenen der für die Erarbeitung des ThWB durchgeführten Fragebogenerhebungen sind auch Sätze mit entsprechenden finiten Formen von *haben* enthalten, die sich für die Nachauswertung dieses Phänomens eignen. In Fragebogen 55 (1960), Satz 39 tritt *haben* als Vollverb in der 1. Sg. Präs. auf: ‚Ich habe zwei Brüder.' Neben nicht-kontrahierten Formen mit *b* oder auf *b* zurückgehendem Laut wie einem labialen Approximanten, vgl. (13a) und (13b), finden sich in den Bögen auch auf mhd. *hān* zurückgehende Kurzverbformen wie in (13c) sowie Formen ohne wurzelschließenden Konsonanten wie *ha, hou* etc., vgl. (13d). Gegebenenfalls können auch die letztgenannten Varianten als auf mhd. *hān* zurückgehende Kurzverbformen angesehen werden (vgl. für die genannten thüringischen Formen Spangenberg 1993, 264; Schirmunski 2010, 632 für *hā, hō, hū, hao* in anderen deutschen Dialekten).

(13)   a. *ech hob zwē brīder*

             (Brahmenau [Bra_Gera])

          b. *ekk häwwe twa breujere*

             (Neuendorf [Ndf_Worb])

          c. *Ech hann zwee Gebrēder.*

             (Aschara [Asch_LSalz])

          d. *Ich ho zwä Brider.*

             (Siegmundsburg [Sie_Neuhs])

          ‚Ich habe zwei Brüder.'

Die Kartendarstellung (Karte 10) zeigt einen Ost-West-Kontrast innerhalb der thüringischen Dialekte mit Überwiegen der unkontrahierten Formen im Osten (Nordostthüringischen, Ostthüringischen, Ilmthüringischen, Südostthüringischen) und kontrahierten Formen im Westen, wobei die klar mhd. *hān* entsprechenden, auf *-n* auslautenden Formen im Zentralthüriningischen, Westthüringischen sowie Teilen des Hennebergischen und Itzgründischen überwiegen, während die ggf. ebenso auf *hān* zurückgehenden Formen wie *ha* und *hou* ebenfalls v. a. in der Westhälfte auftreten, hier aber besonders im Nordthüringischen (und südlichen Hennebergischen). Zählt man auch diese in Karte 10 unter „Sonstiges" angegebenen Formen zu den dialektalen Fortsetzern von *hān*, so überwiegen die Kurzverbformen insgesamt deutlich mit 68,6 % (n=105), auf *-n* auslautende Formen sind dagegen mit 23,5 % (n=36) etwas seltener als unkontrahiertem *habe* entsprechende Formen (31,4 %, n=48).

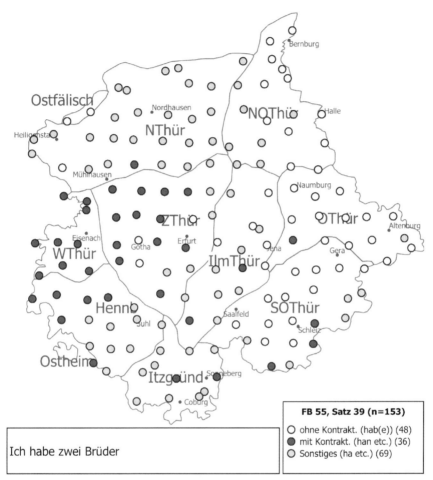

Karte 10: Kontrahierte vs. unkontrahierte Formen von Vollverb *haben* 1. Sg. Präs.
in thüringischen Dialekten

Fragebogen 7 (1929/1930), Satz 21, ‚Ich habe heute Nacht einen bösen Traum
gehabt' eignet sich, um bei gleicher Person-Numerus-Kombination den Faktor
des morphosyntaktischen Status von *haben* als Vollverb vs. Auxiliar zu beleuchten. Auch für diesen Satz sind in den Bögen die bereits oben genannten Varianten
enthalten, vgl. (14 a–d). (Einige Gewährspersonen verwendeten dagegen andere,
nicht einschlägige Konstruktionen wie Plusquamperfekt oder Präteritum von *haben* oder eine unpersönliche Konstruktion, z. B. *'shod mich schlachd geträmt* (Ex-
dorf [Exd].)

(14)   a. *Ich hobb heite nacht enn beesen Traam gehoot.*
(Oberloquitz [OLo])

b. *Eck hawe hite Nach en bäsen drom hat.*
(Böseckendorf [Bös_Worb])

c. *Ich han hitte Nacht en biesen Trom gehat.*
(Dosdorf [Dos])

d. *Ech ha heide Nocht e biesen Trôm gehot.*
(Lengefeld [Lef])

‚Ich habe heute Nacht einen bösen Traum gehabt.'

Die Nachauswertung, vgl. Karte 11, erbringt ein mit den oben für Fragebogen 55, Satz 39, erzielten Werten in etwa vergleichbares Ergebnis. Für das Auxiliar *haben* in der 1. Sg. Präs. sind 33,1 % (n=50) nicht-kontrahierte, *habe* entsprechende Formen belegt gegenüber 19,2 % (n=29) kontrahierten, auf *-n* auslautenden Formen. Zählt man zu diesen die Formen ohne wurzelschließenden Konsonanten wie *ha* etc. als potenziell ebenfalls auf mhd. *hān* zurückgehend hinzu, liegt der Anteil der Kurzverbformen bei 66,9 % (n=101). Kontrahierte Formen sind mithin in Auxiliarverwendung sogar etwas seltener als in Vollverbfunktion, unkontrahierte Formen mit *b* oder darauf zurückgehendem Konsonanten etwas häufiger, wobei die Differenzen insgesamt sehr gering ausfallen. Auch das Raumbild ist ähnlich: Kontraktionsformen auf *-n* finden sich vor allem im Zentral- und Westthüringischen sowie nördlichen Hennebergischen (bei Vollverbverwendung auch mehrfach im Itzgründischen, Ilm- und Südostthüringischen und damit insgesamt in einem etwas größeren Areal), Formen wie *ha, hou* etc. sind verbreitet in der Westhälfte belegt (einschließlich Ilmthüringisch, Nordthüringisch und Itzgründisch), während nicht-kontrahierte Formen mit *b* oder darauf zurückgehendem Konsonanten in der Osthälfte des Thüringischen Sprachraums überwiegen. Die Nachauswertung zeigt damit keinen klaren Unterschied in der Häufigkeit und Verteilung von Kurzverbformen zwischen Vollverb- und Auxiliarverwendung von *haben* (allenfalls sogar im Gegenteil zum Erwarteten eine minimal größere Häufigkeit und größeres Verbreitungsgebiet bei Vollverb- als bei Auxiliarfunktion).

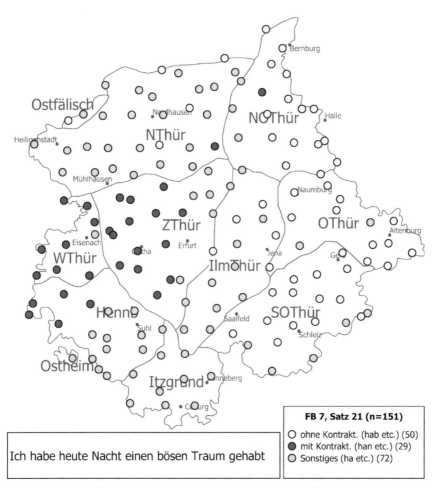

Karte 11: Kontrahierte vs. unkontrahierte Formen von Auxiliar *haben* 1. Sg. Präs.
in thüringischen Dialekten

Wie sieht es mit dem in der Literatur diskutierten Faktor der morphologischen
Merkmale aus? Auch dies lässt sich anhand der ThWB-Bögen näher untersuchen,
und zwar im Vergleich des gerade diskutierten Satzes (Fragebogen 7, Satz 21) mit
Fragebogen 55 (1960), Satz 32 ‚Auf dem Schmied seinem Felde haben die Kinder
eine tote Krähe gefunden.' Hier liegt wiederum Auxiliarverwendung von *haben*
vor, aber mit anderen Person-Numerus-Merkmalen, nämlich 3. Pl. Präs. Auch hier
enthalten die nachausgewerteten Fragebögen sowohl nicht-kontrahiertem *haben*
entsprechende Formen mit *b* oder darauf zurückgehendem Laut, z. B. labialem
Nasal *m*, vgl. (15a) und (15b), als auch auf die mhd. Kurzverbform *hān(t)* zurück-

gehendes *han* etc. wie in (15c). Daneben sind in den Fragebögen ganz vereinzelt weitere Formen wie *hätt* etc. enthalten, vgl. (15d).

(15) a. *Uffn schmied sein fäld <u>håben</u> de kinnär en fregdn Kråk gefunnä.*
      (Hellingen [Hell])

  b. *offn schmied sie Fäld <u>ham</u> die Kenner en dūde Krāk gefunne*
     (Rippershausen [Rip_Mein])

  c. *uffn schmädd sin falle <u>han</u> die kinger ene dude kråhe jefunge*
     (Sondershausen [Sondh])

  d. *Uppm schmätt sīn fälle <u>hätt</u> dä kinnre ne då krān nefunn*
     (Brehme [Bre_Worb])
     ‚Auf dem Schmied seinem Felde haben die Kinder eine tote Krähe
     gefunden.'

In der zugehörigen Karte 12 zeigt sich auch für *haben* als Auxiliar in der 3. Pl. Präs. der für die anderen Fälle von *haben* bereits festgestellte Ost-West-Kontrast, wobei die auf -*n* auslautenden Kurzverbformen deutlich häufiger sind (69,1 %, n=105, vs. Fragebogen 7, Satz 21: 19,2 %, n=29) und in einem wesentlich größeren Areal bis ins Nordostthüringische und Ostthüringische hinein vorkommen als beim Auxiliar *haben* in der 1. Sg. Präs. Für die 3. Pl. Präs. sind allerdings insgesamt nur etwas weniger unkontrahierte Formen belegt und zwar stärker auch im Hennebergischen und Itzgründischen, dagegen weniger im Nord- und Ilmthüringischen. Betrachtet man die bei der 1. Sg. Präs. vorkommenden Varianten *ha, hou* etc. ebenfalls als *hān*-Fortsetzer, ist das quantitative Verhältnis von auf die Kurzverbform bzw. Langform zurückgehenden Formen bei beiden Person-Numerus-Konfigurationen dagegen sehr ähnlich (Fragebogen 55, Satz 32: 28,9 % nicht-kontrahiert, n=44 vs. 71,1 % kontrahiert, n=108; Fragebogen 7, Satz 21: 33,1 % nicht-kontrahiert, n=50 vs. 66,9 % kontrahiert incl. *ha, hou* etc., n=101). Die Daten der Nachauswertung deuten somit in Richtung einer stärkeren Verwendung der Kurzverbform des Auxiliars *haben* bei der 3. Pl. Präs. als bei der 1. Sg. Präs., wobei die Frage der Analyse der Formen ohne wurzelschließenden Konsonanten nicht unbedeutsam ist. Damit hätte sich in den thüringischen Dialekten im Gegensatz zu Klein et al. (2009ff. II.2, 951) und Becker / Schallerts (2021) implikationeller Hierarchie für das Mittelhochdeutsche eine Präferenz von Kurzverbformen für die 3. Pl. Präs. gegenüber der 1. Sg. Präs. herausgebildet. Dennoch scheint damit weiterhin der Faktor der morphologischen Merkmale eher eine Rolle zu spielen als der des morphosyntaktischen Status als Vollverb oder Auxiliar, der auch in den nachausgewerteten ThWB-Bögen keinen deutlichen Unterschied erbringt (allenfalls sogar eine leicht größere Frequenz und Verbreitung der Kurzverbformen beim Vollverb).

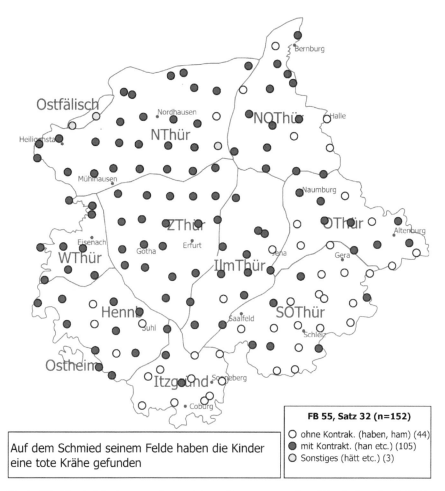

Karte 12: Kontrahierte vs. unkontrahierte Formen von Auxiliar *haben* 3. Pl. Präs.
in thüringischen Dialekten

Die ergänzende Nachauswertung des oben mit Blick auf die 1. Sg. Präs. des Auxiliars untersuchten Satzes ‚Ich habe heute Nacht einen bösen Traum gehabt' (Fragebogen 7, Satz 21) für das hier zusätzlich enthaltene Partizip II von *haben* in
Vollverbverwendung[19] in Karte 13 zeigt mit 95,9 % (n=118) fast ausschließliche
Verwendung kontrahierter Formen wie *gehat* etc., vgl. (16b), s. auch (14a–d), ge-

---

19 Die Verwendung von *haben* ließe sich hier statt als Vollverb auch als (bereits etwas stärker gram-
matikalisiertes/desemantisiertes) Funktionsverb beschreiben (Funktionsverbgefüge *einen Traum
haben*), eindeutig jedoch nicht als Perfekt-Auxiliar.

genüber nur 4,1 % (n=5) nicht kontrahierten, b-haltigen Formen, vgl. (16a).[20] Auch hier scheint sich die Vollverbfunktion nicht im Sinn einer Präferenz von unkontrahierten Formen auszuwirken, ganz im Gegenteil. Die besonders hohe Frequenz von kontrahierten Formen im Partizip II deutet ebenso wie die oben angesprochene größere Tendenz zu Kurzverbformen in der 3. Pl. Präs als in der 1. Sg. Präs. darauf hin, dass wie zu mittelhochdeutscher Zeit morphosyntaktische Merkmale eher steuernd wirken als die Funktion, sich die Präferenzen hier im Vergleich zum Mittelhochdeutschen jedoch verändert haben. Möglicherweise kommt bei Formen wie *gehat* jedoch auch Assimilation des *b* statt Elision / Kontraktion in Betracht. Allerdings zeigen sich im Raumbild die gleichen Tendenzen wie generell für *haben*, insofern auch hier *b*-haltige, also klar unkontrahierte Formen im Osten des thüringischen Sprachraums zu finden sind.

(16)   a. *Ich hab die Nacht ober änn biesen Traum gehabbt.*

            (Lunzig [Lun])

            b. *Ich han hitte Nacht en biesen Trom gehat.*

            (Dosdorf [Dos])

            ‚Ich habe heute Nacht einen bösen Traum gehabt.'

Auch für weitere Verben neben *haben* sind Kurzverbformen für thürinigische Dialekte beschrieben, so für *sagen, fragen, legen* und *geben* (Spangenberg 1993, 264) sowie z. T. für *gehen, sehen* und *tun* mit Formen wie *ich gēn, ich sēn, ich dun* im Hennebergischen (Spangenberg 1993, 263). Dies ließe sich in zukünftiger Forschung auf Grundlage einer Nachauswertung von ThWB-Bögen ebenfalls teils weiter beleuchten, da diese auch einschlägige Formen der Verben *sagen, liegen* und *schlagen* enthalten.

---

20 Karte 13 weist eine vergleichsweise geringe Anzahl an Ortspunkten auf, da die Gewährspersonen in sehr vielen Fällen auf eine gänzlich andere, für die Fragestellung irrelevante und daher nicht kartierte Konstruktion wie ‚Ich hatte heute Nacht einen bösen Traum' oder ‚Ich habe heute Nacht schlecht geträumt' ausgewichen sind.

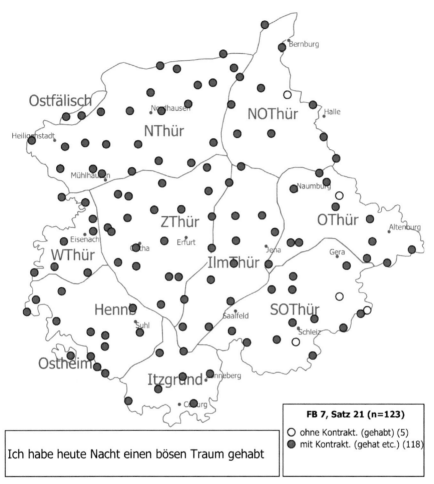

Karte 13: Kontrahierte vs. unkontrahierte Formen von Vollverb *haben* im Partizip II in thüringischen Dialekten

4. Fazit und Ausblick

Wie der Beitrag gezeigt hat, sind im Rahmen der Erarbeitung großlandschaftlicher Dialektwörterbücher erhobene Fragebogendaten wie die des ThWB durchaus nicht nur in lexikalischer, sondern auch in morphosyntaktischer Perspektive ergiebig. Mit Blick auf das vorgestellte Datenmaterial lohnen sich nicht nur ergänzende Nachauswertungen zu den diskutierten Phänomenen, wie sie oben bereits in entsprechenden Anschlussfragen umrissen wurden, sondern auch die Nachauswertung zu weiteren morphosyntaktischen Phänomenen wie Negation, Artikel bei Kontinuativa, Flexion von Zahladjektiven etc., die momentan ebenfalls in Arbeit ist und deren Ergebnisse voraussichtlich in Form eines Online-Atlasses publiziert werden sollen. Das Datenmaterial weist naturgemäß gewisse Beschränkungen auf, so wurden in den ThWB-Befragungen etwa bekannte morphosyntaktische Phänomene thüringischer Dialekte wie Besonderheiten der Verbalformen und Wortstellung im Verbalkomplex oder flektierte Konjunktionen nicht berücksichtigt. Dennoch erbringt die Methode der morphosyntaktischen Nachauswertung von im Rahmen der Erarbeitung von Dialektwörterbüchern erhobenen Fragebögen valide und aussagekräftige Ergebnisse, die helfen können, Forschungslücken im Bereich der dialektalen Morphosyntax zu schließen.

Eine entsprechende Nachauswertung ließe sich daher gewinnbringend auch für ähnliche Fragebögen zu anderen Dialektwörterbüchern durchführen, teils sogar in überregional vergleichender Perspektive, da beispielsweise in der Frühphase der Erarbeitung des ThWB der Fragebogen des rheinischen Wörterbuchs übernommen und für Erhebungen in Thüringen genutzt wurde und in späterer Zeit teilweise gemeinsame Befragungen mit identischem Fragebogen für das ThWB und das Obersächsische Wörterbuch durchgeführt wurden, so dass sich hier direkte Vergleichsmöglichkeiten ergeben. In diesem Zusammenhang stellt die weitere Digitalisierung und online frei zugängliche Veröffentlichung der im Zuge der Erarbeitung der Dialektwörterbücher entstandenen Fragebögen ein Desiderat dar. Zudem erbringt die morphosyntaktische Nachauswertung der historischen Fragebögen wertvolle Vergleichsdaten zu aktuellen Dialekterhebungen, die über rezenten Wandel im Dialekt Auskunft geben können. Mit Blick auf die vorgestellten Daten aus dem thüringischen Dialektraum ergibt sich hieraus als weiteres Forschungsdesiderat die Durchführung neuer Erhebungen zur Morphosyntax nicht nur für den Vergleich mit anderen rezenten Erhebungen etwa zum direkt westlich angrenzenden Nachbarraum im Rahmen des Projekts Syntax hessischer Dialekte (SyHD), sondern auch im Vergleich zu den im Rahmen der morphosyntaktischen Nachauswertung der ThWB-Fragebögen erzielten Ergebnissen, die wichtige Resultate zum dialektalen Wandel und zur Kurzzeitdiachronie der Dialekte erwarten lassen.

Literatur

AdA = Stephan Elspaß / Robert Möller (2003ff.): Atlas zur deutschen Alltagssprache. URL: www.atlas-alltagssprache.de.

Becker, Carsten / Oliver Schallert (2021): Areal variation in Middle High German. A perspective from charters. In: NOWELE 74, 199–241.

Behaghel, Otto (1923): Deutsche Syntax: Eine geschichtliche Darstellung. Heidelberg (Germanische Bibliothek, 1; Sammlung germanischer Elementar- und Handbücher, 10).

Berndt, Carl (1912): Die Verba reflexiva in den deutschen Mundarten. Gießen.

Birkenes, Magnus Breder / Jürg Fleischer (2019): Zentral-, Nord- und Osthessisch. In: Joachim Herrgen / Jürgen Erich Schmidt (Hg.): Sprache und Raum. Ein internationales Handbuch der Sprachvariation. Bd. 4: Deutsch. Berlin (Handbücher zur Sprach- und Kommunikationswissenschaft, 30.4), 435–478.

Braune, Wilhelm / Frank Heidermanns (2018): Althochdeutsche Grammatik I. Laut- und Formenlehre. 16. Aufl. Berlin (Sammlung kurzer Grammatiken germanischer Dialekte A, Hauptreihe, 5.1).

de Boor, Helmut (1976): Die Flexionsformen von *haben* in den deutschen Urkunden des 13. Jahrhunderts. In: Sprachwissenschaft 1, 119–143.

Duden. Bd. 4: Grammatik. Hg. von Angelika Wöllstein und der Dudenredaktion. 9. Aufl. Berlin 2016.

Ebert, Robert Peter / Oskar Reichmann / Hans-Joachim Solms / Klaus-Peter Wegera (1993): Frühneuhochdeutsche Grammatik. Tübingen (Sammlung kurzer Grammatiken germanischer Dialekte A, Hauptreihe, 12).

Fleischer, Jürg (2016): Reflexivpronomen *sich* bei 1. Pers. Plural. In: Ders. u. a. (Hg.): SyHD-Atlas. Konzipiert von Ludwig M. Breuer unter Mitarbeit von Katrin Kuhmichel, Stephanie Leser-Cronau, Johanna Schwalm und Thomas Strobel. Marburg u. a. URL: www.syhd.info/apps/atlas/#reflexivpronomen-sich.

Friedli, Matthias (2012): Der Komparativanschluss im Schweizerdeutschen: Arealität, Variation und Wandel. Diss. Universität Zürich. URL: http://opac.nebis. ch/ediss/20121543.pdf/.

Goltz, Reinhard / Marin Schröder (1997): *Eck vertäll miene Jeschichte*: plattdeutsche Alltagserzählungen aus Ostpreußen. Marburg (Schriftenreihe der Kommission für ostdeutsche Volkskunde, 75).

Hodler, Werner (1915): Beiträge zur Wortbildung und Wortbedeutung im Berndeutschen. Bern.

Jäger, Agnes (2016): Vergleiche (Komparativ / Äquativ). In: Jürg Fleischer u. a. (Hg.): SyHD-Atlas. Konzipiert von Ludwig M. Breuer unter Mitarbeit von Katrin Kuhmichel, Stephanie Leser-Cronau, Johanna Schwalm und Thomas Strobel. Marburg u. a. URL: www.syhd.info/apps/atlas/#vergleiche.

Jäger, Agnes (2018): Vergleichskonstruktionen im Deutschen. Diachroner Wandel und dialektale Variation. Berlin (Linguistische Arbeiten, 569).

Jørgensen, Peter (1928): Formenlehre der dithmarsischen Mundart (mit Berücksichtigung der Sprache Klaus Groths). In: Teuthonista 5, 2–38.

Klein, Thomas / Hans-Joachim Solms / Klaus-Peter Wegera (2009ff.): Mittelhochdeutsche Grammatik. Tübingen / Berlin.

Kölsches Wörterbuch = Christa Bhatt / Alice Herrwegen (2009): Das kölsche Wörterbuch: kölsche Wörter von A–Z. 3. Aufl. Köln.

König, Almut / Monika Fritz-Scheuplein / Claudia Blidschun / Norbert Richard Wolf (2007): Kleiner Unterfränkischer Sprachatlas. Heidelberg.

Leiss, Elisabeth (1992): Die Verbalkategorien des Deutschen. Ein Beitrag zur Theorie der sprachlichen Kategorisierung. Berlin.

Lipold, Günther (1983): Möglichkeiten der Komparation in den deutschen Dialekten. In: Werner Besch et al. (Hg.): Dialektologie: Ein Handbuch zur deutschen und allgemeinen Dialektforschung. Berlin (Handbücher zur Sprach- und Kommunikationswissenschaft, 1.2), 1232–1241.

Luks, Annika / Johanna Schwalm (2016): Ersatzinfinitiv. In: Jürg Fleischer u. a. (Hg.): SyHD-Atlas. Konzipiert von Ludwig M. Breuer unter Mitarbeit von Katrin Kuhmichel, Stephanie Leser-Cronau, Johanna Schwalm und Thomas Strobel. Marburg u. a. URL: https://syhd.info/apps/atlas/#ersatzinfinitiv.

Marinica, Catharina (2020): Das Pronomen *sich* an der Schnittstelle von Reflexivität und Reziprozität. Zur Entstehung und Funktion der mehrdeutigen Reflexiva des Deutschen unter besonderer Berücksichtigung mittelbairischer Varietäten. Masterarbeit Universität Wien.

Niebaum, Hermann / Jürgen Macha (2014): Einführung in die Dialektologie des Deutschen. 3. Aufl. Berlin.

Nübling, Damaris (1995): Kurzverben in germanischen Sprachen. Unterschiedliche Wege – gleiche Ziele. In: Zeitschrift für Dialektologie und Linguistik 62, 127–154.

Paul, Hermann (2007): Mittelhochdeutsche Grammatik. 25. Aufl., neu bearb. von Thomas Klein, Hans Joachim Solms und Klaus-Peter Wegera, mit einer Syntax von Ingeborg Schröbler, neubearb. und erw. von Heinz-Peter Prell. Tübingen.

Plank, Frans (2008): Thoughts on the Origin, Progress, and Pronominal Status of Reciprocal Forms in Germanic, Occasioned by those of Bavarian. In: Ekkehard König / Volker Gast (Hg.): Reciprocals and Reflexives. Theoretical and Typological Explorations. Berlin / New York (Trends in Linguistics, 192), 347–373.

Schirmunski, Viktor Maksimovič (2010): Deutsche Mundartkunde. Vergleichende Laut- und Formenlehre der deutschen Mundarten. Hg. und kommentiert von Larissa Naiditsch unter Mitarbeit von Peter Wiesinger. Aus dem Russischen übersetzt von Wolfgang Fleischer. Frankfurt am Main.

Schleswig-Holsteinisches Wörterbuch (1927–1935). Hg. von Otto Mensing. Neumünster.

Schmeller, Johann Andreas (1821): Die Mundarten Bayerns grammatisch dargestellt. München. Nachdruck Wiesbaden 1969.

Schmeller, Johann Andreas (1872–1877): Bayerisches Wörterbuch. 2., von G. Karl Frommann bearb. Aufl., München. Nachdruck Aalen 1973.

Schrodt, Richard (2004): Althochdeutsche Grammatik II: Syntax. Tübingen.

Schweizerisches Idiotikon. Wörterbuch der schweizerdeutschen Sprache (1881ff.). Bände 1–16 (1881–2012) Frauenfeld, Band 17ff. (2015ff.) Basel.

Spangenberg, Karl (1993): Laut- und Formeninventar thüringischer Dialekte. Beiband zum Thüringischen Wörterbuch. Berlin.

Sperschneider, Heinz (1959): Studien zur Syntax der Mundarten im östlichen Thüringer Wald. Marburg.

Spieß, Balthasar (1873): Die fränkisch-hennebergische Mundart. Wien.

Stangel, Ursula (2015): Form und Funktion der Reflexiva in österreichischen Varietäten des Bairischen. Stuttgart (Zeitschrift für Dialektologie und Linguistik. Beihefte, 161).

Steinhauser, Walter (1978): Slawisches im Wienerischen. 2., vermehrte und verbesserte Auflage. Wien.

Streitberg, Wilhelm (1891): Perfective und imperfective Actionsart im Germanischen. In: Beiträge zur Geschichte der deutschen Sprache und Literatur 15, 70–177.

SUF = Sprachatlas von Unterfranken. Hg. von Sabine Krämer-Neubert und Norbert Richard Wolf. 6 Bände. Heidelberg 2005–2009.

ThDA = Thüringischer Dialektatlas. Institut für Mundartforschung der Friedrich-Schiller-Universität Jena. Begr. und bearb. von Herman Hucke. Berlin 1961/1965.

ThWB = Thüringisches Wörterbuch. Auf Grund der von Victor Michels begonnenen und Herman Hucke fortgeführten Sammlungen bearb. unter der Leitung von Karl Spangenberg (1966–1990), Wolfgang Lösch (1991–2003) und Susanne Wiegand (2004–2005). Hg. vom Institut für Deutsche Sprache und Literatur an der Deutschen Akademie der Wissenschaften zu Berlin (1966–1970) und von der Sprachwissenschaftlichen Kommission der Sächsischen Akademie der Wissenschaften zu Leipzig (1971–2006). Berlin 1966–2006.

Vetter, Walter (1937): Die persönlichen Fürwörter im thüringischen Sprachraum. Weimar.

Weise, Oskar (1900): Syntax der Altenburger Mundart. Leipzig.

Weise, Oskar (1918): Die vergleichenden Konjunktionen in den deutschen Mundarten. In: Zeitschrift für deutsche Mundarten 13, 169–181.

Wischer, Ilse / Mechthild Habermann (2004): Der Gebrauch von Präfixverben zum Ausdruck von Aspekt / Aktionsart im Altenglischen und Althochdeutschen. In: Zeitschrift für germanistische Linguistik 32, 262–285.

Wolf, Norbert Richard (1998): Zum verbalen Präfix *ge-* in Dialekten Unterfrankens. In: Werner Bauer / Hermann Scheuringer (Hg.): Beharrsamkeit und Wandel. Festschrift für Herbert Tatzreiter zum 60. Geburtstag. Wien, 337–345.

WWB = Westfälisches Wörterbuch. Hg. von der Kommission für Mundart- und Namenforschung des Landschaftsverbandes Westfalen-Lippe. Kiel / Hamburg.

Vernetzungsstrategien zwischen Dialektwörterbüchern – am Beispiel des Trierer Wörterbuchnetzes

Anne Klee, Trier

1. Einleitung

Dialektwörterbücher sammeln, ordnen und erklären den Wortschatz eines abgegrenzten dialektalen Gebietes. Im Gegensatz zu vielen regionalen und lokalen Dialektwörterbüchern, die oftmals auch von Nicht-Sprachwissenschaftlern erstellt wurden, stellen die hier betrachteten großlandschaftlichen Dialektwörterbücher die sprachwissenschaftlich erarbeitete Dokumentation eines umfangreichen sprachgeographischen Gebietes dar (vgl. Niebaum / Macha 2014, 40f.). Zu Beginn des 20. Jahrhunderts schlossen sich die Einzelprojekte der großlandschaftlichen Wörterbücher im sogenannten „Wörterbuchkartell" zusammen, um im Austausch und in Abstimmung die lexikographische Beschreibung des deutschen Sprachgebietes vorzunehmen (vgl. Reichmann 1989, 239). So enthalten die einzelnen Wörterbücher auch Verweise in andere Dialektwörterbücher des Großprojektes und bauen auf diese Weise ein Netzwerk auf. Durch die digitale Aufbereitung dieser Wörterbücher können die enthaltenen Referenzen als Verlinkungen aufgelöst werden. Dadurch eröffnen sich zusätzlich Möglichkeiten einer tiefergehenden Vernetzung, die weit über die explizit von den Lexikographen genannten Verweise hinausgeht.

Eine umfassende Vernetzung würde es erleichtern, dialektübergreifende Vergleiche zu ziehen: Wie wird ein und dasselbe außersprachliche Objekt oder Konzept in verschiedenen Dialekten und Regionen bezeichnet? Welche Bezeichnungen gibt es in den Dialekten für die Kartoffel, den Frühling oder den Marienkäfer? Bei einer Verknüpfung der Belegorte mit geographischen Normdaten ließen sich die Ergebnisse solcher Abfragen zusätzlich kartographisch visualisieren. Darüber hinaus sind die großlandschaftlichen Wörterbücher auch aus kulturhistorischer Sicht interessant, dokumentieren sie doch die Lebenswelt und den Alltag einer Gesellschaft zu einem früheren Zeitraum. Mithilfe eines Netzwerkes aus Dialektwörterbüchern könnten so bezogen auf einen größeren Sprachraum Forschungsfragen beispielsweise zu Festen, Traditionen, Nahrung oder auch Handwerk und Landwirtschaft untersucht werden. Nicht zuletzt schließt die Vernetzung von Wörterbüchern an aktuelle Bestrebungen in den digitalen Geisteswissenschaften und im Speziellen der digitalen Lexikographie an, Wissen und Informationen im Internet in Form von Linked Open Data[1] miteinander zu verknüpfen und abrufbar zu machen (vgl. Alves 2022; Chiarcos / Fäth / Ionov 2020). Als strukturierte, miteinander verknüpfbare Daten sind Dialektwörterbücher gut dafür geeignet, in vernetzter Form neben zahlreichen anderen linguistischen und enzyklopädischen Daten in das Semantic Web[2] eingespeist zu werden.

2. (Süd-)westdeutsche Dialektwörterbücher im Trierer Wörterbuchnetz

Dieser Beitrag betrachtet mit dem südlichen Teil des westdeutschen Sprachraums[3] eines der dialektlexikographisch am besten dokumentierten Gebiete der deutschen Sprache. Er ist durch zahlreiche großlandschaftliche Dialektwörterbücher umfassend erschlossen (vgl. Fournier 2003, 155). Die meisten von diesen sind bereits fertiggestellt wie jüngst das Westfälische Wörterbuch oder sie befinden sich in der letzten Phase ihrer Erarbeitung, darunter das Schweizerische Idiotikon, das Hessen-Nassauische Wörterbuch und das Badische Wörterbuch (vgl. Tab. 1). Bei allen Wörterbüchern handelt es sich um Printwörterbücher, einige von ihnen wurden bereits in das digitale Medium überführt und sind als Onlinewörterbücher mit umfangreichen Suchfunktionen und Verlinkungen nutzbar wie die über das Trierer Wörterbuchnetz[4] bereitgestellten Werke, die demnächst um das Westfälische Wörterbuch erweitert werden. Das Hessen-Nassauische und Südhessische Wörterbuch[5] sowie das Schweizerische Idiotikon[6] sind als durchsuchbare Faksimiles im Web zugänglich. Für das Badische Wörterbuch existiert derzeit keine digitale Onlinefassung. Die digitale Aufbereitung befindet sich also in ganz unterschiedlichen Entwicklungsphasen und die Wörterbücher sind größtenteils nur isoliert voneinan-

---

1   Linked Open Data sind im Internet frei verfügbare Daten, die eindeutig durch URI (Uniform Ressource Identifier) referenzierbar sind sowie mit Hilfe von URI auf andere Daten verweisen, wodurch sie ein Netzwerk, die „Linked Open Data Cloud" (www.lod-cloud.net), aufspannen (vgl. Avanço 2021). Die „Linguistic Linked Open Data Cloud" (www.linguistic-lod.org) ist ein Teil dieser großen Datenwolke und besteht aus bereits online verknüpften linguistischen Daten.

2   Nach seinem Gründer Berners-Lee ist das Semantic Web eine Erweiterung des bestehenden World Wide Web. Während das bisherige Web den Austausch von Dokumenten beinhaltete, erzeugt das Semantic Web ein Netz von Daten. Durch die Verlinkung von Daten wird es Softwareprogrammen möglich, diese zu interpretieren und semantisch zu verarbeiten (vgl. Berners-Lee u.a., 2006).

3   Die Bezeichnung „westdeutscher Sprachraum" umfasst hier die Sprachgebiete Westoberdeutsch, Westmitteldeutsch und Westniederdeutsch. Südwestdeutsch bezieht sich auf den südwestlichen Teil dieses Sprachraums, der mit dem Rheinischen, Pfälzischen, Elsässischen und Lothringischen Wörterbuch sowie den Luxemburger Wörterbüchern im Trierer Wörterbuchnetz beschrieben wird.

4   https://woerterbuchnetz.de.

5   https://www.lagis-hessen.de.

6   https://www.idiotikon.ch/.

der nutzbar. Eine umfassende Vernetzung der Dialekte des westdeutschen Sprachraumes ist derzeit nur eine Zukunftsvision.

Wörterbuch	Bearbeitungsstand
Badisches Wörterbuch	letzter Band in Bearbeitung; bereits erschienen Bde. 1–4 A–Schw
Hessen-Nassauisches Wörterbuch	letzter Band (Band 1: A–K) in Bearbeitung; bereits erschienen L–Z
Luxemburger Wörterbücher	Luxemburger Wörterbuch (1975 abgeschlossen), Wörterbuch der Luxemburgischen Mundart (1906 publiziert), Lexikon der Luxemburger Umgangssprache (1847 publiziert)
Pfälzisches Wörterbuch	1997 abgeschlossen
Rheinisches Wörterbuch	1971 abgeschlossen
Schweizerisches Idiotikon	letzter Band in Bearbeitung
Südhessisches Wörterbuch	2010 abgeschlossen
Westfälisches Wörterbuch	2021 abgeschlossen
Wörterbuch der deutsch-lothringischen Mundarten	1909 abgeschlossen
Wörterbuch der elsässischen Mundarten	1907 abgeschlossen

Tab. 1: Überblick über den Bearbeitungsstand der westdeutschen Dialektwörterbücher (Stand: März 2023)

Erste Verknüpfungen zwischen den Dialektwörterbüchern wurden bereits im Trierer Wörterbuchnetz erstellt. Dieses bietet Zugang zu insgesamt 41 lexikalischen Ressourcen (Stand: März 2023), die in unterschiedlichem Maße miteinander vernetzt sind. Unter diesen befinden sich auch 12 großlandschaftliche Dialektwörterbücher, die zu großen Teilen den (süd-)westdeutschen Sprachraum abdecken.

In einem DFG-geförderten Projekt wurden 2002 bis 2007 das Wörterbuch der elsässischen Mundarten, das Wörterbuch der lothringischen Mundarten, das Pfälzische Wörterbuch und das Rheinische Wörterbuch vom Trierer Kompetenzzentrum (heute Trier Center for Digital Humanities (TCDH)) retrodigitalisiert, in SGML ausgezeichnet[7] und im Trierer Wörterbuchnetz publiziert. Dabei wurden auch die explizit enthaltenen Verweise zwischen den Wörterbüchern annotiert und in der Weboberfläche als Links realisiert (vgl. http://dwv.uni-trier.de/de/).

---

7   Die Standard Generalized Markup Language (SGML) ist eine standardisierte, maschinenlesbare Auszeichnungssprache zur Markierung von Texten. Derzeit werden die Wörterbuchdaten in den inzwischen neuen De-Facto-Standard zur Auszeichnung von Texten konvertiert, nämlich den Extensible Markup Language-Standard der Text Encoding Initiative, kurz XML-TEI.

	Elsässisches Wb	Lothringisches Wb	Rheinisches Wb	Pfälzisches Wb
Publikation	1899-1907	1909	1928-1971	1965-1997
Bände	2	1	9	6
Materialgrundlage	Fragebogen, ältere Sammlungen und Literatur	Fragebogen, „Pariser Gespräche" und Urkunden	Fragebogen	Fragebogen, ältere Sammlungen und Literatur
Verzeichneter Wortschatz	vom Standard abweichender Wortschatz	vom Standard abweichender Wortschatz	gebräuchlicher Wortschatz des Rheinlandes	gebräuchlicher Wortschatz der Pfalz
Stichwortansatz	mundartlich	mundartlich	standardsprachlich	standardsprachlich
Anordnung der Stichwörter	System J. A. SCHMELLERS	alphabetisch	nestalphabetisch	alphabetisch
Verweise auf		ElsWb		ElsWb, LothWb, RheinWb

Tab. 2: Überblick über die westdeutschen Dialektwörterbücher im Trierer Wörterbuchnetz (nach Fournier 2003, 158)

Die vier betrachteten Wörterbücher unterscheiden sich in entscheidenden Merkmalen. Das Wörterbuch der elsässischen Mundarten sowie das Wörterbuch der lothringischen Mundarten wurden zu Beginn des 20. Jahrhunderts publiziert. Damit sind sie deutlich älter als die meisten Wortstrecken des Rheinischen Wörterbuchs, welches zwar bereits in den 1920er Jahren begonnen, aber erst 1971 vollständig abgeschlossen wurde, und auch als das Pfälzische Wörterbuch, dessen letzter Band 1997 erschienen ist. Der wohl größte Unterschied liegt in der Anlage und dem behandelten Gegenstand: So dokumentieren die beiden älteren Wörterbücher lediglich den von der Standardsprache abweichenden Dialektwortschatz und sind damit auch wesentlich weniger umfangreich als das Rheinische und Pfälzische Wörterbuch, welche den zur Entstehungszeit gebräuchlichen Wortschatz im behandelten Dialektgebiet abbilden. Dies stellt im Rahmen eines angestrebten Ausbaus der Vernetzung einen limitierenden Faktor dar und muss berücksichtigt werden. Die unterschiedlichen Umfänge des behandelten Wortschatzes haben zur Folge, dass es für einen Teil der Lemmata kein Vernetzungsziel in allen Wörterbüchern geben kann. Es muss zudem in Betracht gezogen werden, dass für einige Artikelstichwörter auch gar keine Alignierung möglich sein kann. Auch bezogen auf den Stichwortansatz zwischen den Wörterbüchern bestehen Unterschiede: Während das Elsässische und Lothringische Wörterbuch mundartliche Lemmata führen, wurde bei den beiden jüngeren Wörterbüchern ein standardsprachlicher Ansatz gewählt. Dies birgt Schwierigkeiten, wenn ein Abgleich auf Lemmaebene vorgenommen werden soll. Die Wörterbücher wurden von den Lexikographen unterschiedlich stark vernetzt. Als ältestes kann das Elsässische Wörterbuch folgerichtig keine Referenzen auf die übrigen drei enthalten, auf dieses wird aber vom jüngeren Lothringischen Wörterbuch verwiesen. Während das Rheinische Wörterbuch wiederum zu keinem der anderen Wörterbücher verlinkt ist, referenziert das Pfälzische Wörterbuch alle anderen drei lexikographischen Ressourcen.

3. Informationsextraktion und Annotation

Auf dem Weg von der Printausgabe zum digitalen Wörterbuch muss der Wörterbuchtext nach seiner Digitalisierung zunächst mit Markup versehen werden[8], damit die Daten semantisch elektronisch verarbeitet werden können, beispielsweise um Suchanfragen durchführen zu können, aber auch um Vernetzungen herzustellen.

Zwar ist in vielen Fällen zur eindeutigen, gesicherten Identifikation von Informationseinheiten eine manuelle Annotation notwendig, diese konnte aber bislang aufgrund der Datenfülle aus Kosten- und Zeitgründen nicht geleistet werden. Die automatisierte Informationsextraktion und Auszeichnung sind stark von der Eindeutigkeit typographischer Merkmale und einer stringenten Artikelstruktur abhängig. Allerdings wurde bei der Erarbeitung der hier betrachteten Wörterbücher, die zum Teil bereits mehr als 100 Jahre zurückliegt, weniger Acht auf Einheitlichkeit und Standardisierung gelegt. So kommt es zum einen zu großen Differenzen zwischen den Wörterbüchern. Beispielsweise unterscheiden sich die verschiedenen Nachschlagewerke in der Struktur und Detailliertheit ihrer Artikel sowie den Kriterien für den Stichwortansatz. Zudem bestanden zur Entstehungszeit noch keine Konventionen für die Angabe grammatischer Informationen, sodass wörterbuchübergreifend verschiedene Abkürzungen für gleiche grammatische Kategorien zu finden sind. Zum anderen tritt zusätzlich starke Variation innerhalb der einzelnen Wörterbücher auf: Typographische Merkmale sind nicht eindeutig einer Funktion zugeordnet und die Artikelstruktur wurde nicht stringent umgesetzt. Im gegebenen Rahmen der Projektlaufzeit konnten die Wörterbücher aus diesem Grund nicht vollständig in allen Auszeichnungstiefen annotiert werden. Beispielsweise konnte nur im Lothringischen und Pfälzischen Wörterbuch die grammatische Angabe zuverlässig annotiert werden. Bei allen Werken wurden der Bedeutungsteil sowie die Verweise und Belegorte markiert, allerdings fehlt noch eine Auszeichnung der Definitionen und der mundartlichen Belege. Für die Alignierung auf der Bedeutungs-

---

8   Der digitalisierte Text wird dabei mit Auszeichnungselementen, sogenannten Tags, versehen, die ihn sowohl inhaltlich als auch typographisch strukturieren und maschinenlesbar machen. Zum Beispiel werden Textabschnitte, die eine grammatische Angabe enthalten, in <gram>…</gram> eingefasst und die Bedeutungsangaben in <sense>…</sense>. Zur Erhaltung des ursprünglichen Druckbildes werden fettgedruckte Passagen beispielsweise mit <hi rend="bold">…</hi> oder kursive Abschnitte mit <hi rend="italics">…</hi> markiert.

ebene sind diese von essenzieller Wichtigkeit, weshalb die Definitionen im Vorfeld der Vernetzungsaufgabe extrahiert werden müssen.

Typographische Anhaltspunkte für eine algorithmusgestützte Annotation sind zum Beispiel die Schriftart und -größe, Fettung und Kursivierung, umgebende Interpunktionszeichen und die relative Position der Angabe. So lassen sich die Definitionen beispielsweise beim Lothringischen Wörterbuch durch ihre kursive Schrift und Position hinter der grammatischen Angabe und beim Pfälzischen Wörterbuch aufgrund ihrer umschließenden Anführungszeichen recht eindeutig lokalisieren. Auf diese Weise würden sich bereits viele Bedeutungsumschreibungen automatisch finden und taggen lassen. Allerdings bestehen in den Artikeln noch zahlreiche abweichende Varianten, weshalb eine manuelle Kontrolle und Korrektur hier unabdingbar ist. Schwieriger ist es hingegen bei den beiden übrigen Wörterbüchern: Beim Rheinischen Wörterbuch lässt sich die Position zwar gut ermitteln, die Definition steht im Regelfall nach dem Doppelpunkt hinter der grammatischen Angabe, allerdings geht diese oftmals nahtlos in einen erläuternden Teil über oder wechselt sich mit mundartlichen Einschüben ab, was eine eindeutige Extraktion erschwert. Beim Elsässischen Wörterbuch ist eine automatische Unterscheidung zwischen Definition und dialektalem Beleg kaum möglich: Beide stehen in kursiver Schrift direkt hintereinander. Es wird also deutlich, dass hier mit Hilfe eines Algorithmus Regelfälle abgefangen werden und somit bereits in einem Teil der Artikel Definitionen getaggt werden können, eine Auszeichnung dieser Bedeutungsangaben kann jedoch insgesamt nur semi-automatisch erfolgen. Eine Nachkorrektur und manuelle Auszeichnung aller abweichenden Fälle ist unumgänglich.

4. Vernetzungsstrategien

Die vier gerade vorgestellten westdeutschen Dialektwörterbücher sind in ihrer Onlineausgabe im Trierer Wörterbuchnetz bereits durch eine Vielzahl von Verlinkungen miteinander vernetzt. Im Folgenden soll gezeigt werden, wie diese schon bestehenden Verknüpfungen realisiert wurden, welches Vernetzungspotential jedoch gleichzeitig noch vorhanden ist und welche Strategien und Methoden denkbar sind, um dieses auszuschöpfen und die Vernetzung zu erweitern.

4.1. Vorhandene Artikelverweise

Die Basis der Vernetzung ist bereits in den gedruckten Wörterbüchern selbst angelegt: Einander entsprechende Lemmata in den verschiedenen großlandschaftlichen Dialektwörterbüchern wurden durch die Lexikographen mit Verweisen gekennzeichnet. Im Zuge der Retrodigitalisierung und Erarbeitung der digitalen Präsentation im Wörterbuchnetz wurden diese in Verlinkungen umgewandelt und zusätzlich symmetrisch umgekehrt sowie transitiv abgeleitet, wie in Abb. 1 am Beispiel des Lemmas *Aal* illustriert: Ausgangspunkt ist das Pfälzische Wörterbuch.

In diesem werden am Ende des Artikels Referenzen auf die entsprechenden Artikel in den drei älteren Dialektwörterbüchern aufgelistet. Diese wurden zunächst in Links umgewandelt, Nutzende gelangen per Klick so direkt zum verknüpften Artikel. Am Verlinkungsziel wiederum wurden nun auch die Rückverlinkungen zurück zum Pfälzischen Wörterbuch und zusätzlich abgeleitete Verknüpfungen integriert. So befindet sich beim Artikel *Äl* im Lothringischen Wörterbuch nun auch ein Link auf den Artikel *Aal I* im Rheinischen Wörterbuch, obwohl zwischen diesen beiden Wörterbüchern ursprünglich keine Verweise vorhanden waren. Auf diese Weise existieren im Wörterbuchnetz nun auch Verknüpfungen aus den älteren Wörterbüchern zu den jüngeren, wie aus dem Elsässischen und Lothringischen Wörterbuch zum Pfälzischen und Rheinischen Wörterbuch.

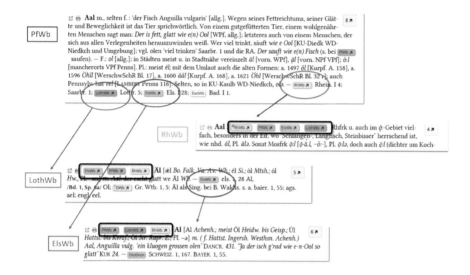

Abb. 1: Die Vernetzung im Wörterbuchnetz am Beispiel des Artikels *Aal*. Die im Pfälzischen und Lothringischen Wörterbuch vorhandenen Verweise wurden verlinkt und in den Verweiszielen als Rückverweise eingefügt.

4.2. Lemmaabgleich

Die Verknüpfung von verwandten Lemmata wurde nicht systematisch und vollständig durchgeführt. So sind beispielsweise die Lemmata *nach-denken* im Pfälzischen und Rheinischen Wörterbuch nicht durch Verweise miteinander verknüpft. Um solche zusätzlichen wörterbuchübergreifenden Äquivalente zu ermitteln, ist es möglich, einen Lemmaabgleich durchzuführen. Dazu werden die Zeichenketten der Stichwörter miteinander abgeglichen. Liegt eine vollständige Übereinstimmung vor, kann eine Relation zwischen den beiden Artikeln erstellt werden. Um auf diese

Weise auch Lemmata zu finden, die sich nur durch Diakritika oder Sonderzeichen voneinander unterscheiden wie zum Beispiel *g^escḧë^{hn}* (Elsässisches Wörterbuch) und *geschehen* (Pfälzisches Wörterbuch), können diese Sonderzeichen in einem vorherigen Schritt auf ihre Grundzeichen abgebildet und die Wörter somit normalisiert werden. Auf dieser Basis strebt auch das Verbundprojekt „Text+" (Hinrichs u. a. 2022) eine Vernetzung zahlreicher deutschsprachiger Wörterbücher an, unter anderem auch der hier behandelten Dialektwörterbücher. Über eine übergeordnete Schnittstelle wird in Zukunft parallel in den verschiedenen Ressourcen nach gezielten Informationseinheiten, wie beispielsweise den Artikelstichwörtern, stringbasiert gesucht werden können.

Diese automatisiert erstellten Relationen bergen allerdings auch die Gefahr von Fehlzuordnungen, beispielsweise wenn die Sonderzeichen verschiedene Lemmata voneinander abgrenzen oder insbesondere im Fall von Homographen. So würde ein Lemmaabgleich die Artikel mit dem Lemma *Rucker* aus dem Pfälzischen und Rheinischen Wörterbuch miteinander alignieren, obwohl diese beiden eindeutig verschiedene außersprachliche Objekte beschreiben. Während *Rucker* im Rheinischen Wörterbuch eine männliche Taube bezeichnet, wird das Stichwort im Pfälzischen Wörterbuch mit ‚heftige Bewegung, Stoß' definiert. Um die Wahrscheinlichkeit der Zugehörigkeit zu erhöhen, ist es möglich, weitere Informationen zusätzlich abzugleichen, beispielsweise, ob die grammatische Angabe identisch ist oder ob die Definitionen oder zumindest einzelne signifikante enthaltene Wörter übereinstimmen.

Die Methode des Lemmaabgleichs stößt bald an Grenzen, findet sie doch nur solche Zugehörigkeiten, bei denen die Lemmata (fast) gleichlautend sind. Die Tatsache, dass zwei der betrachteten Wörterbücher einen mundartlichen Lemmaansatz aufweisen, stellt an dieser Stelle ein Problem dar. Ausdrucksseitige Übereinstimmungen der Stichwörter aus dem Elsässischen und Lothringischen Wörterbuch untereinander sowie zum Rheinischen und Pfälzischen Wörterbuch sind nur sehr gering. Hinzu kommt, dass auch in den letzten beiden Wörterbüchern mundartliche Lemmaansätze angesetzt werden, wenn es keine standarddeutsche Bezeichnung gibt. Als Beispiel hierfür kann das Lemma *eisterlich* mit der Hauptbedeutung ‚furchterregend, entsetzlich' aus dem Pfälzischen Wörterbuch angeführt werden. Die etymologisch verwandten Entsprechungen in den übrigen Wörterbüchern lauten *eiserlich* im Rheinischen Wörterbuch, *aisperlich* im Elsässischen und *eischlich* im Lothringischen Wörterbuch.

4.3. Synonyme

Die Umsetzung der in den Druckwerken angelegten Verweise sowie ein ergänzender Abgleich der Stichwörter schafft bereits ein dichtes Netz von Artikeln und ihren Lemmata. Allerdings handelt es sich hierbei um eine rein semasiologische Vernetzung. Denn die Lexikographen haben in der Regel nur dann Referenzen zu

Artikeln anderer Wörterbücher gesetzt, wenn die beiden Lemmata eine etymologische Verwandtschaft aufweisen. Und auch der Lemmaabgleich findet nur Begriffe, die sich ausdrucksseitig entsprechen. Lemmata mit einer identischen Bedeutung hingegen werden auf diese Weise nicht erfasst.

4.3.1. Nennung von Synonymen

In einem kleinen Umfang existieren Angaben zu Synonymen in den Wörterbüchern, die für die Erstellung von Verknüpfungen genutzt werden können. Allerdings wurden diese nicht in Vollständigkeit aufgeführt. Abb. 2 zeigt drei von vielen Varianten, mit denen Synonyme im Rheinischen Wörterbuch aufgeführt werden. Um eine wörterbuchinterne Verknüpfung zwischen diesen herzustellen, müssen die Stellen zunächst identifiziert und die angeführten Wörter mit den Lemmata des jeweiligen Wörterbuchs abgeglichen werden. Für das Beispiel *Gefängnis* könnten auf diese Weise automatisiert Verlinkungen zu fünf der acht aufgeführten Synonyme erstellt werden. Für *bleche Botz*, *Kaschöttchen* und *Prissong* finden sich keine Lemmata mit der exakten Stringabfolge, sondern lediglich die Varianten *Prisong* und *Prisang* bzw. *Kaschott*. Letztere könnten jedoch nur durch manuelle Recherche ausfindig gemacht werden.

Ge-fäng-nis [PfWb ↗] [ElsWb ↗] *-fẹ·ŋ.nes, −ẹŋ-, −ẹŋk-* (alle drei Formen im selben Orte) n.: Strafanstalt (weniger im Sinne von Strafe), nach dem Nhd.; [meist Synonyme, wie] *bleche Botz, Bulles, Brummes, Kittchen, Kaschöttchen, Prissong, Turn, Loch* u. a.

Kluft-rose *-oftry̆sχə* Siegld-Kromb n.: Bartnelke, dianthus barbatus [Syn.] *Annamargretchen, Bartflette, Bürstenblume, Doppelflette, Futschenblume, Gitzäugelchen, Judenbart, Jünkerchen, Klüftches, Klüftchensblume, Kluftrose, Klutschenblume, Knaustflette, Kanten-, Kräntenmargretchen, Kutschenblume, Meisenblume, Mariarose, Märzflette, Nille, Packedifchen, Pechflette, Päschenblume, Pfingstamenei, Püsselchen, Putschblume, Quästchen, Rüschkesflette, Säubürsten, Schwartenblume, Stechflette, −nase, Steinflette, −grasblume, −rös-chen, Stoppelblume, Strauss-, Studenten-, Tantenmargretchen, Trossflette, Tausendschön, Trobbelflette, Tutschenblume].*

drippen-dreien *dribən-* Eup-Raeren Kettenis schw.: beiern (s. d.); in den Kartagen rasseln die Jungen, singend: *Dribbedreie, Poschei* (Osterei), *no de Posche könnt der Mai!* Eup-Kettenis. [Vgl.] drimmen-dreien.

Abb. 2: Varianten aus dem Rheinischen Wörterbuch zur Angabe von Synonymen

Viele Synonyme stehen daneben aber gänzlich isoliert voneinander in den Wörterbüchern. Beispielsweise besteht im Pfälzischen Wörterbuch vom Lemma *Aal* keinerlei Verlinkung zum Lemma *Schlangenfisch*, obwohl es gemäß seiner Definition eine Bezeichnung für dasselbe Tier darstellt. Auch die beiden Artikel *Fliderflämm-*

chen und *Engelböbchen* im Rheinischen Wörterbuch, die beide die Definition ‚Marienkäfer' aufweisen, sind nicht miteinander vernetzt.

4.3.2. Abgleich der Bedeutungsangaben

Wie können nun Lemmata gefunden werden, die zwar dasselbe Konzept beschreiben, aber Bezeichnungen tragen, die nicht auf dieselbe Wortherkunft zurückzuführen sind? Für diese Fälle ist es notwendig, die Bedeutungsangaben der Artikel miteinander abzugleichen. Vor dem Hintergrund der Tatsache, dass sehr viele Lemmata durch Polysemie gekennzeichnet sind und mehrere unterschiedliche Lesarten aufweisen, wird an dieser Stelle zudem deutlich, dass im Grunde nicht die isolierten Lemmata oder gesamte Wörterbuchartikel als zu alignierende Einheit betrachtet werden müssen, sondern jeweils ein Lemma zusammen mit einer seiner Bedeutungsangaben. Im Folgenden werden verschiedene Ansätze zur Ermittlung ähnlicher Bedeutungsangaben präsentiert und es wird erörtert, inwieweit sie sich zur Anwendung auf die historischen Wörterbuchdaten eignen. Die Voraussetzung ist jeweils eine abgeschlossene Extraktion der Definitionen.

Ausdrucksseitiger Abgleich

Ein reiner Stringabgleich stellt die simpelste Art des Abgleichs dar. Zwei Bedeutungsangaben sind bei diesem Verfahren dann mit hoher Sicherheit einander zuzuordnen, wenn sie exakt übereinstimmen. Das hat bereits zur Folge, dass diese Methode nur dann zu Treffern führen kann, solange die Definitionen aus einzelnen oder wenigen Wörtern bestehen. In der Mehrheit der Bedeutungsangaben ist dies jedoch nicht der Fall. Bei längeren Texten aus mehreren Wörtern oder Sätzen ist das Verfahren der Inversen Dokumenthäufigkeit (vgl. Lane / Howard / Hapke 2019, 71–96), auch TF-IDF genannt, ein möglicher Ansatzpunkt. Bei dieser Methode handelt es sich um ein häufig angewendetes Verfahren im Information Retrieval zur Ermittlung von Textrelevanz. Für jeden Text einer betrachteten Textsammlung erhalten die (zuvor lemmatisierten) Wörter ein Gewicht, abhängig davon, wie oft ein Wort in dem einzelnen Text und in wie vielen der anderen Texte es auftritt. Somit erhalten Wörter, die in einem betrachteten Text häufig vorkommen, gleichzeitig aber nur sehr selten in anderen Texten einer Textsammlung auftreten, ein hohes Gewicht für diesen Text. Man könnte somit die einzelnen Wörterbuchartikel (bzw. die Definitionen) als Texte und die Sammlung aller zu alignierenden Artikel als Textsammlung betrachten und somit erheben, welche Wörter für einen Artikel besonders charakteristisch sind. In einem nächsten Schritt wäre dann zu vergleichen, ob es Definitionen gibt, in denen dieselben Wörter hoch gewichtet sind. Die Idee ist, dass diese dann auch mit hoher Wahrscheinlichkeit in Relation zueinander stehen. Explorative Studien (vgl. Burch / Rapp 2007) haben gezeigt, dass diese Methode vor allem bei Realia wie Pflanzen- und Tierbezeichnungen gute Ergebnisse erzielt, insbesondere wenn hier der lateinische Fachbegriff in der

Definition genannt wird. Für viele Artikel eignet sie sich jedoch weniger gut. Die hier betrachteten Texte haben die Eigenschaft, dass sie in der Regel sehr kurz sind. Demzufolge sind oft nur wenige Wörter vorhanden, die überhaupt miteinander abgeglichen werden können. Des Weiteren basiert das Vorgehen darauf, dass in zueinander gehörigen Bedeutungsumschreibungen dieselben Wörter enthalten sind. Dies ist jedoch nicht grundsätzlich der Fall. So sind die beiden Lemmata *Babusch* aus dem Lothringischen Wörterbuch und *Haus-tappen* aus dem Pfälzischen Wörterbuch durch die beiden synonymen Begriffe ‚Pantoffel' einerseits und ‚Hausschuh' andererseits definiert. Bei einem rein ausdrucksseitigen Abgleich könnte bei diesem Beispiel keine Übereinstimmung zwischen den Definitionen festgestellt werden können.

Inhaltsseitiger Abgleich

Um Lemmata einander besser zuordnen zu können, ist es notwendig, die Semantik der Definitionsangaben zu erfassen und bei der Alignierung einzubeziehen. Das Ziel besteht dann darin, Konzepte aus den Definitionen abzuleiten. Lemmata, die Ausdruck desselben Konzeptes sind, sollen miteinander vernetzt werden. Für diese Herangehensweise eignet sich die Nutzung eines Konzeptinventars, einer Art Hyperlemmaliste, denen die Lemmata aus den Wörterbüchern zugeordnet werden können. Fournier (2003, 163) hat für solch eine Bezugsebene die Stichwortliste eines großen allgemeinsprachlichen Wörterbuchs in Erwägung gezogen. Es bestehen verschiedene Anforderungen: 1. Es sollte möglich sein, elektronisch und frei auf diese Stichwortliste zuzugreifen. 2. Die Ressource sollte Definitionen und im besten Fall weitere Informationen zu den Konzepten bieten, sodass es möglich wird, diese mittels digitaler Textanalysemethoden den Wörterbuchinhalten zuzuordnen. 3. Die Anwendung computerlinguistischer Methoden und Nachnutzung von bereits trainierten Sprachmodellen erfordert standardsprachliche Texte. Die letztgenannte Anforderung schließt bereits die Nutzung des Grimmschen Wörterbuchs aus, dessen Wörterbuchartikel noch in der Orthographie des 19. Jahrhunderts und damit in nicht-normierter Schreibung vorliegt. Der Duden bietet keine kostenfreie Nutzung seiner API an (vgl. www.duden.de/api) und das Digitale Wörterbuch der deutschen Sprache (DWDS) (www.dwds.de) ermöglicht leider keine Abfrage der Bedeutungsangaben seiner Artikel. Geeigneter scheint dagegen GermaNet (Hamp / Feldweg 1997) zu sein, ein lexikalisch-semantisches Wortnetz, das selbst auf der Grundidee von Konzepten aufbaut.

GermaNet wird von der Universität Tübingen nach dem Vorbild des englischsprachigen WordNet erarbeitet. Die erste Version erschien 1997, zuletzt die 17. Version im April 2022 mit 205.000 lexikalischen Einheiten, und damit einem Umfang, der weit mehr als den Grundwortschatz der deutschen Sprache abdeckt. Einheiten der Wortarten Nomina, Verben und Adjektive, „lexical units", werden in Synsets zusammengefasst, wenn sie dasselbe Konzept ausdrücken. Zwischen diesen wiederum werden Relationen definiert; besonders wichtig sind hier die Hy-

peronymie / Hyponomie-Relationen. Durch sie wird ein Netz von hierarchisch geordneten Konzepten entwickelt. Zudem wird jedes Synset in ein semantisches Feld
wie „Kommunikation", „Nahrung" oder „Gefühl" eingeordnet. Eine lexikalische
Einheit, z.b. Ball, kann Teil mehrerer Synsets sein: So kann Ball ein Synonym zu
Tanzball oder zu Kugel sein, also ein Sportgerät beschreiben oder dem Konzept
des Spielballs angehören. Das letztgenannte Konzept besteht aus eben jenen beiden
lexikalischen Einheiten Ball und Spielball, die den beiden übergeordneten Konzepten Kinderspielsachen und Kinderspielzeug zugeordnet sind und welche die
Unterkonzepte Plastikball, Gummiball, Wasserball und Bällchen aufweisen. Für
die beiden lexikalischen Einheiten wird darüber hinaus jeweils eine Definition von
Wiktionary aufgeführt: „kugelförmiges, oft mit Luft aufgeblasenes Spielzeug" für
Ball sowie „ein Ball, der zum Spielen bestimmt oder geeignet ist" für Spielball.

GermaNet bietet demnach ein Inventar von Konzepten mit verschiedenen Informationen. Nun stellt sich die Frage, wie man diese nutzen kann, um die Lemmata aus den Wörterbüchern den Synsets, also den GermaNet-Konzepten, zuzuordnen. Ein Ansatz ist das Prinzip des lexikalischen Feldes nach Henrich / Hinrichs /
Vodolazova (2014, 331ff.), das dafür genutzt wurde, um die GermaNet-Einheiten
mit den Wiktionary-Definitionen zu alignieren. Für jede lexikalische Einheit wird
ein Wortfeld erstellt, das die anderen lexikalischen Einheiten enthält, mit denen
dieses im GermaNet selbst in Beziehung steht. Dieses Vorgehen, wie es hier für die
einzelnen lexikalischen Einheiten praktiziert wurde, könnte man nun auch auf die
gesamten Synsets übertragen. Beim eben dargestellten Beispielsynset *Ball / Spielball* würden somit in das Wortfeld die folgenden Einheiten einfließen: die beiden
Synonyme *Ball* und *Spielball*, das semantische Feld *Artefakt* und alle über- und
untergeordneten Konzepte. Dieses Feld kann nun um die beiden vorliegenden Definitionen in Form von enthaltenen lemmatisierten Wortformen erweitert werden:
Ball, Spielen, bestimmt, geeignet, kugelförmig, Luft, aufgeblasen, Spielzeug. Funk-
tionswörter werden dabei nicht berücksichtigt. Hierbei wäre noch zu überlegen,
die Komposita zu splitten, d.h. *Gummiball* in *Gummi* und *Ball* zu zerlegen, um
eine größere Trefferwahrscheinlichkeit beim Abgleich zu erzeugen, wie es auch
Henrich / Hinrichs / Vodolazova empfehlen (vgl. ebd., 333).

Analog dazu können nun auch die Wörterbuchdefinitionen in Wortfelder überführt werden, eventuell mit Hinzunahme des Stichwortes, wobei dies nur im Fall
von standardsprachlichen Stichwortansätzen sinnvoll ist. Als Beispiel sei hier der
Artikel *Ball III* aus dem Rheinischen Wörterbuch mit seiner ersten Lesart ‚Spielball der Kinder, früher aus Lappen zusammengenäht, jetzt aus Gummi' angeführt
(vgl. Abb. 3).

Abb. 3: Wortfelder zum GermaNet-Synset *Ball* (links) und zum Artikel *Ball III* im Rheinischen Wörterbuch (rechts)

Diese beiden Wortfelder könnten nun die Grundlage für einen Abgleich bilden. Denkbar wäre zunächst ein einfacher Stringabgleich, bei dem die Anzahl der Übereinstimmungen gezählt wird, wie dies auch von Henrich / Hinrichs / Vodolazova für die Zuordnung der Wiktionary-Definitionen praktiziert wurde (vgl. ebd., 334). Eine andere Möglichkeit besteht im Abgleich der Semantik dieser Wortfelder mittels Word Embeddings und Word2Vec (vgl. Mikolov u. a. 2013). Bei diesem Verfahren lernt der Algorithmus auf der Grundlage eines sehr großen Textkorpus die Bedeutung der enthaltenen Wörter, die sich aus ihrer Position in einem berechneten Vektorraum ergibt. Wörter, die in den Texten in ähnlichen Kontexten auftreten, erhalten Wortvektoren, die nah beieinander liegen. So implizieren räumlich nahe Wortvektoren eine semantische Nähe. Auf diese Weise ist es möglich, die Semantik ganzer Sätze oder Texte auf einen Zahlwert abzubilden und vergleichbar zu machen. Möchte man ein Word Embedding selbst trainieren, benötigt man dazu eine sehr große Textmenge. Diese liegt jedoch nicht immer vor, weshalb es sich in vielen Fällen anbietet, ein vortrainiertes Embeddingmodell für die deutsche Standardsprache zu nutzen. Mit diesem könnte im vorliegenden Fall für jedes der in den Wortfeldern vorkommenden Wörter ein Wortvektor ermittelt und in einem nächsten Schritt für jedes der Wortfelder ein Durchschnittsvektor aus den aufsummierten Einzelvektoren berechnet werden. Die Idee ist, dass besonders nah beieinander liegende Wortfelder-Vektoren eine hohe Wahrscheinlichkeit für die Übereinstimmung der zugehörigen Konzepte anzeigen.

Es ist jedoch anzunehmen, dass die beiden Ansätze in der Anwendung auf die historischen Wörterbuchdaten nicht ganz so gute Ergebnisse erzielen werden. Denn sie scheitern bei sehr kurzen Definitionen, wie wir sie sehr häufig in den Artikeln vorfinden. Für die erste Methode liegen dann entsprechend nur wenige

Wörter zum Abgleich vor und es kann allein aus diesem Grund keine signifikant hohen Übereinstimmungen geben. Bei der Anwendung von Word Embeddings hat der Durchschnittsvektor eines sehr kleinen Wortfeldes keine große Aussagekraft, wenn die enthaltenen Wörter semantisch weit auseinanderliegen.

Kombination von Methoden

Die verschiedenen vorgestellten Methoden sollten möglichst miteinander kombiniert werden, um die Ergebnisse zu verbessern. So ist es denkbar, einen Grundstock aus gesicherten Verknüpfungen aufzubauen. In diesen fließen einerseits die Verweise der Lexikographen und die davon abgeleiteten sowie weitere eindeutige durch Lemma- und Stringabgleich ermittelte Zugehörigkeiten. Diese könnten dann genutzt werden, um die Definitionstexte bereits verknüpfter Lemmata zu kumulieren, um so die nutzbare Textmenge für den weiteren Abgleich, etwa mit GermaNet-Wortfeldern oder auch anderen Definitionen in den Wörterbüchern, zu vergrößern. Beispielsweise lassen sich auf diese Weise ausgehend vom Artikel *Brot-korb* im Pfälzischen Wörterbuch die folgenden Definitionen aggregieren:

a. ‚henkelloses Körbchen zur Aufnahme des geformten Brotes, ehe es in den Backofen geschoben wird' (*Brot-käubel*, PfWb)

b. ‚aus Stroh geflochtenes Körbchen, in das der Brotlaib zum Treiben gelegt wird' (*Back-körbchen*, PfWb)

c. ‚Körbchen aus Stroh zur Aufnahme des vorgeformten Brotteigs vor dem Einschießen in den Backofen' (*Kauben, Kaubel, Käubel*, PfWb)

d. ‚Kurbel (s. d.), in die der Teig zum Treiben gelegt wird' (*Back-korb*, RhWb)

e. ‚zum Hineinlegen des geformten Teiges' (*Brot-korb*, RhWb)

f. ‚Korb, in dem der Brotteig geformt wird' (*Bro"tkurwel*, LothWb)

Mithilfe dieser erweiterten Textmenge ist es denkbar, durch Abgleich die Definition des Lemmas *Bro'körb^{e}l* im Elsässischen Wörterbuch zu finden:

g. ‚Körbchen aus geflochtenem Stroh, zur Aufnahme des Teiges vor dem Einschiessen in den Backofen bestimmt' (*Bro'körb^{e}l*, ElsWb)

Eine Kombination vieler hier vorgestellter Methoden findet sich auch in einem neueren, vielversprechenden Ansatz, welcher Maschinelles Lernen zur Vernetzung von lexikalischen Ressourcen verwendet. Beispielsweise gleicht das Verlinkungstool NAISC (McCrae / Buitelaar 2018) die Bedeutungsangaben zweier verschiedener Wörterbücher miteinander ab und ordnet die Relation mit Hilfe eines überwachten Lernverfahrens in verschiedene Kategorien wie „exakte Übereinstimmung", „partielle Übereinstimmung", „einfache Relation" oder „keine Relation" ein. Das Tool betrachtet und kombiniert dabei verschiedene Textähnlichkeitsmerkmale, semantische Relationen sowie auch nichttextuelle Eigenschaften (vgl. McCrae u. a. 2021). Bislang wurde die Software allerdings nur zur Erkennung von Bedeutungsangaben übereinstimmender Lemmata angewandt (vgl. Ahmadi 2022). Eine Anwendung auf retrodigitalisierte, historische Wörterbücher, wie wir sie hier vorliegen haben, steht noch aus.

5. Herausforderungen durch die Datengrundlage

Die Anwendung digitaler Methoden zur Ermittlung von Textähnlichkeit und der Alignierung von Lemmata und ihren Definitionen wird durch verschiedene Aspekte der Datengrundlage vor Herausforderungen gestellt. Denn das Gelingen der dargestellten Methoden beruht stark auf der Homogenität und der Textlänge der Bedeutungsangaben.

Die charakteristische Kürze der Definitionen wurde in diesem Zusammenhang bereits thematisiert: In der Regel bestehen die Definitionen aus einzelnen Wörtern, Wortgruppen oder Halbsätzen. Vollständige Sätze und längere Umschreibungen treten nur selten auf. Dies hat zur Folge, dass für jedes Lemma insgesamt nicht viel Vergleichsmaterial zur Verfügung steht und die Methoden dadurch nur sehr ungenaue Ergebnisse liefern können. Hinzu kommen zahlreiche allgemeine, kategorisierende Bedeutungsangaben, wie beispielsweise ‚Fluchw.‘ (Fluchwort) für *Malefiz-donnerwetter* im Pfälzischen Wörterbuch oder ‚Kindw.‘ (Kindwort) für *Brummuck* im Elsässischen Wörterbuch. Ohne zusätzliche detaillierte Angaben ist es hier nicht möglich, eine eindeutige Bedeutung abzuleiten, mit welcher sich äquivalente Artikel in anderen Wörterbüchern finden lassen.

Sehr oft steht anstelle einer Definition die Angabe *wie nhd.*, *wie hd.*, *wie schd.* oder *nach dem Nhd.*, die angibt, dass das Lemma in der gleichen Bedeutung und Verwendungsweise wie in der Standardsprache verwendet wird. Für eine Vernetzung, die auf der Basis der Bedeutungsangaben erfolgt, wird es in diesen Fällen notwendig, zusätzlich eine allgemeinsprachliche Ressource hinzuzuziehen, aus der eine Definition zu dem entsprechenden Lemma extrahiert werden kann. Kaum durchführbar ist dieses Vorgehen allerdings, wenn der Stichwortansatz im Dialektwörterbuch in der Mundart vorliegt, da dann im standardsprachlichen Wörterbuch kein identisches Stichwort gefunden werden kann. Ein Beispiel für solch einen Fall ist der Artikel *majeschtädisch* aus dem Lothringischen Wörterbuch:

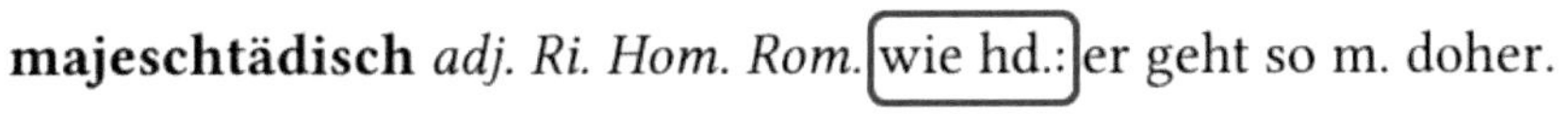

majeschtädisch *adj. Ri. Hom. Rom.* wie hd.: er geht so m. doher.

Abb. 4: Artikel *majeschtädisch* aus dem Lothringischen Wörterbuch

Noch problematischer wird es, wenn die Definition komplett fehlt oder lediglich ein dialektaler Beleg angeführt wird (vgl. Abb. 5: *Achter-gedanken* und *Alle-wille*). Zum Teil werden die Wendungen zwar ins Standarddeutsche übersetzt (vgl.

aus-denkig), allerdings können diese Abschnitte nicht als Ersatz für eine Definition des Stichwortes herangezogen werden, da sie die Bedeutung des gesamten Belegbeispiels wiedergeben.

Achter-gedanken Eup-Raeren Pl.: *Ohne alle A.*

Alle-wille: im Kinderlied: *Allewille, allewalle de Nachtigalle* Nrhn.

aus-denkig ⟨PfWb ↗⟩ ⟨ElsWb ↗⟩ ⟨LothWb ↗⟩ Saar, Trier bis Koch, Bitb, Daun Adj. präd.: *et as mer a.* ich habe es völlig vergessen; *de Nomen es mer eweil ganz a. (gen).*

Abb. 5: Artikel *Achter-gedanken, Alle-wille* und *aus-denkig* aus dem Rheinischen Wörterbuch

Die dialektsprachlichen Anteile in den Artikeln können leider bei der Vernetzungsaufgabe nicht dazu genutzt werden, um die hochdeutschen Definitionen zu erweitern oder fehlende Angaben zu ersetzen. Denn nach derzeitigem Stand lassen sich diese unzureichend bis gar nicht mit computerlinguistischen Tools verarbeiten, da keine Sprachmodelle für die hier betrachteten dialektalen Varietäten bestehen, mit Hilfe derer die Textteile lemmatisiert und tokenisiert oder deren Semantik erfasst werden könnte. Zur Erstellung solcher Modelle werden sehr große Textmengen benötigt, die für die Dialekte jedoch nicht vorliegen.

Eine weitere Rolle spielt die Tatsache, dass es sich bei den hier behandelten Wörterbüchern um historische Werke handelt. In ihnen werden viele Konzepte beschrieben, die es in der heutigen Lebenswelt gar nicht mehr gibt, zum Beispiel im Zusammenhang mit Handwerk und Berufen (vgl. *Heid-wasem*, Abb. 6). Zum Teil waren die Wörter bereits zum Entstehungszeitpunkt des Wörterbuchs schon gar nicht mehr Teil des aktiven Wortschatzes wie das Lemma *Türner* im Pfälzischen Wörterbuch, markiert durch das vorangestellte +-Zeichen (Abb. 7). Legt man nun ein Konzeptinventar wie GermaNet zugrunde, das die Gegenwartswelt und ihren Wortschatz abbildet, findet sich in diesem für solche Lemmata kein Bezugskonzept.

Heid-wasem Sieg m.: Rasenstück aus H.land, mit der die Köhler die Kohlenmeiler abdeckten (veralt.).

Abb. 6: Artikel *Heid-wasem* aus dem Rheinischen Wörterbuch

+Türner m. : 'wer auf den Stadttürmen Wache hält'. a. 1625/26: *Außgab gelt den Pfördtnern, Thürnern vndt Uffschließern* [StArch. Kaislt. Bürgerm. Rechn.]; vgl. ⟨PfWb ↗⟩ Turnknecht. ⟨RhWb ↗⟩ Rhein. VIII 1488 Türmer; ⟨BadWb⟩ Bad. I 612.

Abb. 7: Artikel *Türner* aus dem Pfälzischen Wörterbuch

Genauso kann es auch vorkommen, dass in den Definitionstexten Wörter auftreten, die in der heutigen Standardsprache nicht mehr verwendet werden. Beim Einsatz von Word Embedding-Modellen, die auf modernen Texten trainiert wurden, kann dann kein Wortvektor für diese ermittelt werden. Dies gilt auch, wenn die Texte historische orthographische Varianten enthalten wie beispielsweise *geheimthuender* in der Angabe zu *Muchler, Muchele* (Abb. 8) im Elsässischen Wörterbuch. Bei Wörtern wie beispielsweise *geil*, die in der Zeit nach der Publikation der Wörterbücher einen Bedeutungswandel erfahren haben, bildet der Wortvektor außerdem eine konnotativ andere Semantik ab und es kann dadurch zu Fehlzuordnungen kommen.

Muchler, Muchele [Myχlər *Str. K. Z.;* Myχələ *Ingersh. Katzent.*] *m. Hehler, geheimthuender Mensch, Duckmäuser.* ‘

Abb. 8: Artikel *Muchler, Muchele* aus dem Pfälzischen Wörterbuch

Der Abgleich der Bedeutungsangaben mit dem Ziel, synonyme Lemmata zu finden, ist also mit verschiedenen Herausforderungen verbunden, die einerseits textsortenbedingt sind, aber auch mit der Entstehungszeit im Zusammenhang stehen. Eine umfassende Vernetzung, die rein automatisiert erfolgt, ist zum aktuellen Zeitpunkt eine reine Zukunftsvision. Vielmehr können die dargestellten Methoden derzeit als Unterstützung bei der Ermittlung zugehöriger Lemmata und Bedeutungsangaben genutzt werden und als Ansatzpunkt für die weitergehende Erforschung von Lösungsansätzen dienen. Generell wird es notwendig sein, Konventionen für die Nutzung rein maschinell ermittelter Verknüpfungen zu erarbeiten. Der Einsatz computergestützter Methoden liefert nur wahrscheinliche, aber keine gesicherten lexikographischen Zuordnungen. Für die geringere Verlässlichkeit algorithmisch erzeugter Informationen wurde auch das DWDS bereits kritisiert (vgl. Kirkness 2016). Entscheidet man sich dazu, die berechneten Verknüpfungen in eine digitale Version zu integrieren und für Nutzende verfügbar zu machen, so sollte transparent gemacht werden, dass es sich bei diesen um nicht-lexikographisch erarbeitete, ungesicherte Referenzen handelt. Andernfalls müsste der Veröffentlichung eine manuelle Überprüfung der algorithmisch bestimmten Verknüpfungen vorausgehen, die jedoch mit hohem Aufwand verbunden ist.

Literatur

Ahmadi, Sina (2022): Monolingual Alignment of Word Senses and Definitions in Lexicographical Resources. National University of Ireland Galway. URL: https://sinaahmadi.github.io/docs/Thesis_Sina_Ahmadi.pdf (abgerufen am 28.10.22).

Alves, Daniel (2022) (Hg): IJHAC: International Journal of Humanities and Arts Computing. A Journal of Digital Humanities. Special Issue: Linked Open Data in the Arts and the Humanities" 16 (1). DOI: www.euppublishing.com/doi/epdf/10.3366/ijhac.2022.0271 (abgerufen am 28.10.22).

Avanço, Karla (2021): FAIR Principles and Linked Open Data. In: The road to FAIR, 30/07/2021. URL: https://roadtofair.hypotheses.org/288 (abgerufen am 29.3.23).

Berners-Lee, Tim / Daniel J. Weitzner / Wendy Hall / Kieron O'Hara / Nigel Shadbolt / James A. Hendler (2006): A Framework for Web Science. In: Foundations and Trends in Web Science 1 (1), 1–130. DOI: http://dx.doi.org/10.1561/1800000001.

Burch, Thomas / Andrea Rapp (2007): Das Wörterbuch-Netz. Verfahren – Methoden – Perspektiven. In: Daniel Burckhardt u. a. (Hg.): .hist 2006. Geschichte im Netz: Praxis, Chancen, Visionen. Beiträge der Tagung .hist 2006 (Historisches Forum, 10, Teilband I), 607–627.

Chiarcos, Christian / Christian Fäth / Maxim Ionov (2020): The ACoLi dictionary graph. In: Proceedings of the 12th Language Resources and Evaluation Conference, 3281–3290. URL: https://aclanthology.org/2020.lrec-1.401 (abgerufen am 28.10.22).

Fournier, Johannes (2003): Vorüberlegungen zum Aufbau eines Verbundes von Dialektwörterbüchern. In: Zeitschrift für Dialektologie und Linguistik 70, 155–176.

Hamp, Birgit / Helmut Feldweg (1997): GermaNet – a Lexical-Semantic Net for German. In: Proceedings of the ACL workshop Automatic Information Extraction and Building of Lexical Semantic Resources for NLP Applications. URL: https://aclanthology.org/W97-0802/ (abgerufen am 28.10.22).

Henrich, Verena / Erhard Hinrichs / Tatiana Vodolazova (2014): Aligning GermaNet Senses with Wiktionary Sense Definitions. In: Zygmunt Vetulani / Joseph Mariani (Hg.): Human Language Technology Challenges for Computer Science and Linguistics. LTC 2011, 329–342. DOI: https://doi.org/10.1007/978-3-319-08958-4_27.

Hinrichs, Erhard / Peter Leinen / Alexander Geyken / Andreas Speer / Regine Stein (2022): Text+: Language- and text-based Research Data Infrastructure. Zenodo. DOI: https://doi.org/10.5281/zenodo.6452002.

Kirkness, Alan (2016): Es leben die Riesenschildkröten! Plädoyer für die wissenschaftlich-historische Lexikographie des Deutschen. In: Lexicographica 32, 17–137. DOI: https://doi.org/10.1515/lexi-2016-0004.

Lane, Hobson / Cole Howard / Hannes Hapke (2019): Natural language processing in action. Understanding, analyzing, and generating text with Python. Shelter Island.

McCrae, John P. / Paul Buitelaar (2018): Linking Datasets Using Semantic Textual Similarity. In: Cybernetics and Information Technologies 18 (1), 109–123. DOI: https://doi.org/10.2478/cait-2018-0010.

McCrae, John P. / Sina Ahmadi / Seung-bin Yim / Lenka Bajčetić (2021): The ELEXIS system for monolingual sense linking in dictionaries. Zenodo. DOI: https://doi.org/10.5281/zenodo.5772026.

Mikolov, Tomas / Kai Chen / Greg Corrado / Jeffrey Dean (2013): Efficient Estimation of Word Representations in Vector Space. arXiv:1301.3781 [cs], 6. September 2013. DOI: https://doi.org/10.48550/arXiv.1301.3781.

Niebaum, Hermann / Jürgen Macha (2014): Einführung in die Dialektologie des Deutschen. 3., überarb. und erw. Aufl. Tübingen (Germanistische Arbeitshefte, 37).

Reichmann, Oskar (1989): Geschichte lexikographischer Programme in Deutschland. In: Franz Joseph Hausmann u. a. (Hg.): Wörterbücher. Ein internationales Handbuch zur Lexikographie. Erster Teilband. Berlin / New York (Handbücher zur Sprach- und Kommunikationswissenschaft, 5.1), 230–246.

Dichtung als Quelle. Klaus Groths *Gesammelte Werke* und das *Schleswig-Holsteinische Wörterbuch* als eine (zu?) fruchtbare Beziehung

Robert Langhanke, Flensburg

1. Hinführung

Am 20. April 1859 richtete der in den vorangegangenen sechs Jahren berühmt, aber nicht wohlhabend gewordene Dichter Klaus Groth an den Großherzog Carl Alexander von Sachsen-Weimar, der als Kunstmäzen bekannt war, einen längeren Brief zur Schilderung seiner persönlichen Lage. Dort heißt es in einem abschließenden Absatz:

> An litterarischen Arbeiten habe ich gegenwärtig vor[,] allmählig ein holsteinisches plattdeutsches Wörterbuch zu schreiben, das wird aber viele Jahre erfordern und wiederum meinen Aufenthalt im Lande wünschenswerth machen. (Groth 1911, 149)

Die Einordung des Wörterbuchs als „litterarische Arbeit" lässt aufmerken, da sie eine engere Bindung des Vorhabens zur Dichtung als zur wissenschaftlichen Abhandlung nahelegt und auf diese Weise mit Groths bisherigen Arbeitsschwerpunkten harmoniert. Zugleich wird deutlich, dass es dem Dichter nicht abwegig erscheint, dem potenziellen Förderer von Kunst und Kultur ein Wörterbuch als Projekt anzuzeigen. Der gewählte Kontext rückt das literarische und das projektierte lexikografische Schaffen eng zusammen.

In der Folge kam es jedoch weder zu einer Förderung durch den Großherzog noch zur Abfassung eines solchen Wörterbuches durch Groth, der zeitlebens keine im engeren Sinne wissenschaftlichen Projekte umsetzte. Sein Interesse an lexikografischen Vorhaben blieb jedoch erhalten, wie unter anderem ein Brief an den lippischen Dichter Wilhelm Oesterhaus vom 16. September 1882 unter Beweis stellt, in dem Groth schrieb:

> Mit einem Idiotikon beginnen Sie doch gleich. Schneiden Sie sich Papierkärtchen von gleicher, etwa Postkartengröße, wovon Sie immer ein dutz. bei sich tragen. Schreiben Sie gleich, wenn's Ihnen einfällt, ein Wort auf

die eine Seite, auf die Andre den Anfangsbuchstaben. Später lassen sie sich ordnen. (abgedruckt bei Langhanke 2007, 30)

Dass Groth selbst sich ebenfalls dieses dezidiert beschriebenen Verfahrens befleißigte, ist naheliegend, wurde aber bisher nicht nachgewiesen. Tatsache aber ist, dass er abgesehen von Glossaren zu seinen Werken, für die ihm im Falle des Glossars zur Gedichtsammlung *Quickborn* ab der dritten Auflage von 1854 die Hilfe des Germanisten Karl Müllenhoff zuteilwurde (vgl. Groth 1899/2005, 183–185), keine lexikografischen Arbeiten vorlegte, obgleich seine dichterische Spracharbeit einer hohen lexikalische Bewusstheit und Kenntnis bedurfte. Das Ringen um passende Wortformen beschreibt Groth als Hauptaufgabe bei der Gestaltung einer neuen niederdeutschen Literatursprache (vgl. Groth 1858b/2005, 53–55), für die er „kalt und klar das plattdeutsche Wort versuchte, bis es mir geläufig war" (Groth 1858b/2005, 54).

Obwohl Groth sich also Aufgabe und Verdienst vom Erstellen eines Wörterbuches versprach, hat er dieses arbeitsaufwändige Vorhaben nie umgesetzt. Sein ausgeprägtes autodidaktisches Streben nach wissenschaftlicher Erkenntnis in unterschiedlichen Disziplinen (vgl. Thomsen 2019, 118–129) und seine germanistische Vorlesungstätigkeit an der Kieler Universität (vgl. Bichel / Bichel / Hartig 1994, 98–99, 110) führte auch nicht zu einer im engeren Sinne wissenschaftlichen Auseinandersetzung mit dem Niederdeutschen. Die ästhetische – dabei philologisch geschulte – Gestaltung überwog. Ein empirisch handelnder Sprachforscher Groth im engeren Sinne lässt sich daher nicht skizzieren, wohl aber ein in linguistischer Theorie belesener Dichter, der dieses Wissen publizistisch abstrahlte (vgl. insb. Groth 1858a). Sein eigentliches lexikografisches Gewissen ist Karl Müllenhoff, der sich zwischen 1853 und 1858 vor allem um das mit einer klärenden Einleitung versehene Glossar zum *Quickborn* verdient machte (vgl. Müllenhoff 1854; 1856) und damit zur philologischen Verankerung im Sinne einer grammatischen Einordnung und lexikalischen Unterstützung der grothschen Literatursprache beitrug (vgl. insbesondere Thomsen 2019, 217–272).

Das andauernde Interesse des Dichters am Thema zeigt auch eine vermutlich aus Groths Feder stammende Rezension des 1880 erschienenen ersten Bandes des regionenübergreifenden Wörterbuches *Sprachschatz der Sassen* des Kartografen Heinrich Berghaus, das in der niederdeutschen Lexikografie zukünftig zwar keine größere Rolle spielen sollte, von Groth zeitgenössisch aber sehr gelobt wird (vgl. Berghaus 1880–1883). Er führt aus, „daß es ein wahres Vergnügen ist, halb vergessene Wörter der eigenen Sprache wieder zu finden, von bekannten die Erklärung, in manchem Citat etwas Amüsantes, etwas Belehrendes oder Poetisches" ([Groth] 1880b, 1). Der letztgenannte Aspekt verweist auf seinen eigenen Beitrag zum Thema, indem die poetische Anwendung des Wortmaterials insofern als Teil lexikografischer Arbeit begriffen wird, als dass sie im Wörterbuchartikel als aussagekräftiger Beleg dienen kann. Die skizzierte Vielfalt der möglichen Rezeption eines Wörterbuchs, verbunden mit einem unterhaltenden Lesevergnügen, wird sich auch in der späteren Wahrnehmung des *Schleswig-Holsteinischen Wörterbuchs* (1927–1935) von Otto Mensing durch die Öffentlichkeit wiederfinden. Groths Aufriss über den inhaltlichen Reiz des Wörterbuches in seiner Rezension zum *Sprachschatz der Sassen* kann damit als Vorgriff auf den ganzheitlichen Ansatz und Anspruch gelesen werden, den ab 1902, drei Jahre nach Groths Tod, das Langzeitprojekt eines *Schleswig-Holsteinischen Wörterbuches* (= SHWB) umfassend aufgreifen sollte.

Dessen Initiator Friedrich Kauffmann, als Germanist Lehrstuhlinhaber an der Kieler Universität (vgl. Menke 2003), verstand das Projekt vollständig aus dem Blickwinkel der Volkskunde heraus: „Es ist dies umfassende Werk als ein Repertorium schleswig-holsteinischer Volkskunde geplant." (Kauffmann 1903, 197) Dialektologische und dialektlexikografische, volkskundliche und mundartliterarische Interessen sind im 19. Jahrhundert als gemeinsamer Ausgangspunkt verschiedener dialektbezogener Arbeiten kaum voneinander zu trennen, wenn sich auch jeweils individuelle Wirkungsschwerpunkte herausbildeten (vgl. Langhanke 2009). Die Vermeidung einer Verfolgung allein lexikalischer Interessen bei der Durchführung der Wörterbucharbeit sicherte ein breiteres Publikums- und Fördererinteresse. Kauffmann war auch wissenschaftlicher Mentor Otto Mensings, den er im Zuge der Projektplanung zum Hauptbearbeiter des Wörterbuchprojekts machte, so dass sich das Nachschlagewerk in der Folge mit Mensings und nicht mit Kauffmanns Namen verbinden sollte, obgleich Kauffmann die grundsätzliche Konzeption vornahm (vgl. Drieschner 2009, 72–73).

Die Verknüpfung grothscher Dichtung mit den Wörterbuchartikeln dieses *Schleswig-Holsteinischen Wörterbuchs* wird im Folgenden offengelegt, um die Bedeutung literarischer Quellen für die Wörterbucharbeit im Allgemeinen und die Relevanz grothscher Literatursprache für das SHWB im Besonderen zu diskutieren. Mit der Bearbeitung und Publikation des SHWB konnten Groths lexikografische Ambitionen durch andere Hände schließlich doch noch Umsetzung finden und sich zugleich eng mit den Ergebnissen seiner eigenen niederdeutschen Spracharbeit verbinden. Ein Hauptinteresse bei der Offenlegung der grothbezogenen Verweisstrukturen im SHWB gilt der Frage, mit welcher Zielsetzung und nach welchem Muster Belege aus Werken Klaus Groths in die Wörterbuchartikel eingearbeitet wurden, ob zum Beispiel primär Einzelwörter entnommen wurden oder ob auch weitere Satz- und Textzusammenhänge in den Belegen erhalten blieben, oder ob die Groth-Belege eher für besonders archaische oder für besonders progressive Wortformen zum Einsatz gebracht wurden. Der folgende Abschnitt spezifiziert diese Fragestellungen.

2. Literarische Quellen im *Schleswig-Holsteinischen Wörterbuch*

Während die Methodik, Struktur und Genese zum Beispiel des 2021 abgeschlossenen *Westfälischen Wörterbuchs* (1969–2021) durch entsprechende Reflexionen und Darlegungen vollständig transparent sind (vgl. Damme 2013; 2021), sind diese Daten im Falle des *Schleswig-Holsteinischen Wörterbuchs* (1927–1935) von Otto Mensing seit längerer Zeit zu weiten Teilen verschüttet. Sie müssen wissenschafts-historisch schrittweise rekonstruiert werden, da das Publikationsjahrzehnt der Lie-ferungen und Bände zwischen 1925, dem Erscheinungsjahr der ersten Lieferung, und 1935, dem Abschlussjahr des fünften Bandes, fast ein Jahrhundert zurück-liegt. Seit dieser Zeit ist das SHWB unverzichtbare Grundlage niederdeutscher Sprachforschung zu den schleswig-holsteinischen Mundarten, aber auch ein im Kreise linguistischer Laien und der Rezipienten einer literarischen niederdeutschen Sprachkultur geschätztes Werk, das unter Niederdeutschinteressierten bisweilen sogar als eine ‚Lieblingslektüre' angegeben wird (vgl. dazu Mensing 1927, XIV; SHWB 5, 1935, [VII]). Das Wörterbuch als Informationsquelle und als eigen-ständiges Sprachkunstwerk bringt unterschiedliche Rezeptionshaltungen hervor. Bereits Mensing betont in der Einleitung zum SHWB die starke Breitenwirkung des Wörterbuchs, um die aus wirtschaftlichen und personellen Gründen um die sprachhistorischen Anteile verminderte und somit gekürzte „Volksausgabe", so der Titelzusatz des Werks, des Wörterbuchs zusätzlich zu motivieren und zu stützen (vgl. Mensing 1927, XV–XVI).[1]

Die Volksausgabe, wie sie nun im Werden ist, kommt in viele niederdeut-sche Häuser; sie wird von vielen Landsleuten nicht etwa bloß zum Nach-schlagen benutzt wie sonst wohl Wörterbücher, sondern gradezu gelesen, fast Zeile für Zeile, wie zahlreiche Zuschriften und mündliche Äußerungen immer wieder betonen. Die Hoffnung, die in der Ankündigung des Werkes im Dezember 1924 ausgesprochen wurde, daß das Buch dazu dienen möge, in schwerer Zeit die Liebe zu der angestammten Heimat in weiten Kreisen neu zu beleben und zu festigen, sie hat sich in überraschender Weise erfüllt. Es ist für den Herausgeber immer wieder eine Herzensfreude zu hören, daß das Buch sich in so manchem Hause findet, in das sonst nicht allzuviele Bücher kommen, daß viele jede neue Lieferung mit Spannung und Unge-duld erwarten, daß Schleswig-Holsteiner, die das Leben weit von der Hei-mat verschlagen hat, sich in stillen Stunden an diesen Blättern erbauen, aus denen ihnen ihre Stammesart rein und stark auf jeder Seite entgegenströmt. (Mensing 1927, XIV)

Der erwünschte Mehrwert zur Illustration der „Stammesart" transportiert zwar eine ideologische, zeitgenössisch unterstützte Aufladung des Wörterbuchprojekts, schlägt sich in den Wörterbucheinträgen selbst jedoch nicht nieder. So findet auch die Schlüsselbegrifflichkeit „Stammesart" nur an einer einzigen weiteren Stelle

---

1   Vgl. grundsätzlich zur Lexikografie des Niederdeutschen und zu seinen Großlandschaftswörterbü-
     chern Friebertshäuser (1983), Friebertshäuser (1986), Niebaum (2004) und Ruge / Schröder (2019)
     sowie Appenzeller (2011).

Verwendung (vgl. SHWB 2, 1929, 954, Artikel „Huus"), wenn in einem Exkurs über die Bauformen von Bauernhäusern berichtet wird.

Mensings im voranstehenden Zitat geäußerte Überraschung über die Popularität des Wörterbuchs resultiert aus der wissenschaftlichen und zunächst nicht unbedingt auf Breitenwirkung ausgelegten Planung des Projekts. Diese Breitenwirkung wird jedoch allein über die sprachliche Information im Verbund mit volkskundlichem Gehalt schließlich erzielt. Das SHWB entstand in einer Phase, in der die Verbindung sprachlicher und volkskundlicher Information unbedingt gefordert war. Erreicht wurde dieses Ziel auch über die Brücke des literarischen Textes. Die Beschaffenheit und konkrete Nutzung dieser Brücke wird im Folgenden thematisiert, indem erörtert wird, inwieweit literarische Texte und ihre Präsentation des Niederdeutschen die Großlandschaftswörterbücher beeinflusst haben. Die Funktion der Texte wird gleich zu Beginn von Mensings dem ersten Band des SHWB vorangestellter *Einleitung* deutlich, die sowohl Geschichte als auch Verfahren und Aufbau des Wörterbuchs erläutert:

> Im Wörterbuch sollte die Geschichte der Sprache und Sitte unseres Landes dargestellt werden. Sprachwissenschaft und Volkskunde, Wörter und Sachen sollten gleichmäßig Berücksichtigung finden. Jedes in Schleswig-Holstein bodenständige Wort sollte im Wandel seiner Form und Bedeutung sowie in seinen syntaktischen Beziehungen von den ältesten uns erreichbaren Quellen durch die Jahrhunderte bis in die heute lebende Volkssprache verfolgt, jeder Brauch auf seine älteste nachweisbare Form zurückgeführt und in seiner heutigen Geltung beschrieben werden. Zu diesem Zweck mußte alles, was je in niederdeutscher Sprache in Schleswig-Holstein geschrieben oder gedruckt ist, auf seine bodenständigen und volkstümlichen Bestandteile untersucht werden. Diese Aufgabe konnte am Schreibtisch, in den Bibliotheken und Archiven bewältigt werden. Wichtiger und dringlicher war die zweite Aufgabe: die Sammlung und Aufzeichnung des heute lebenden oder im Absterben begriffenen volkstümlichen Gutes in Sprache und Sitte. (Mensing 1927, IX)

Im Verlauf der Einleitung werden der Umgang mit verschriftlichten Quellen und ihr Umfang näher erläutert. Große Aufmerksamkeit galt zunächst der Auswertung mittelniederdeutscher Texte aus Schleswig-Holstein, deren Bearbeitung eine methodische Grundlage für die Berücksichtigung neuerer Literatur schuf.

> Seit durch das Entgegenkommen der Provinzialverwaltung größere Geldmittel zur Verfügung standen (1907), konnte die planmäßige Bearbeitung der literarischen Quellen, die in bescheidenem Umfang bereits in Angriff genommen war, tatkräftig gefördert werden. Im Laufe der nächsten zehn Jahre ist der größte Teil unserer älteren niederdeutschen Literatur von den Brocken in den lateinischen Urkunden des 12. Jahrhunderts an bis zum Untergang der Schriftsprache im 17. Jahrhundert für die Zwecke des Wörter-

buchs bearbeitet worden. Das Ergebnis ist eine umfangreiche, alphabetisch geordnete Zettelsammlung, die schon mancher wissenschaftlichen Arbeit zu Gute gekommen ist und die gern jedem zugänglich gemacht wird, der sie zu benutzen wünscht. (Mensing 1927, XI)

An diese für eine lexikalische Erfassung der älteren Sprachstufen unerlässliche Vorgehensweise schloss die Auswertung neuerer Texte an, die Mensing als einen Verbund von sprachlichen Hinweisen in Sachtexten, den älteren lexikografischen Sammlungen und der niederdeutschen „schönen Literatur" und deren Neuansatz in Schleswig-Holstein um 1850 beschreibt.

Auch die neuere Literatur seit etwa 1700 wurde verzettelt, besonders alle geschichtlichen, volkswirtschaftlichen und volkskundlichen Zeitschriften, ferner die Wörterverzeichnisse und Idiotika des 18. u. 19. Jahrhunderts (namentl. Schützes großes Werk), die zahlreichen Reisebeschreibungen und Ortschroniken (gegen 90 verschiedene Werke) und die schöne Literatur seit Sophie Dethleffs und Klaus Groth bis auf unsere jüngsten Schriftsteller und Dichter. Eine Übersicht über die Quellen, die für die vorliegende Ausgabe besonders in Betracht kommen, folgt weiter unten. (Mensing 1927, XII)

Auf die Sprachform dieser Texte geht Mensing nicht eigens ein, so dass primär von niederdeutschsprachigem Material auszugehen ist, obwohl im Verlauf zu zeigen sein wird, dass auch niederdeutsche Lexeme in hochdeutschsprachigen Texten Berücksichtigung fanden. Im abschließenden Vorwort zum fünften Band äußert sich Mensing noch einmal zu den quellenkritischen Problemen der allein textbasierten Daten, nachdem er zuvor den Wert insbesondere der frühen Erhebungsrunden des SHWB in den ersten Jahren nach 1902 hervorgehoben hat, die indirekt bis in das späte 18. Jahrhundert hineinreichen konnten, da Gewährspersonen befragt wurden, die um 1820 geboren worden waren (vgl. SHWB 5, 1935, Vorwort, [VII]). Zu dieser Generation gehörte auch der 1819 in Heide geborene und 1899 in Kiel verstorbene, daher für das Wörterbuch nicht mehr direkt befragte Klaus Groth.

Diese mündliche Überlieferung mußte oft den Mangel an schriftlichen Quellen ersetzen. Das aber war sicher nicht zum Schaden des Ganzen; denn diese Quellen erwiesen sich vielfach schon als literarisch gefärbt und vom hochdeutschen Stil der Zeit beeinflußt. Es ist überhaupt mein Bestreben gewesen, nur das aufzunehmen, was ich für echt volkstümlich hielt, und ich habe lieber das eine oder andere unterdrückt als Unsicheres weitergegeben. (SHWB 5, 1935, Vorwort, [VII–VIII]).

Die Texte Groths scheinen von Mensings abschließender Kritik einer zu starken hochdeutschen Beeinflussung literarischer Texte nicht betroffen gewesen zu sein, da sie in einem großen Umfang berücksichtigt wurden, wie im weiteren Verlauf zu zeigen sein wird.

Zwar musste von der Darstellung der historischen Entwicklung der sprachlichen Formen im Fortgang des Projekts abgesehen werden, so dass die ausgewerteten mittelniederdeutschen Texte keinen Eingang in die Wörterbuchartikel erhielten, aber die Zielsetzung, alles zu untersuchen, „was je in niederdeutscher Sprache in Schleswig-Holstein geschrieben oder gedruckt" wurde, rückt auch die jüngeren literarischen Zeugnisse in einen klar definierten Zusammenhang und erkennt ihnen den gleichen Quellenwert zu wie den Texten des 15. Jahrhunderts. Das Nebeneinander des von Einzelpersönlichkeiten verschriftlichten Wortmaterials und des in der Gegenwart der Wörterbucherstellung aufgezeichneten Wortmaterials musste in den Artikeln des Wörterbuchs moderiert und kombiniert werden, zumal nicht mit einer deckungsgleichen Quellenlage zu rechnen war – nicht alle verschriftlichten Wortformen fanden sich im rezenten Gebrauch und umgekehrt, wodurch sich auch eine Rechtfertigung beider Quellen und ihrer Kombination ergibt. Deutlich ist jedoch die Nachordnung der schriftlichen hinter die mündlichen Quellen für die neuere Zeit und die Gegenwart der Wörterbucherstellung. Die Frequenz der Verweise auf literarische Quellen kann schließlich Auskunft darüber geben, inwieweit sich diese erwünschte Schwerpunktsetzung in der tatsächlichen Anlage und Ausgestaltung der Lemmaliste niederschlägt.

Insbesondere drei Werkkomplexe kommen am Beginn des 20. Jahrhunderts als ergiebige, auch Mehrfachbelege zulassende literarische Quelle für ein Wörterbuch schleswig-holsteinischer Mundartregionen in Frage. Der Dithmarscher Klaus Groth (1819–1899) und die Holsteiner Joachim Mähl (1827–1909) und Johann Hinrich Fehrs (1838–1916) haben jeweils eine größere Anzahl niederdeutscher Texte vorgelegt, wodurch sie sich von zahlreichen Autoren der Zeit unterscheiden, die im Vergleich überschaubare Werkkomplexe bieten. Laut dem eher kursorisch angelegten, weder alphabetisch noch chronologisch geordneten Verzeichnis der „Schriftlichen Quellen"[2] wurden sechs monografische Texte Mähls und die jeweils vier Bände umfassenden Werkausgaben Groths und Fehrs' ausgewertet. Die Werkausgaben ermöglichen sehr knappe Verweise auf einen umfänglichen Textbestand, wurden aber dennoch nicht in das Abkürzungsverzeichnis für besonders häufig verwendete Texte aufgenommen. Indem die Autornamen wie Groth oder Fehrs in den Artikeln nicht abgekürzt werden, bleibt der Bezug für die RezipientInnen klar ersichtlich. Andere literarische Texte treten in geringerem Umfang hinzu. Zudem gibt Mensing an, dass das Quellenverzeichnis und die Artikel nicht alle für die Verzettelung des Wortschatzes verwendeten Quellen nennen.

Die folgende Liste [schriftlicher Quellen] enthält nur einen kleinen Teil der für die Sammlungen des Wörterbuchs verwendeten Schriften. Hier sollen

---

2   Vgl. Mensing (1927, XIX–XXI). Zu Beginn der Liste wird ihr Bestand als Auswahl gekennzeichnet, ohne dass eine transparente Systematik erkennbar wäre. Im zweiten Band wird zu Beginn eine kurze Ergänzungsliste mit weiteren Texten gebracht (vgl. SHWB 2, 1929, [VIII]). Die literarische Quellenbasis des SHWB wird somit nur teilweise genannt.

nur einige Werke aufgeführt werden, die für die vorliegende Ausgabe in Betracht kamen und gelegentlich im Text genannt werden. (Mensing 1927, XIX)

In den fünf Bänden des Wörterbuchs finden sich 2805 Verweise auf Groth zuzüglich der 16 Verweise auf das *Quickborn*-Glossar (= 2821 Verweise), der 196 Verweise auf Fehrs und der 99 Verweise auf Mähl. Gezählt werden hier allein die einzelnen Referenzen auf Autornamen; diese können sich jedoch jeweils mit mehreren Textstellen verbinden, auf die im Rahmen des betroffenen Artikels verwiesen wird. Weitere literarische Texte treten hinzu. Überraschend ist der umfassende Bezug auf die *Sämmtlichen Werke* Theodor Storms (vgl. Storm 1898/1917), auf die 142 Verweise gesetzt werden, obwohl es sich um hochdeutsche Texte mit niederdeutschen Einzelwörtern oder um Bezüge auf hochdeutsche Übersetzungen spezifischer niederdeutscher Wörter handelt.[3] Die Verwendung der stets leicht titelabweichend als „Ges. W." oder ähnlich abgekürzten Storm-Ausgabe (vgl. Storm 1898/1917) wird in beiden Literaturverzeichnissen des SHWB nicht offengelegt (vgl. Mensing 1927, XIX–XXI; SHWB 2, 1929, [VIII]).

Für einen exemplarischen Vertreter weiterer niederdeutscher Einzeltexte sei auf Johann Rhode Friedrich Augustiny verwiesen, der mit seinem literarischen Werk *Achtern Åben* (1857) über 15 Verweise und mit seinem Sachtext *Versuch einer Chronik des Kirchspiels Hollingstedt* (1852) über zwei Verweise beteiligt ist und somit vereinzelt als Referenz dient. Als ergiebig erweisen sich hingegen die *Sagen, Märchen und Lieder der Herzogtümer Schleswig, Holstein und Lauenburg*, ursprünglich 1845 herausgegeben von Karl Müllenhoff und 1921 neu herausgegeben ausgerechnet von Otto Mensing, auf die unter der Abkürzung *Mhff.*[2] in 1124 Fällen verwiesen wird. Auf die Zeitschrift *Niederdeutsches Jahrbuch* entfallen insgesamt 697 Verweise, und das *Niederdeutsche Korrespondenzblatt* wird an 332 Stellen im Wörterbuch genannt. Auch auf die fünf Bände (Bd. 1–5, 1767–1771) und insbesondere auf den zweiten Nachtragsband (Bd. 6, 1869) des *Versuchs eines bremisch-niedersächsischen Wörterbuchs* von Eberhard Tiling werden lediglich 285 Verweise unter der Abkürzung *Brem. Wbch.* gebracht.

Somit wird deutlich, dass die Referenzen auf die *Gesammelten Werke* Klaus Groths mit Abstand den größten Raum im Wörterbuch einnehmen, wenn auch bei weitem nicht jeder Eintrag oder jede der 5146 Spalten des Wörterbuchs betroffen ist – was jedoch auch nicht zu erwarten war, da das Werk nicht als Groth-Glossar, sondern als Großlandschaftswörterbuch angelegt wurde. Bei 2805 (mit den Glossarverweisen 2821) Groth-Belegen auf 5146 Wörterbuchspalten ist durchschnittlich jedoch mehr als jede zweite Spalte und somit mindestens jede der 2573 Wörterbuchseiten grundsätzlich von einem Groth-Beleg betroffen, so dass eine starke Prägung der Wörterbucharbeit und zahlreicher Artikel durch die grothsche Litera-

---

3 Vgl. zu diesem Sonderfall literarischer Referenz im SHWB Langhanke (2024).

tursprache anzusetzen ist, der folglich hohe Relevanz für das schleswig-holsteini-sche Großlandschaftswörterbuch zuerkannt wurde. Vor diesem Hintergrund fällt erneut auf, dass das Abkürzungsverzeichnis des SHWB keine einheitliche Sigle für Groths GW vergeben hat (vgl. SHWB 1, 1927, [XXIV]). In der Regel wird im Wörterbuch der Hinweis „Groth" als hinreichend erachtet.

Die weitere Analyse konzentriert sich auf die Groth-Verweise im SHWB, ließe sich aber auch auf die Art und Weise der Berücksichtigung weiterer Primärtexte ausdehnen. Die Entscheidung stellt auch in Rechnung, dass die Dichtungen Klaus Groths in Norddeutschland in der zweiten Hälfte des 19. und Anfang des 20. Jahr-hunderts einen so hohen Bekanntheitsgrad gewonnen hatten, dass diesem Text-material allein aufgrund seiner literaturgeschichtlichen Wirkung besondere Autori-tät zugesprochen werden konnte. Vor diesem Hintergrund ist der überproportional große Groth-Bezug nicht überraschend, aber dennoch im Detail seiner Umsetzung erläuterungsbedürftig.

Allgemeiner gefasst versucht die Analyse, den Blick auf die Bedeutung litera-rischer Textquellen für die Wörterbucharbeit zu richten. Damit wird auch die Fra-ge nach weiteren Informationsgehalten großlandschaftlicher Dialektwörterbücher neben der rein wortschatzbezogenen Information aufgerufen, da der ausgewertete mundartliche Text zum Mehrwert des Wörterbuchs beiträgt, indem seine Berück-sichtigung Anschlussfragen aufwirft und Lektüreanregung bietet. Mit welcher Zielsetzung setzen die literarischen Texte welche Wörter ein, wie verhält sich die gebotene schriftsprachliche zur gesprochensprachlichen Struktur, wie löst wiede-rum das Wörterbuch den möglichen Konflikt seiner unterschiedlichen mündlich-keits- und schriftlichkeitsbasierten Quellen auf? Diese und weitere Fragen ruft die in den Blick genommene Verbindung von Lexikografie und Dichtung auf.

3. Dialektologische Wörterbucharbeit und literarische Quellen

Es gibt bislang nur wenige Untersuchungen zur näheren Verankerung der Auswer-tungen literarischer Texte in den dialektalen Großlandschaftswörterbüchern.[4] So widmet die umfangreichste lexikografiehistoriografische Darstellung, Appenzel-lers Untersuchung zur Geschichte des *Niedersächsischen Wörterbuchs*, diesem As-pekt allein zwei Seiten (vgl. Appenzeller 2011, 209–211), obgleich umfangreiche

---

4   Die grundsätzliche umfassende Bedeutung literarischer Überlieferung für die Erstellung von Wör-terbüchern älterer und neuerer Sprachstufen wird in diesem Kontext nicht näher erfasst. Während die Lexikografie älterer Sprachstufen vollständig auf überlieferten Texten beruht und zudem ein-zelne Werkkomplexe lexikografisch aufgearbeitet wurden, steht auch für die neueren Sprachstufen der lexikalische Quellenwert von (literarischem) Textmaterial außer Frage. Die HSK-Bände zur *Lexikographie* widmen der literarischen Quellengruppe jedoch keinen eigenen Artikel (vgl. Haus-mann u. a. 1989–2013). Im Folgenden interessiert allein der Sonderfall der Dialektwörterbücher, da sie eine primär mündlich realisierte, nur in Teilen schriftsprachlich begleitete Sprachform doku-mentieren, aber dennoch schriftsprachliches, literarisches Material einbinden.

Korrespondenz der Wörterbuchkanzlei mit niederdeutschen Autoren erhalten ist und Appenzeller feststellt, dass „[n]ahezu alle deutschsprachigen Großlandschafts-wörterbücher [...] Belege aus der belletristischen Mundartliteratur in ihre Archive integriert [haben]" (Appenzeller 2011, 209).

Wanner stellt in seiner Beurteilung der belletristischen Quellen für das schwei-zerdeutsche Idioticon neben der bekannten Kritik an der eingeschränkten phone-tischen Genauigkeit ihren semantischen Gehalt als Vorteil heraus und spricht von einer „unerschöpflichen Fundgrube von höchstem Wert" (Wanner 1971, 65–66). Das liegt nach Wanner an dem „für eine anspruchsvollere Lexikographie unent-behrlichen Kontext, der erlaubt, den Wortinhalt nach allen Seiten auszuleuchten, den Gebrauch bis in die Phraseologie zu verfolgen" (Wanner 1971, 66). Erst die Mundartliteratur ermögliche entsprechende Belege im Wörterbuch. Ihre bisweilen vorhandenen Glossare sieht Wanner nicht allein als Vorteil an, da sie die Wort-bedeutungen wiederum einengen können, wie auch im Falle grothscher Glossare (vgl. Müllenhoff 1854) erkennbar ist, da jeweils nur die unmittelbar relevante Wort-bedeutung und kein breiteres Spektrum abgebildet wird. Zur Arbeit des Redaktors bringt Wanner jedoch eine wichtige Anmerkung ein. Zwar seien Wendungen in der Schriftsprache leicht isolierbar, aber schwieriger sei es, „aus der Mundart her-aus konzipierte, aber dichterische und individuelle Formulierungen, wie die gera-de bei starken schriftstellerischen Talenten vorkommen, vom usuellen Gebrauch der entsprechenden Mundartgemeinschaft zu unterscheiden" (Wanner 1971, 66). Diese Herausforderung besteht insbesondere dann, wenn eine Autorin oder ein Autor betont, nur authentische Sprachformen zu gestalten. Eine solche Aussage wäre quellenkritisch zu prüfen. Mit Recht weist auch Wanner auf die nur bedingt mögliche Korrelation von Ersterscheinungsjahr eines Textes und seinem Sprach-stand hin, da Dialektliteratur häufig älteren Sprachformen den Vorzug gibt und dadurch das Bild verfälschen könnte (vgl. Wanner 1971, 66). Dennoch bleibe das Erscheinungsjahr literarischer Quellen eine wichtige Bezugsgröße für ihre Einord-nung (vgl. Wanner 1971, 68). Baur bewertet die Hinzunahme von Belegsätzen aus der Mundartliteratur kritischer, da er vornehmlich die Nachteile sieht, die im mög-lichen schriftsprachlichen Einfluss, im konstruierenden „Reim- und Rhythmus-zwang im Mundartgedicht", im „antiquarischen Interesse" mancher Autoren und grundsätzlich in der selbständigen literarischen Kreativität und Gestaltungsfrei-heit der Autoren zu suchen seien (vgl. Baur 1987, 82). Im Grenzbereich zwischen Dichtung und Erhebung stehen gedruckte Sprachproben, die in der Regel eigens für die Wörterbucharbeit erstellt wurden (vgl. Haas 1981, 28–29), und für die alle vorgebrachten Bedenken und Vorzüge solchen Materials in gleicher Weise gelten. Einen besonderen publizistischen Effekt kann Haas beim 1862 erfolgten Aufruf zur Materialsammlung für das schweizerdeutsche *Idioticon* feststellen. Dieser förderte „die Produktion mundartlicher Literatur, da sich da und dort ein schreibgewandter Mundartfreund angestachelt fühlte, statt der ‚nackten Idiotismen' selbstverfaßte Anekdoten, Gedichte oder Erzählungen zu liefern, die dann nicht selten mit dem

Untertitel ‚Ein Beitrag zum schweizerdeutschen Idiotikon' gedruckt erschienen.'' (Haas 1981, 28–29) Vornehmlich besteht das angesprochene Problem der Aktualität des ausgewerteten Materials, das im Falle der Schriftquellen rasch in den Verdacht des Antiquarischen gerät. Die Praxis der Auswertung von Mundartliteratur auch im konkreten Wörterbuchartikel ist daher gut beraten, Quelle und Datierung des Belegs zu nennen (vgl. Baur 1986, 88), um ihn auch diachron verorten zu können.

Baurs (1986, 89) schematische Übersicht zu den Korpora von 28 Großlandschaftswörterbüchern erbringt, dass 27 Wörterbücher Dialektdichtung auswerten und nur drei Wörterbücher der Gruppe von dieser Quelle nur eingeschränkt Gebrauch machen. Übertroffen wird dieser hohe Wert nur von der Verwendung spontaner freier Sammlungen, die nachweislich für 27 von 28 Wörterbüchern gilt.

Diese Ausgangslage zeigt bei aller gebotenen Quellenkritik die Relevanz literarischer Quellen für die dialektologische Wörterbucharbeit. Die weitreichende Auswertungstradition begründet auch den hier versuchten retrospektiven Blick auf die gedruckten Lieferungen des SHWB und ihre spezifische Abbildung und Eingliederung des mundartliterarischen Materials.

Die weiteren Überlegungen gehen von einem weniger lexikografischen als textkritischen Standpunkt aus. Geprüft wird, wie viel sprachlicher und inhaltlicher Gehalt der Texte Groths im Wörterbuch gespeichert wurde und in welcher Intensität grothsche Textzusammenhänge erhalten geblieben sind. Daran wäre auch zu ermessen, welcher Status der möglichen Autorität Groth zukommt – werden geschlossene Informationsfelder übernommen, oder ist es lediglich eine herausgebrochene oder gleichsam heruntergebrochene lexikalische Information? Gesucht wird also nach der Intensität und damit nach der Qualität grothscher Information im Wörterbuch, deren belastbare Quantität bereits im Überblick aufgezeigt wurde.

Auch die Nutzerinnen und Nutzer des Wörterbuchs geraten in den Blick. Die große Popularität der grothschen Texte lässt den Verweisen im als *Volksaufgabe* gekennzeichneten SHWB einen besonderen Stellenwert zukommen. Groth war im Kreise seiner Leserinnen und Leser als sprachliche Autorität anerkannt,[5] so dass Zitate seiner Texte bei der Rezeption des Wörterbuchs eine sprachillustrierende Wirkung und einen Wiedererkennungseffekt entfalten konnten. Das Wörterbuch gewinnt durch seinen literarischen Gehalt an Attraktivität. Es greift jedoch sicherlich zu kurz, allein eine zusätzlich illustrierende Wirkung anzunehmen. Vielmehr könnte der grothsche Lexembestand die Anlage der Lemmaliste des Wörterbuchs erkennbar mitbestimmt haben.

Das sprachbewusste Vorgehen des Dichters, der keineswegs leichtfertig mit lexikalischem Material umging, traf auf das kritisch sammelnde Interesse der Le-

---

5 Groths zeitgenössische Anerkennung als Sprachkenner des Niederdeutschen lässt sich beispielsweise an seiner Korrespondenz mit niederdeutschen Autorinnen und Autoren und seiner Rezensionstätigkeit ablesen (vgl. u. a. Scheuermann 2018).

xikografie. Dieser Umstand sorgte für eine lang andauernde, bis heute nicht abgeschlossene Symbiose. Aus umgekehrter Sicht ist das SHWB in der Gegenwart ein wichtiges Instrument zur Erschließung der Texte Groths. Nahezu alle Wortformen der grothschen Texte lassen sich über das Wörterbuch klären. Über die Quellenvielfalt des Wörterbuchs werden mögliche Zirkelschlüsse in vielen Fällen vermieden. Sie treten bisweilen auf, wenn allein ein Beleg aus Groths Werk für ein bestimmtes Lexem eintritt. Näheren Aufschluss über diese Effekte bietet die Auseinandersetzung mit dem Belegmaterial im fünften Abschnitt des Beitrags.

Zuvor klärt die Einordnung von Otto Mensing als Hauptbearbeiter des SHWB weitere konzeptuelle Grundlagen des Wörterbuchprojekts und seiner Umsetzung sowie das sprachliche Interesse des Bearbeiters.

4. Otto Mensing als Bearbeiter des *Schleswig-Holsteinischen Wörterbuchs*

Otto Mensing ist eine Schlüsselfigur der schrittweisen akademischen und kulturellen Institutionalisierung des Niederdeutschen in Schleswig-Holstein.[6] Trotz bildungspolitischer Bemühungen gelang es nach 1920 jedoch nicht, eine ordentliche Professur an der Kieler Universität für ihn zu erwirken und die Wörterbucharbeit sowie die weitere wissenschaftliche Auseinandersetzung mit dem Niederdeutschen dadurch so zu stützen, wie es an den Universitäten Hamburg und Rostock bereits umgesetzt worden war (vgl. Bieberstedt u. a. 2023). Der 1868 in Lütjenburg in Ostholstein geborene Mensing wurde nach dem Studium in München und Kiel 1891 in Kiel mit einem Thema zur alt- und mittelhochdeutschen Syntax promoviert und habilitierte sich dort 1903. Seit 1891 war er im höheren Schuldienst, zuletzt als Gymnasialprofessor und Studienrat an der Kieler Gelehrtenschule. Seit 1903 war er Privatdozent, seit 1917 Titularprofessor an der CAU, an der er 1921 zum außerordentlichen, nicht verbeamteten Professor für Deutsche Philologie mit einem Lehrauftrag für niederdeutsche Sprache, Literatur und Volkskunde berufen wurde – fortgesetzt jedoch zusätzlich zum Schuldienst, aus dem er sich erst 1928 beurlauben ließ, um hauptsächlich wissenschaftlich arbeiten und lehren zu können.

Das forschende Arbeiten fokussierte seit 1902 primär das *Schleswig-Holsteinische Wörterbuch*, während Mensing deutsche Grammatik und niederdeutsche Sprach- und Literaturgeschichte lehrte. Mehrere weit verbreitete Lehr- und Übungsbücher für das Studium und für den Unterricht an höheren Schulen trugen zu seiner Bekanntheit bei. 1921 gründete er die bis heute bestehende Niederdeutsche Bühne in Kiel in einer Phase zahlreicher Gründungen niederdeutscher Theater. In der Betrachtung seines Lebensweges zeigen sich Parallelen zu Richard

---

6   Vgl. zu Mensing Molzow (2000), Goltz / Molzow (2004), Zimmermann (1995) und insbesondere Drieschner (2009).

Wossidlo, Karl Schulte Kemminghausen, Erich Nörrenberg oder auch Karl Wagenfeld, doch kann man jedem dieser Mitgestalter des niederdeutschen Kultur- und Wissenschaftsbetriebs in der ersten Hälfte des 20. Jahrhunderts (und später) mit Verbindungen zur niederdeutschen Lexikografie nur in Einzelbetrachtung gerecht werden. Bei Mensing fallen die geregelte und erfolgreiche akademische Qualifikationsphase, die enge Bindung an das Schulwesen und das starke Engagement für das Theaterspiel auf. Das für zahlreiche Akteure der Niederdeutschproduktion und -rezeption insbesondere an der Schnittstelle von Wissenschaft und Kulturarbeit ab den 1920er und spätestens in den 1930er Jahren prägende Engagement für nationalsozialistische Ideologien und Organisationen fällt bei Mensing abgemildert aus. Er war kein Mitglied der NSDAP und hielt sich auch publizistisch zurück, reihte sich aber mit seiner bewahrenden Betrachtung des Niederdeutschen in kulturpolitische Vorstellungen des Regimes ein und stand ihm in dieser letzten Phase seines Lebens nicht offen ablehnend gegenüber; 1934 trat er dem NS-Lehrerbund bei (vgl. Zimmermann 1995, 183). Konzeption, Durchführung und Publikation des 1935 abgeschlossenen Wörterbuchs sind von einem solchen Engagement jedoch nicht erkennbar berührt. Einer seiner akademischen Schüler ist Erich Nörrenberg, der als Begründer des Archivs des *Westfälischen Wörterbuchs* wiederum Anteil an der Grundlegung eines anderen Großlandschaftswörterbuches hatte.[7]

Friedrich Kauffmann betraute Otto Mensing vor der Aufnahme der Arbeiten im Jahre 1902 mit der Durchführung des Wörterbuchs für Schleswig-Holstein (vgl. Drieschner 2009, 72–73). Wiederholt betont Mensing in der anschließenden Bearbeitungsphase des SHWB, dass parallel zum Rückgang des niederdeutschen Sprachgebrauchs auch ein starker Wandel alltäglicher Lebensformen in allen Bereichen festzustellen sei, was von ihm ausschließlich negativ beurteilt wird (vgl. Mensing 1924, 286; 1927). Diese konservativ-bewahrende Haltung steht in deutlicher Verbindung zum Themenspektrum niederdeutscher Literatur, weil auch die dort gestalteten Lebenswelten in der Regel traditionswahrend gezeichnet sind und oftmals nicht in der Gegenwart der Produzenten und Rezipienten liegen, sondern in einer nicht allzuweit zurückliegenden vorangegangenen Phase, für deren Zeitspanne ein noch ungetrübter Niederdeutschgebrauch widerspruchslos behauptet werden kann. Dieses Verfahren wenden auch Groth, Fehrs und Joachim Mähl an, wobei sich damit nicht zwangsläufig eine kritische Haltung zur Gegenwart verknüpft.

Die Aufgabe der Wortschatzpräsentation durch das SHWB war daher auch für Mensing stark volkskundlich geprägt. Die entsprechende Aufarbeitung lief zweischrittig ab. „Zu diesem Zweck mußte zunächst alles, was je in plattdeutscher Sprache in Schleswig-Holstein geschrieben oder gedruckt worden ist, eine fast tausendjährige Ueberlieferung auf ihre bodenständigen und volkstümlichen Bestandteile untersucht werden." (Mensing 1924, 267) Eine zweite Aufgabe betraf

---

7 Vgl. zu den Lebensdaten und Wirkungsstationen Mensings Drieschner (2009, 71–72, 78–80), Zimmermann (1995, 168–183), Molzow (2000), Goltz / Molzow (2004).

die gegenwärtige Sammeltätigkeit in den schleswig-holsteinischen Regionen, die über einen in Zeitschriftenartikeln realisierten frühen Ansatz von *crowd sourcing* und *citizen science* vor sich ging, indem eine große Gruppe freiwilliger Helferinnen und Helfer in ihrer jeweiligen Region frei oder fragebogengestützt Belege sammelte, dokumentierte und übermittelte. Eine Begrenzung auf bestimmte Berufsgruppen oder Amtsträger ist dabei nicht festzustellen. Der Erste Weltkrieg und die Nachkriegszeit bremsten dieses Vorgehen, doch 1923 fiel auf der Grundlage von 800.000 Wörterbuchzetteln die Entscheidung zur Aufnahme der Manuskripterstellung (vgl. Mensing 1924, 267).

Der wirtschaftlichen und personellen Not der Zeit, aber auch dem Wunsch nach einem strafferen Konzept folgend, wandelte Mensing 1923 das Konzept des SHWB hin zur sogenannten *Volksausgabe*, die nur die Sprachdaten nach dem Ende der mittelniederdeutschen Schreibsprachen, also aus der Zeit ab 1700, berücksichtigt. Auf diese Weise stieg zumindest unbewusst auch die Bedeutung der grothschen Quellen für das Gesamtprojekt deutlich an, auch wenn das Primat der mündlich erhobenen Daten für Mensing deutlich ist, denn

> [b]ei dieser Ausgabe fällt das Hauptgewicht auf die Sprache und Sitte, wie sie heute noch gesprochen und geübt wird oder in der Erinnerung unserer Alten lebt, also auf die Zeit seit etwa 1840. Das ist zwar nur ein Ausschnitt aus dem Ganzen, aber der bei weitem wichtigste und wertvollste. Was geschrieben und gedruckt ist, bleibt uns ja unverändert erhalten. Das hier angehäufte Material aber, aus dem Munde unverfälscht plattdeutsch sprechender Menschen in allen Winkeln des Landes erlauscht, vielfach von solchen stammend, die heute schon die Erde deckt, wäre zum zweiten Male in dieser Vollständigkeit schwerlich zu beschaffen. (Mensing 1924, 287)

Die nachvollziehbare Qualifikation der Unwiederbringlichkeit des erhobenen gesprochensprachlichen Materials wird von der aufschlussreichen Anmerkung zum ‚unveränderten Erhalt‘ der schriftlichen Überlieferung begleitet, die damit als fortgesetzt sicher erreichbare Bank für Daten zur Sprache und Lebensform qualifiziert wird. Die Aussage deckt sich mit mehrfach geäußerten Einschätzungen Groths zum bewahrenden Wert seiner Texte (vgl. Groth 1852/1853 und öfter).

Perspektivisch sieht Mensing nicht allein die niederdeutsche Literatur als Quelle des Wörterbuchs, sondern auch das Wörterbuch als sprachliche Stütze der zukünftigen niederdeutschen Literatur.

> Es ist das erste Wörterbuch, das Wortschatz und Sitte einer niederdeutschen Mundart in solcher Vollständigkeit bearbeitet. (…) Vielleicht kann von diesem Reichtum etwas in unsere plattdeutsche Literatursprache fließen, die bereits hier und da Anzeichen der Erstarrung und Verknöcherung zeigt. (Mensing 1924, 287)

Wie bereits angedeutet, wurde insbesondere Groths Literatursprache lexikalisch zuverlässig über das Wörterbuch abrufbar gemacht, was auch ihre mögliche eige-

ne Vorbildfunktion für spätere literatursprachliche Umsetzungen stützte. Die von
Mensing angenommene zunehmende Wörterbuchabhängigkeit niederdeutscher
Literatur, wenn es um die Wahrung lexikalischer Vielfalt geht, deutet aber eher
sprachlichen Verlust als sprachliche Erneuerung und Erweiterung an.

Mensing betont zu Beginn der Wörterbucharbeit die lückenlose niederdeutsch-
sprachige schriftliche Überlieferung in Schleswig-Holstein als abrufbaren Quellenbestand und qualifiziert in dieser literarischen Reihe die zweite Hälfte des 19.
Jahrhunderts folgerichtig besonders deutlich.

> Um die Mitte des 19. Jahrhunderts begann dann die Blüte der neuplatt-
> deutschen Literatur: den Reigen eröffnete 1850 Sophie Detlefs [Dethleffs,
> R.L.]; 1852 folgt Klaus Groth mit dem Quickborn; 1858 setzt Johann Meyer
> ein, und nun folgt in langer Reihe die Schar der Ihnen wohl bekannten, z.
> T. noch unter uns lebenden Dichter und Schriftsteller, von denen ich nur
> J. Mähl und Joh. Heinrich Fehrs nennen will, bis auf unsere Jungen und
> Jüngsten herab. (Mensing 1904, 154)

Zu Beginn der Wörterbucharbeit kann auch das Wirken Groths beinahe noch als
Gegenwartsliteratur begriffen werden, so dass Mensing enge Verbindungen von
Wörterbuchinteressierten zur niederdeutschen Literatur voraussetzen kann.

Die 1906 als erste Publikation des Wörterbuches, dessen erste eigentliche Lieferung 1925 erschien, in Kiel gedruckte Broschüre *Anweisung zur Sammeltätigkeit*
bringt auf zwölf Seiten Hinweise für die an einer Mitarbeit interessierte allgemeine
Bevölkerung (vgl. [Mensing] 1906). Sie nennt als Quellen „A. Gedruckte und ge-
schriebene Literatur" und „B. Lebendige Volkssprache", für die „1. Sammlung zu-
sammenhängender Stücke" und „2. Sammlung einzelner Wörter, Wendungen und
Redensarten" unterschieden werden. Gruppe A wird differenziert in „Urkunden,
Rechtsbücher, Chroniken, handschriftlich erhaltene Aufzeichnungen, ältere und
neuere Drucke, Inschriften". Der doppelte Ansatz der Datengewinnung wird somit
auch der breiteren Bevölkerung übermittelt, die in Mensings parallel publizierten
Aufsätzen ebenso über die volkskundlichen Interessen in Kenntnis gesetzt wird,
die das Leben des Einzelnen selbst betreffen können.

> Wir wollen nicht bloß erforschen, wie das Volk spricht, sondern auch wie
> es denkt und fühlt, wie es lacht und weint, wie es arbeitet und spielt, wie es
> seine Feste feiert; kurz der ganze Kreis des Volkslebens muss durchlaufen
> werden. (Mensing 1904, 155)

Zu bedenken ist, dass diese „sachbezogene, auch sachvolkskundliche Seite" (Baur
1986, 76) nur eines von acht bis elf Bearbeitungszielen der Wörterbucherstellung
nach Baur (1986, 75–76) ausmacht und in moderner Auffassung des Gegenstands
eher randständig oder fehleranfällig ist und von der eigentlichen lexikografischen
Aufgabe fortführt. Zu Beginn des 20. Jahrhunderts barg dieses Arbeitsziel jedoch
die größte Motivation und auch ein starkes Rezeptionsinteresse. Das Wörterbuch

ist für Mensing mehr als ein Hilfsmittel, um Bedeutungen, Wortformen und ihre
Genese nachzuschlagen, sondern er erkennt in ihm ein Gesamtkunstwerk, das eine
erzieherische Wirkung zur Bewahrung älterer Lebensformen entfalten soll (vgl.
Mensing 1904, 1924). Es gehört jedoch zur Besonderheit des Wörterbuchs, dass
sich die in den begleitenden Publikationen hierzu dargelegten Ideologien vom
‚niederdeutschen Wesen' und von ‚reiner und starker schleswig-holsteinischer
Stammesart' (vgl. Mensing 1904, 1924) in den Wörterbuchartikeln nicht offen
niederschlagen, da diese in sachlicher Weise allein der Diskussion des belegten
Sprachmaterials gewidmet sind und auch eine entsprechende Diktion vermeiden.
Wie im Folgenden zu zeigen sein wird, kann ein Beitrag der literarischen Quellen zur volkskundlichen Ausrichtung der Wörterbuchartikel wenigstens mittelbar
ausgemacht werden. Parömiologisches Material und sachkundliche Erläuterungen
des Wortmaterials übernehmen jedoch die Hauptaufgabe näherer volkskundlicher
Zuordnungen.

Sowohl die Wissenschaft als auch die breitere Bevölkerung haben Mensings
Mühen durch umfassende Rezeption gewürdigt. Auf Jahrzehnte hinaus das einzige
vollständig vorliegende Großlandschaftswörterbuch des Niederdeutschen, war das
SHWB Vorbild und Bezugspunkt anderer Wörterbuchprojekte. Als Hausbuch in
vielen schleswig-holsteinischen Familien hat es nach 1927 zur bewussten sprachlichen Auseinandersetzung mit dem Niederdeutschen beigetragen (vgl. SHWB 5,
1935, [VII]).

5. Klaus Groths *Gesammelte Werke* im *Schleswig-Holsteinischen Wörterbuch*

5.1. Grundlagen der exemplarischen Analyse

Die Dichtungen Klaus Groths sind über die von 1893 bis 1924 in elf Auflagen
erhältlichen Ausgabe seiner *Gesammelten Werke*, deren in zwei Bücher zusam-
mengefassten vier Bände die Summe seiner niederdeutschen Lyrik, Versepik und
Prosa sowie seiner hochdeutschen Lyrik enthalten, im SHWB vertreten (vgl. Groth
1893; 1904). Unter der Maßgabe der eben angeführten erwünschten ethnologi-
schen Auswertung sind sie nach Mensing einer eher kritisch bewerteten Quellengruppe zuzurechnen, denn „für die Volkssitte ergeben unsere literarischen Quellen nur ein ziemlich dürftiges Material" (Mensing 1904, 155). Groths Dichtung
kann dennoch in vielen Details das lexikalische Potenzial bieten, das Mensing
als Wörterbuchinformation bevorzugt, wodurch Groths Texte die Entstehung der
SHWB-Artikel und die SHWB-Artikel in der Folge die Rezeption der Texte Groths
begleiten. Dadurch entstand eine symbiotische Beziehung, die fortgesetzt von Bedeutung ist, da der sowohl im Wörterbuch als auch in den Texten dokumentierte
Sprachstand gegenwärtig nur noch als historisch wahrgenommen werden kann und
über die literarische Repräsentation Belebung erfährt. Daher sind Wörterbuch und
Dichtung als sprachrepräsentierende Einheit wahrnehmbar, die zudem volkskund-

liches Wissen integriert, das sowohl im Wörterbuch als auch in den literarischen Texten präsent ist und von diesen ergänzenden Informationsspeichern profitiert. Insbesondere für das Verständnis der literarischen Texte des 19. und frühen 20. Jahrhunderts muss neben die lexikalische zukünftig deutlicher als bisher auch eine ethnologische Kommentierung treten, für die das SHWB eintritt. Über eine Auswertung auch literarischer Texte ist eine lexikalische Wissensaufbereitung entstanden, die nun unter veränderten Rezeptionsbedingungen wiederum für die Erläuterung der literarischen Texte hilfreich ist.

Groths Texte repräsentieren im Wörterbuch zudem homogene historische niederdeutsche Sprachformen. Die Abbildung von Varianz und Sprachwandel ist im Korpus dieser literarischen Texte weitgehend ausgeschlossen. Auch deswegen mussten Groths Dichtung und niederdeutsche Literatur generell mit ihrem Bemühen um einen konservativen Sprachstand als geeignete Quelle erscheinen.

Eine indirekte übergeordnete Verbindung zur Wörterbucherstellung ist darin zu sehen, dass die über Groths Texte erreichte Prestigesteigerung niederdeutscher Sprache für die Planung und Finanzierung eines solchen Projekts 50 Jahre nach der Erstausgabe des *Quickborn* von 1852 besonders förderlich sein musste. Der Boden für eine wissenschaftliche Dokumentation des Niederdeutschen wurde auch durch Groths Dichtung bereitet.

Dabei besteht eine enge Verknüpfung dichterischen und lexikografischen Interesses, ist doch ein Autor auf der Suche nach Wortmaterial für seine Literatursprache, und ein Lexikograf auf der Suche nach Quellen. Rückten die beiden Interessenfelder auch organisatorisch eng zusammen, was häufig der Fall war im 19. Jahrhundert, kam es weniger zu Interessenkollisionen als zu fruchtbaren Interessenergänzungen, die rückblickend allenfalls methodisch zu hinterfragen sind. Die literarische Einbettung des Wortmaterials war auch ein Mittel zur Herausstellung seiner grammatischen und pragmatischen Funktionalität. Der Umstand, dass im ausgewählten Fall Groths niederdeutsche Textproduktion dem Wörterbuch voranging, lässt das Wörterbuch zum Profiteur seiner Spracharbeit werden. Die von Groth zeitlebens angestrebten wissenschaftlichen Meriten, die Mensing zwei Generationen später in einer etablierten germanistischen Wissenschaft regulär erwarb, werden nachträglich über die Berücksichtigung seiner Texte bei der Erstellung des Großlandschaftswörterbuchs erworben, da dieses Vorgehen ein Ausweis für die linguistische Nutzbarkeit der grothschen Texte ist. Der entsprechend erfolgte Zugriff durch Mensings Arbeitsgruppe bewirkt wiederum die aufgerufene Frage nach den Spuren, die Groths Werk im SHWB hinterlassen hat, und nach der Unterstützung, die das SHWB heute für die Groth-Lektüre bietet.

Aus dieser Fragestellung resultieren zwei analytische Bearbeitungswege. Zum einen wird das Wörterbuch selbst auf seine Groth-Bezüge hin überprüft, die in der Folge zumindest exemplarisch gewichtet und kategorisiert werden können. Zum anderen kann in diesem Zuge auch eine Lektüre grothscher Texte die Fragen aufwerfen, ob bestimmte Textvokabeln im SHWB abgebildet werden, ob diese Abbildung mit einem Bezug auf Groth geschieht, und ob dieser Bezug auf Groth nur geschieht, wenn es sich um seltene oder dithmarsisch geprägte Wortformen handelt. Anders formuliert wäre konkret zu fragen, wie viele Lexeme einer Buchseite grothschen Textes im SHWB verarbeitet sind, und wie hoch im Falle dieser Verarbeitungen der konkrete Anteil der Bezüge im SHWB auf Groth bzw. auf die gewählte Textseite ist. Dabei sollte das Augenmerk weniger auf besonders frequenten Wortformen als auf potenziell selten belegten, damit eventuell auch volkskundlich relevanten Wortformen liegen. Dieser praktisch durchführbare Nachvollzug einer potenziell ähnlich erfolgten Bearbeitung transportiert die Erkenntnis, dass zum einen regelmäßige Bezüge greifbar sind, und dass zum anderen sogar ihre Genese zumindest kursorisch nachgezeichnet werden kann.

Ob der Groth-Beleg dabei eher eine nachträgliche oder zusätzliche Bestätigung eines Lemmas oder der eigentliche Ausgangspunkt einer Lemmabeschreibung ist, muss im Einzelfall geprüft und von der weiteren Beleglage abhängig gemacht werden. Manche Einträge basieren primär auf einem Wortgebrauch bei Groth, was daran ersichtlich ist, dass allein eine Belegstelle aus den *Gesammelten Werken* angegeben wird. Näheren Aufschluss könnte die Überprüfung der Wörterbuchzettel bringen, auf deren Grundlage die Wörterbuchartikel bearbeitet worden sind. Es ist unstrittig, dass Groths *Gesammelte Werke* für das SHWB verzettelt wurden und dass diesen Zetteln mit Groth-Belegen bei den Artikel-Bearbeitungen ein besonderes Gewicht zukam – weil vielleicht nur Groths Text das Wort belegte oder weil der Verweis auf die bekannten Texte besonders willkommen oder aufschlussreich war. Eine dahingehende Überprüfung der Wörterbuchzettel im Bestand „Material Schleswig-Holsteinisches Wörterbuch (Otto Mensing)" in der Schleswig-Holsteinischen Landesbibliothek (Signatur Cf 12) konnte wegen baulicher Maßnahmen bisher nicht vorgenommen werden.[8] Doch auch abgesehen von der Gestaltung der zugrundeliegenden Verzettelung interessieren im Folgenden die in den gedruckten Lieferungen des SHWB erreichte Präsenz der *Gesammelten Werke* Groths über einzelne Belege und deren Verortung im jeweiligen Wörterbuchartikel.

Umgekehrt ist, wie oben angesprochen, der analytische Ausgang von einem Groth-Text möglich, indem geprüft wird, welche Bezüge es zwischen dem Wörterbuch und einer ausgewählten Textpassage (= einer ausgewählten Textseite)[9] gibt, welche Wörter also aufgenommen und eventuell sogar aus der gewählten Textpassage heraus im Wörterbuch belegt wurden. Zwar handelt es sich dabei um offen-

---

8   Wegen Umbauarbeiten sind die Bestände der Schleswig-Holsteinischen Landesbibliothek vom 1. 8. 2023 bis in den Sommer 2024 hinein nicht einsehbar. Der Bestand zum SHWB enthält „Material zum Schleswig-Holsteinischen Wörterbuch von Otto Mensing: alphabetisch geordnet nach Lexikoneinträgen und Sachkategorien" (https://kalliope-verbund.info/de/ead?ead.id=DE-611-BF-59272, 2. 1. 2024). Eine genauere Überprüfung erhaltener Verzettelungen muss zu einem späteren Zeitpunkt erfolgen.

9   Da das SHWB mit Seitenangaben aus den *Gesammelten Werken* Groths arbeitet, ist die Textseite die adäquate Bezugsgröße.

gelegte und damit sofort ersichtliche Strukturen, aber die Summe der Groth-Verweise und auch die unterschiedlichen Formen ihrer Anwendung im Detail haben sich erst im sukzessiven Fortlauf der Wörterbuchlieferungen ergeben und konnten nicht zu einem bestimmten Zeitpunkt bereits vollständig feststehen, so dass sich der abgleichende Blick lohnt. Der kompakte Publikationszeitraum aller Wörterbuchlieferungen von nur zehn Jahren (1925 bis 1935) ermöglichte jedoch eine im Vergleich homogene Bearbeitungsstruktur der einzelnen Artikel und ihrer Belege.

Für eine nachträgliche Sichtbarmachung der Entstehungszusammenhänge und der konkreten Quellenlage bereits publizierter Großlandschaftswörterbücher wird zunehmend das Ziel verfolgt, die Nutzer vom Wörterbucheintrag zu den konkreten Quellen vordringen zu lassen, aus denen der Artikel entstand. Entsprechende archäologische Rückverfolgungsprozesse erlauben weitere Tiefenbohrungen im lexikalischen Material und verdeutlichen Entscheidungen der Lexikografen. Umfassend zur Umsetzung gebracht werden entsprechende Prozesse derzeit im Projekt „‚Wossidlo-Teuchert‘ online" an der Universität Rostock, das eine „Publikation des Mecklenburgischen Wörterbuchs im Trierer Wörterbuchnetz und [die] korpusbasierte bidirektionale Verknüpfung mit der digitalen Forschungsumgebung ‚WossiDiA‘" anstrebt (Wossidlo-Teuchert online 2023). Der Projektaufriss erläutert unter anderem die Perspektiven der Rückführung gedruckter Wörterbuchartikel auf ihr Quellenmaterial.[10]

Eine zu neuen Forschungsfragen führende Entwicklung der digitalen Lexikografie stellt die Verknüpfung von Wörterbüchern mit ihrem Quellenmaterial dar. Sie soll dem Nutzer einen konsequenten Durchgriff vom lexikografischen Beleg zu dessen Quelle ermöglichen, d. h. zum literarischen Werk bzw. zum sprachlichen Belegzettel und Fragebogen. Eine besondere Ausgangslage bietet hierfür WossiDiA, das digitale Wossidlo-Archiv. (Wossidlo-Teuchert online 2023)

Während bisher, darin den Ausgangsinteressen des Wörterbuchs folgend, vornehmlich ethnologisch relevantes Material digital erschlossen ist, tritt auf gleicher technischer Grundlage nun die lexikografische Information hinzu, die zukünftig im *Trierer Wörterbuchnetz* mit weiteren lexikografischen Informationen digital vernetzt wird. Für seinen Lexembestand „greift das Belegwörterbuch [= das MeckWB] auf mündliche und schriftsprachliche Quellen unterschiedlichster Provenienz zurück, die bis in die mittelniederdeutsche Sprachstufe zurückreichen" (Wossidlo-Teuchert online 2023). In ihrer Anlage ähneln sich das *Mecklenburgische Wörterbuch* (1937–1998) und das SHWB, wenn auch der Umfang des SHWB geringer ist, auf zeichnerische und kartografische Darstellungen weitgehend verzichtet und der Einbezug mittelniederdeutscher Quellen reduziert wurde. Der Blick auf die Belegbasis ist in gleicher Weise von Interesse.

---

10 Vgl. zudem den Beitrag Bieberstedt / Förster / Himstedt-Vaid / Schmitt in diesem Band.

Eine entsprechende Wörterbuch-Archäologie unternimmt Tiefenbohrungen im publizierten lexikografischen Material. Im aufgerufenen Fall wird das publizierte grothsche Text-Material im SHWB in den Blick genommen. Für die Groth-Philologie stellt sich die Frage, wie umfassend und für welche Wortbestände der Texte die Auswertung vorgenommen wurde, um darüber auch zu klären, wie eigenständig oder exklusiv und wie regional bestimmt die gewählte Lexik der grothschen Literatursprache ist, deren Gesamtgestaltung zwischen regionaler Gebundenheit und Eigenständigkeit und einem Anspruch auf überregionale Rezeption und Nachahmung pendelt. Diese Überlegung wird von der bereits oben angesprochenen Hypothese getragen, dass insbesondere eine kleinräumige Verankerung der Lexeme ihre Nutzung als Wörterbuchbeleg wahrscheinlich macht, und dass Groths Literatursprache im SHWB also vermutlich eher als Ausweis des Dithmarsischen als des Schleswig-Holsteinischen insgesamt zu dienen hatte. Die Frage nach dem Umfang der Einarbeitung des Textmaterials ist gleichermaßen auch lexikografisch von Interesse, um nach und nach Entscheidungen für oder gegen die Aufnahme bestimmter Wortformen nachvollziehen zu können. Zudem kann geprüft werden, ob das Groth-Material vornehmlich mit einer Zuordnung zu Dithmarschen oder vielmehr Norderdithmarschen versehen ist, die beide jeweils als Gebietskategorien im SHWB vertreten sind, oder ob diese Verknüpfungen nur bei einem Teil der Verweise eine Rolle spielen.

Die Funktion einer systematischen Zusammenstellung des von Groth bevorzugten Wortschatzes und der von ihm verwendeten besonderen Wortformen übernimmt jedoch weniger das SHWB, das dieser Aufgabe nicht im Besonderen verpflichtet ist, sondern zum einen das von Karl Müllenhoff erstellte Glossar zum *Quickborn* (vgl. Müllenhoff 1854), und daran anknüpfend in noch aufwändigerer Weise das Glossar in Peter Jørgensens Studie *Die dithmarische Mundart von Klaus Groths „Quickborn". Lautlehre, Formenlehre, Glossar* von 1934, die auf 187 Seiten (vgl. Jørgensen 1934/1981, 137–323) den Wortschatz des *Quickborn* erfasst und knapp einordnet (vgl. dazu Jørgensen 1934/1981, 5). Die Untersuchung Jørgensens geht auf Vorstudien von Christian Sarauw zurück, dessen *Niederdeutsche Forschungen 1* von 1921 auf die Lautung des *Quickborn* eingehen (vgl. Sarauw 1921), während Formenlehre und Glossar unvollständig blieben und nicht ausgeführt wurden. An diesem Punkt setzte Jørgensen wieder an (vgl. Jørgensen 1934/1981, 5). Die Auswertung des grothschen literarischen Sprachmaterials ist in der Dialektologie des frühen 20. Jahrhunderts somit ein durchaus etabliertes Verfahren. Hugo Kohbroks *Der Lautstand des žym-Gebiets in Dithmarschen* von 1901 erwähnt Groth allerdings nur einleitend (vgl. Kohbrok 1901, 7), und auch Hubert Grimmes Darstellung *Plattdeutsche Mundarten* von 1910 wählt zwar bewusst unter anderem die Mundart von Heide als Untersuchungsstand wegen ihrer literarischen Gestaltung durch Groth, doch basieren die lautschriftlich zitierten Belege nicht auf literarischen Texten Groths (vgl. Grimme 1910/1922). Jørgensen hingegen hat sich wiederholt zur Mundart Dithmarschens allein auf Basis der niederdeutschen Dichtungen Groths geäußert (vgl. vor allem Jørgensen 1934/1981). Seit der Erstausgabe des *Quickborn* (vgl. Groth 1852/1853) werden alle Ausgaben grothscher Texte von Glossaren oder Worterläuterungen auf den Textseiten begleitet, die zur Erklärung der in diesem Kontext gültigen Wortbedeutung dienen. Groths *Gesammelte Werke* setzen auf erläuternde Anmerkungen auf jeder Textseite. Im Folgenden wird zu zeigen sein, dass auch diese werkbezogenen Erläuterungen und Glossare die Wörterbucharbeit mitgesteuert haben.

Otto Mensing war bewusst, dass er der schleswig-holsteinischen Öffentlichkeit das SHWB vor dem Hintergrund einer guten allgemeinen Kenntnis der Groth-Texte anbot. Die Wahrnehmung und Einordnung des Niederdeutschen war für viele Sprecherinnen und Sprecher in Schleswig-Holstein durch Groths Literatursprache mitgeprägt. Das gilt zumindest für diejenige bürgerliche Rezipientenschicht, die sich auch für Mensings Wörterbuch interessieren sollte. Betroffen war ein gebildetes Bürger- und auch Kleinbürgertum in den größeren und kleineren Städten, das über Groths Texte in einer selbst gewünschten Tuchfühlung mit Land, Leuten und ihrer Landessprache blieb. Das SHWB bediente zusätzlich den Anspruch einer abgesicherten Informationskulisse zum Niederdeutschen, die ein Baustein des regionalen Selbstverständnisses und seiner sprachkulturellen Anteile war. Die Integration der Groth-Texte hatte an dieser Wahrnehmung starken Anteil, da die Texte in Teilen bekannt und in jedem Fall problemlos zugänglich waren und allen Interessierten die Auseinandersetzung mit dem Niederdeutschen ermöglichten. Groths Texte boten einen sicheren Bezugspunkt auf niederdeutsche Sprachlichkeit für alle beteiligten Produzenten und Rezipienten des Wörterbuchs und einer rezenten, zeitgenössisch-parallelen niederdeutschen Sprachkulturarbeit.

Für die Struktur und die Entwicklungsgeschichte des SHWB ist die Varianz der Einbindungen von Groth-Belegen von Interesse. Für die Groth-Philologie ist wiederum die Intensität der lexikografischen Auswertung der Texte als Prüfstein ihrer sprachlichen Verfassheit und ihrer Bewertung durch die Wörterbucharbeitsgruppe bedeutsam. Um einen ersten, sicherlich noch nicht vollständigen Eindruck zur Varianz der Belegeinbindung gewinnen zu können, wird in diesem Beitrag gleichsam als Pilotstudie die Integration von Verweisen auf und Belegen aus Klaus Groths *Gesammelten Werken* (vgl. Groth 1921) im ersten Band des SHWB mit seiner Buchstabenstrecke von A bis E näher geprüft.

Im SHWB lassen sich, wie im Abschnitt 2 angeführt, insgesamt 2821 Verweise auf Groth-Texte finden. Im Falle eines Wörterbuchs von 5146 Spalten liegt damit eine regelmäßige, nicht allein zufällige Verweisstruktur vor. Die Zählung der Verweise berücksichtigt die Einzelnennungen Groths. Mit jeder Nennung können sich jedoch mehrere Textstellen verbinden, die im Rahmen eines Artikels angeführt werden. Noch überschaubare 227 Verweise verfallen auf die 1074 Spalten des ersten Bandes, gesteigerte 525 Verweise haben die 1070 Spalten des zweiten Bandes, noch einmal gesteigerte 727 Verweise bieten die 1172 Spalten des dritten Bandes, beachtliche 785 Verweise finden sich in den 1024 Spalten des vierten Bandes, und noch einmal insgesamt 541 Verweise haben die 906 Spalten des fünften Bandes, so dass über die einzelnen Lieferungen hinweg bis zum vierten Band eine deutliche Zunahme der Verweise festzustellen ist (vgl. Tabelle 1). Die Glossarbelege betreffen explizite Verweise auf das von Müllenhoff erstellte Glossar zum *Quickborn*, sie erfolgen ohne Nennung Groths oder Müllenhoffs. In einem größer angelegten Vergleich der Groth-Belege, der auch die Bände 2 bis 5 einbezieht, wäre die Frage nach dem Grund und nach der Struktur der deutlichen Zunahme von entsprechenden Belegen im Verlauf der Wörterbuchbearbeitung von Interesse.

SHWB-Band	Spaltenanzahl	Groth-Belege	Glossar-Belege
1	1074	227	2
2	1070	525	5
3	1172	727	2
4	1024	785	3
5	906	541	4
Summe: 5146		2805	16
			2821

Tab. 1: Verteilung der Groth-Belege auf die SHWB-Bände

Zwei grundsätzliche Befunde sind der im Folgeabschnitt durchgeführten Präsentation einzelner Groth-Belege aus dem ersten Band des SHWB voranzustellen.

Zum einen ist eine operationale Trennung der Auswertung des lyrischen, des epischen und des versepischen Werks Groths[11] in der Analyse des Wörterbuchs nicht erkennbar. Deutlich ist jedoch ein überproportionaler Beleganteil der lyrischen und versepischen Texte aus Groths populärstem Werk *Quickborn* 1 (Groth 1852/1853), das mit 1434 Treffern in den fünf Bänden des SHWB vertreten ist,[12] und der lyrischen Texte aus dem *Quickborn* 2 (Groth 1871).[13] Dieser Umstand ist sachlich betrachtet auffällig, weil den gebundenen, formal stärker geformten lyrischen Sprachquellen gegenüber der Prosa der Vorzug gegeben wurde. Auch Groths Prosa bietet jedoch eine vollkommen durchgestaltete Literatursprache und nur bedingt ein Abbild der Alltagssprache. Letzteres wurde lexikografisch von den Texten auch nicht zwangsläufig gefordert, zumal die Einzellexeme aus ihren literarisch stark geformten Kontexten isoliert werden. Rein operational betrachtet könnte es naheliegend sein, dass die Verzettelung der Lyrik einfacher umsetzbar war, da sich

---

11 Dramatische Texte sind in Groths Gesamtwerk nicht vertreten.
12 Dieser Wert wurde über die Band- und Seitenangaben zu den GW erschlossen, jedoch nicht über explizite Titelnennungen.
13 Siehe zur Werkverteilung am Beispiel von SHWB 1 auch den Folgeabschnitt.

das Textmaterial übersichtlicher präsentierte. Die Popularität der grothschen Lyrik hatte allenfalls einen nachgeordneten Effekt.

Zum anderen wird über den analytischen Zugriff des Wörterbuchs auf die *Gesammelten Werke* Groths deutlich, dass dieses Groth-Korpus von den Bearbeitern des SHWB als ein zeitlich, sprachlich und textlich nicht weitergehend zu differenzierendes sprachliches Gesamtmaterial wahrgenommen wurde, das den Sprachstand zur Mitte des 19. Jahrhunderts und damit das Sprachwissen der zu Beginn der Entstehungszeit des Wörterbuchs greifbaren älteren Sprecher:innengenerationen im Land dokumentierte. Über die unterschiedlichen Entstehungsjahre der Texte zwischen ca. 1850 und 1880 (in Einzelfällen bis 1893) hätte eine weitere, hier aber nicht als notwendig erachtete Differenzierung vorgenommen werden können.[14] Das Literaturverzeichnis des SHWB (vgl. Mensing 1927, XXI) nennt als Grundlage die 4. Auflage der *Gesammelten Werke* von 1904, die direkt auf die Ausgabe letzter Hand von 1898 (3. Auflage) folgte und in die Anfangszeit der Wörterbucharbeit fällt. Die weiteren Auflagen 5 bis 11 erschienen von 1909 bis 1924 und somit ebenfalls im Bearbeitungszeitraum des SHWB. Die verwendete Ausgabe „Klaus Groth, Gesammelte Werke. Bd. 1–4. Kiel 1904" (Mensing 1927, XXI) ist mit den Folgeauflagen der *Gesammelten Werke* identisch. Auf vereinzelte Verknüpfungen von Groth-Belegen mit Jahreszahlen wird im Folgeabschnitt näher eingegangen.

5.2. Ergebnisse der exemplarischen Analyse

Die Durchsicht des ersten Bandes des SHWB bringt nach Häufigkeit sortiert die folgende Auflistung zu der in der Regel nicht über Titel offen gelegten konkreten Textverteilung der Belege aus den *Gesammelten Werken* (= GW) Groths (vgl. Groth 1904). Die Verteilung lässt sich über die Angabe der Band- und Seitenzahlen im SHWB und die dadurch ermöglichte Zuordnung nachträglich aufschlüsseln (vgl. Tabelle 2).

Sortie-rung	Titel der Texte	Erscheinungs-jahr Erstausgabe	GW-Band	Gattung	Be-lege
1.	*Quickborn* 1	1852ff.	GW 1	Lyrik / (Versepik)	101
2.	*Trina*	1859	GW 3	Prosa	41
3.	*Quickborn* 2[15]	1871	GW 2	Lyrik	22

---

14 Von einer möglichen sprachlichen Angleichung der unterschiedlichen Werkteile im Zuge der Erstellung der Werkausgabe ist nicht auszugehen. Allerdings gibt es auch keinen näheren Anlass, Varianz in Groths Literatursprache orientiert an den Entstehungsjahren der Texte anzunehmen. Entsprechende Befunde sind bisher nicht bekannt.

15 Auch *De Heisterkrog*, *Rotgeter Meister Lamp un sin Dochter*, *Koptein Pött* und *Vær de Gærn* sind Teil der Sammlung *Quickborn* 2 in den GW, werden aber gesondert aufgeführt. Rang 3 bezieht sich allein auf die weitere niederdeutsche Lyrik im *Quickborn* 2.

4.		*Rotgeter Meister Lamp un sin Dochter*	1862	GW 2	Versepik	16
5.		*De Heisterkrog*	1871	GW 2	Versepik	13
6.		*Detelf*	1855/1881	GW 3	Prosa	11
7.		Beleg ohne Verweis auf Textstelle	[1855–1893]	GW 1–4	[Lyrik]	9
8.	a.	*De Waterbörs*	1855	GW 3	Prosa	7
	b.	*Min Jungsparadies*	1871	GW 4	Prosa	7
	c.	*Sandburs Dochter*	1877/1893	GW 4	Versepik	7
9.		*Um de Heid*	1870	GW 3	Prosa	8
10.	a.	*Vun den Lüttenheid*	1873	GW 4	Prosa	5
	b.	*Witen Slachters*	1877	GW 3	Prosa	5
11.		*De Höder Mæl*	1871	GW 4	Prosa	4
12.		*Koptein Pött*	1875	GW 2	Versepik	3
13.		*Glossar*	1854	-	-	2
14.	a.	*Sophie Dethleffs un ik*	1884	GW 4	Prosa	1
	b.	*Vær de Gærn*	1858/1871	GW 2	Lyrik	1
Summe:						263

Tab. 2: Rekonstruierte Textzuordnungen der Groth-Belege im Bd. 1 des SHWB

Die Summe von 263 Textbelegen im ersten Band übersteigt die Summe der dort gebotenen 227 Nennungen des Autornamen Groth (+ zwei Glossar-Belege), da sich in einigen Fällen mehrere Textstellenverweise mit einer Namennennung verbinden. Tabelle 3 zeigt zudem, dass sich die Nennungen und Verweise auf insgesamt nur 191 nach Wortarten differenzierte Lemmata beziehen.[16] Die in Tabelle 2 aufgeführten zugehörigen Einzeltexte werden in der Regel im Wörterbuch nicht genannt und wurden über die Seitengabe in den GW erschlossen. Deutlicher Schwerpunkt der Verweise liegt auf den lyrischen und teilweise versepischen Texten des *Quickborn*, die, wie oben angeführt, auch im übrigen SHWB am häufigsten herangezogen werden. Mit der Langerzählung *Trina* folgt der längste Prosatext Groths. Hinter seine ergiebige Auswertung fällt vor allem die andere Langerzählung *Detelf* erkennbar zurück. Die Texte jenseits vom *Quickborn* 1 und von *Trina* werden gelegentlich herangezogen – ob es an einer weniger gründlichen Auswertung oder an einem weniger relevanten Lexemaufkommen liegt, lässt sich auf dieser Grundlage nicht sicher sagen. Es muss aber auffallen, dass insbesondere längere Texte

---

16 Die Summe der im Band 1 des SHWB insgesamt angesetzten Lemmata liegt nicht ausgezählt vor. Sie dürfte bei ca. 1000 Lemmata liegen, so dass der Anteil der 191 Lemmata mit Groth-Belegen ca. 20 % ausmachen könnte.

wie *De Heisterkrog, Detelf* und *Um de Heid* nur selten Belege liefern. Für die Nutzung des Wörterbuchs ist das jedoch kaum relevant, da die Verweise in aller Regel auf Groth (+ Band- und Seitenangabe) erfolgen. Der Einzeltext spielt als Autorität keine Rolle; allein der *Quickborn* 1 wird in sechs Fällen im ersten Band explizit genannt. Auf die Erzählung *Trina* wird zu Beginn der ersten Lieferung einmal verwiesen (SHWB 1, 1927, 53, siehe unten). Unter Berücksichtigung aller fünf SHWB-Bände wird in sieben Fällen explizit auf den *Quickborn* 1 verwiesen, zu den Verweisen im ersten Band tritt nur noch eine Erwähnung im Eintrag zum Ortsnamen „Quickborn" hinzu (vgl. SHWB 4, 1933, 14). Zwei weitere Belege im ersten Band und insgesamt 16 Belege im gesamten SHWB beziehen sich auf das „Quickbornglossar" oder das „Glossar zum Quickborn" und damit auf die müllenhoffsche Erläuterung des grothschen Wortschatzes, die nicht den GW entnommen worden sein kann, da sie dort nicht mehr in ursprünglicher Form erhalten ist.[17] Fünf Verweisen zufolge wurden Glossar und Einleitung von Müllenhoff in der sechsten Auflage des *Quickborn* 1 von 1856 verwendet (vgl. SHWB 1, 1927, 716; SHWB 2, 1929, 910; SHWB 3, 1931, 639; SHWB 5, 1935, 51; 334; vgl. Müllenhoff 1856).[18] Die konkrete Nennung der Erzählung *Trina* bleibt singulär. Weitere Titel grothscher Werke werden im SHWB nicht angeführt.

Neben der Textverteilung ist von Interesse, für welche Wortarten besonders häufig Groth-Belege gebracht werden – und die literarischen Texte demnach besonders aufschlussreich erschienen. Da noch keine Erkenntnisse zur quantitativen Berücksichtigung der einzelnen Wortarten in den fünf Bänden des SHWB vorliegen (vgl. Anm. 15), kann der Einfluss der Wortartenverteilung im gesamten Wörterbuch auf die Belegauswahl aus Groths Werk nicht angegeben werden. Die Hypothese lautet, dass sich die Verteilungshäufigkeit der Groth-Belege auf die Wortarten mit deren Auftretenshäufigkeit im Wörterbuch decken dürfte; zumindest verwundert der starke Überhang an Nomen nicht. Für den ersten Band des SHWB ergibt sich die in Tabelle 3 aufgerufene Verteilung, die Pflanzen- und Tierbezeichnungen differenziert und Namen gesondert anführt.

Der mit Abstand häufigste Bezug auf Nomen, die oftmals Gegenstände einer ländlichen Lebenswelt betreffen, ist wenig überraschend, auch nicht der ebenfalls ergiebige Bezug auf Verben und Adjektive. Erste Stichproben erweisen, dass diese Schwerpunktsetzung der grundsätzlichen Verteilungshäufigkeit der Wortarten im SHWB bzw. im ersten Band des SHWB entspricht. Auch unabhängig davon ist es naheliegend, dass die literarischen Textbelege insbesondere für spezifische, weniger gebräuchliche Nomen, Verben und Adjektive sinnstiftend sind. Für Kleinwörter aller Art werden die literarischen Belege nicht benötigt, so könnte eine Prä-

---

17 Das Glossar wurde in Anmerkungen auf jeder Textseite aufgelöst.
18 Zu den Verweisen auf Groths *Quickborn*, die stets mit dem Autornamen kombiniert sind, und den Verweisen auf das *Quickborn*-Glossar treten im SHWB 13 Verweise auf die Zeitschrift *Mitteilungen aus dem Quickborn*, davon vier Verweise im ersten Band des SHWB, die nicht mit den Verweisen auf Groths Lyriksammlung zu verwechseln sind.

position allenfalls in einem spezifischen Verwendungskontext gewinnbringend über literarische Texte belegt werden.

Rang	Wortart	Groth-Verweise	
1.	Nomen	81	
1.a.	Pflanzenbezeichnungen	4	87
1.b.	Tierbezeichnungen	2	
2.	Verben	41	
3.	Adjektive	30	
4.	Namen / Bezeichnungen	17	
5.	Adverbien	9	
6.	weitere Wortarten	7	
	Summe:	191	

Tab. 3: Verteilung der Groth-Verweise auf Wortarten

Zudem wird deutlich, dass im SHWB keine vollständige Auswertung der Groth-Texte für das Wörterbuch in dem Sinne vorgelegt wurde, als dass jeder Gebrauch eines im SHWB angelegten Lemma bei Groth auch zu einem Groth-Verweis im Wörterbuchartikel führte, denn dann müsste die Anzahl der Verweise erkennbar höher sein. Ein solches Vorgehen wäre denkbar gewesen, hätte das SHWB aber deutlicher zu einem Groth-Wörterbuch gemacht als intendiert – allein der begrenzte Raum der einzelnen Wörterbuchartikel musste dagegensprechen. Auch dieser Umstand ist wenig überraschend und entspricht dem grundsätzlich anzunehmenden Vorgehen, besonders seltene und eventuell regional begrenzte Wortformen mit Hilfe der literarischen Texte zu erschließen. Abweichungen von diesem Prinzip sind zu beachten. Von besonderem Interesse ist das Auftreten von Verweisen auf Namen und auf Bezeichnungen für Pflanzen und Tiere in den Groth-Texten. Im Falle regionalspezifischer Wortformen wird der literarische Text auch für diese Kategorien zur Referenz.

Im Folgenden werden konkrete Groth-Belege aus dem ersten Band des SHWB vorgestellt, die exemplarisch unterschiedliche Verwendungsweisen für diese Belege und damit den Umgang mit der literarischen Autorität Klaus Groth im Wörterbuch verdeutlichen. Dabei wird zunächst die vorgefundene alphabetische Belegreihenfolge als Sortierung beibehalten, um anschließend Aussagen zur möglichen Kategorienbildung für unterschiedliche Typen von Groth-Referenzen anzubahnen. Auf diese Weise wird im Detail deutlich, wie die Artikelbearbeitungen zunehmend Routine beim Umgang mit den literarischen Quellen ausprägten. Unterschiedliche Muster der Groth-Referenzen stehen nebeneinander. Wenn die Groth-Belege in einem zukünftigen Beitrag über alle fünf Wörterbuchbände hinweg betrachtet und verglichen werden können, wird sich vornehmlich eine kategoriengeleitete Sortierung nach unterschiedlich motivierten Bezügen der Belege innerhalb der Artikel anbieten.

Wie im Folgenden zu zeigen sein wird, können Groth-Belege sowohl für im Rückgang begriffene als auch für häufig gebrauchte Formen eingesetzt werden. Die Texte werden für im Detail unterschiedliche Zielsetzungen herangezogen. Die folgenden Befunde zeigen das SHWB auf seinem eigenen Weg zu einer auch nachträglich nachvollziehbaren Systematisierung der grothbezogenen Belegstrukturen. Da das Wörterbuch keine explizite Erläuterung zu den Einsatzmustern seiner literarischen Quellen gibt (vgl. Mensing 1927), diese aber insofern erkennbar sind, als dass die literarischen Texte nicht immer in der gleichen Weise als Referenz dienen, können und müssen diese Einsatzmuster am Wörterbuchtext selbst erschlossen werden. Unterschiedliche Einsatzmuster bilden die Leitschnur der folgenden Belegauswahl.[19]

Gleich zu Beginn steht eine der beiden seltenen Bezüge auf eine Pflanzenbezeichnung (vgl. Tabelle 3), für die Groth unterstützend angeführt wird.

Aderjaan (…) 1. ‚Odermennig‘, Agrimonia Eupatorium L., von Groth in der Erzählung ‚Trina‘ (1856) aus der wüsten ‚Heilohstrecke‘ zwischen Geest und Moor bei Odderade (Ndtm.) angeführt: *sogar de Nams sünd wunnerlich, un wenn't man de Krüder sünd as A. un Balderjan.* (SHWB 1, 1927, 53)

Der hier gebotene explizite Verweis auf die Erzählung *Trina* bleibt tatsächlich singulär, ansonsten wird lediglich der Kurzverweis „Groth 3" mit einer Seitenzahl geboten, da die Erzählung im dritten Band der *Gesammelten Werke* zu finden ist. Da der Eintrag *Aderjaan* aus der ersten Lieferung des Wörterbuchs stammt, ist zu vermuten, dass im weiteren Verlauf die beschriebene Verkürzung der Belege zum Arbeitsstandard wurde. Explizite Titelverweise auf grothsche Einzeltexte bleiben sehr selten und finden sich ansonsten lediglich für den *Quickborn* in sieben Fällen im gesamten Wörterbuch zuzüglich der 16 Verweise auf das *Quickborn*-Glossar (siehe oben). Das Textzitat *sogar de Nams sünd wünnerlich* liefert einen grundsätzlichen Hinweis auf die lexikalische Bewusstheit der grothschen Texte, die dieses Interesse auf Textebene bisweilen sogar explizit machen und damit auch den WörterbuchbearbeiterInnen weitere Hinweise geben konnten. Das Textzitat erscheint somit nicht von ungefähr im Wörterbuch.

Auch für das anscheinend wenig belegte *Apeldör* nimmt der Groth-Hinweis aus dem *Heisterkrog* eine tragende Stellung ein, zumal das Wort auch im literarischen Text selbst zur Erläuterung kommt.

19 Die Zitate aus dem SHWB übernehmen auch die dort gebräuchlichen Abkürzungen unverändert. Vgl. dazu SHWB 1, 1927, S. [XXIV], sowie das Digitalisat https://dibiki.ub.uni-kiel.de/viewer/toc/PPN1750113996/1/ (1. 2. 2024). In der Liste der Sonstigen Abkürzungen fällt auf, dass Groths *Gesammelten Werken* keine einheitliche Abkürzung zugeordnet wurde trotz der häufigen Verweise.

Apeldör (…) volkstüml. Name für ein Wirtshaus, das nach beiden Seiten eine offene Tür (*apen Dœr*) hatte und zu dessen beiden Seiten ein *Appeldǫrn* (s. d.) stand. Groth Quickb. 2, 72; vgl. Nd. Jb. 28, 112. Hof und Wirtshaus bei Hennstedt (Ndtm.); mnd. *apelder, apeler* ‚Ahorn'. (SHWB 1, 1927, 151)

Der Verweis auf das mnd. Lexem für hdt. *Ahorn* referiert auf *Apeldör*, bleibt aber erläuterungsbedürftig. Unter *Appeldorn* wird erneut auf die Textstelle verwiesen: „Appel -dorn (…) m. ‚Holzpfelbaum', der wilde Apfelbaum, der Dornen hat; Pirus malvus. Vgl. Groth, Ges. W. 2, 72 und *Apeldör*." (SHWB 1, 1927, 156)[20] Im *Heisterkrog* selbst bringt die angeführte Belegstelle ebenfalls die Erläuterung der ungewöhnlichen Bezeichnung, die u. U. einen historischen Einzelgasthof beschreibt.

En ‚Krog' natürlich – as de Fohrmann seggt, / De ‚Apeldœr' as bald dat Volk dat nöm. / Denn apen stunn en Dœr na beide Siden, / Op beide Siden ok en Appeldorn. (Groth 1921, Bd. 3, *De Heisterkrog*, 72)

Die dazu auf gleicher Seite in den Fußnoten der GW eingebrachte Erläuterung „Apeldœr: Name, der nicht selten für Dörfer. (…) Appeldorn: Eberesche, Vogelbeere." (Groth 1921, Bd. 3, *De Heisterkrog*, 72) geht nicht adäquat auf die selbsterklärende Textstelle ein und bleibt undeutlich, zudem wird die Pflanzenbezeichnung einer anderen Baumart zugewiesen. Beide Erläuterungen wurden unverändert aus der Erstausgabe des Textes im *Quickborn* 2 übernommen (vgl. Groth 1871, 56), aber nicht in das SHWB mitgenommen. Die angegebene Pflanzenbezeichnung wird durch das SHWB, das die Eberesche nur unter anderen Bezeichnungen führt, nicht gestützt. Trotz dieser Unsicherheiten bilden die Verse aus dem *Heisterkrog* den Hauptbeleg im SHWB für die beiden Wortformen. Der *Appeldorn* findet zudem noch im Artikel zu *Knupp* Erwähnung (vgl. SHWB 3, 1931, 225), und der Artikel zu *Krusawel* („Feldahorn") verweist noch einmal auf den Eintrag zu *Apeldör*, wiederum in Verbindung mit mnd. *apeler* („Ahorn"). Damit wird wiederholt verdeutlicht, dass zwischen *Appeldorn* und *Apeldör* kein sprachlicher Bezug besteht, obgleich die oben zitierte Textstelle das nahelegen könnte, da der *Appeldorn* dort als Kennzeichen der *Apeldör* genannt wird. Die Textstelle tritt lediglich für beide Lexeme als Referenz ein.

Die Anmerkungen zu den GW wurden für deren erste Auflage 1893 auf der Basis der älteren Glossare grothscher Textausgaben erarbeitet und können somit noch nicht auf Grundlage des SHWB entstanden sein. Erst die Anmerkungen zu den von 1954 bis 1965 publizierten *Sämtlichen Werken* Klaus Groths können als dritte Kommentierung nach der Erstausgabe und den GW auf das SHWB und somit indirekt auch auf die Belege aus dem eigenen Werk zugreifen und neue Erläuterungen

---

20 Rein formal betrachtet fällt bei diesem Eintrag aus der ersten Lieferung des Wörterbuches auf, dass mit der Abkürzung „Ges. W." für die GW gearbeitet wird. Sie fällt in der Regel fort und kommt im Falle Groths nur in zwei Fällen, beide im ersten Band verortet, im SHWB zur Anwendung (vgl. auch SHWB 1, 1927, 242).

dadurch stützen. Das dort erstellte Glossar erläutert auch *Apeldör* und *Appeldorn*. „Apeldær – volkstümlicher Name für ein Wirtshaus mit einer offenen Tür – apen Daer – auf beiden Seiten ein Appeldorn, s. d." (Groth [1958]/1981, 331) Erstmals wird die Option ‚offene Tür' als Übersetzung eingebracht, so dass für *Apel-* der Bezug auf den ‚Ahorn', auf ‚offen' und – motiviert durch den *Appeldorn*, aber sprachlich am unwahrscheinlichsten – auf ‚Apfel' im Raum stehen. Die Angabe der Erstausgabe und der GW, dass es sich um einen ‚nicht seltenen Ortsnamen' handele, verweist zwar auf die regionale Auftretenshäufigkeit als Ortsname, vermeidet aber eine sprachliche Deutung. Die dritte und jüngste *Appeldorn*-Erläuterung in den *Sämtlichen Werken* übernimmt die Angabe des SHWB. „Appeldorn m. – der wilde Apfelbaum, der Dornen hat, Pirus malvus." (Groth [1958]/1981, 331) Auf diese Weise hat das SHWB im Falle von *Apeldör* teilweise und im Falle von *Appeldorn* vollständig auf der Grundlage der kommentierten Groth-Textstelle zur Klärung in der jüngsten Werkausgabe beigetragen.

Auch das Lemma *Babbelsnack* basiert allein auf einer Erwähnung bei Groth. „Babelsnack m. bei Groth 3, 148. dat geev en lächerli B. mit der Anm. ‚wirre Rede wie zu Babel'. Vielleicht für Babbelsnack? s. Babbel." (SHWB 1, 1927, 191) Hier übernimmt das SHWB sogar die Anmerkung aus den GW (vgl. Groth 1921, Bd. 3, 148, Anm.), zweifelt den dort vorgebrachten Bibelbezug jedoch an, um einen nicht durch weitere Belege gesicherten Gegenvorschlag zu unternehmen. *Babbel* wird auf der gleichen Seite im SHWB als „Mund" oder „Schnabel" angegeben, ebenso *babbeln* als onomanopoetisches „schwatzen" oder „plappern". Somit wird *Babelsnack* in seiner spezifischen Schreibung nur bei Groth nachgewiesen. Die in den GW gebotene bibelbezogene Erläuterung wird zwar zitiert, aber zugleich angezweifelt. Der allein orthographisch gestörte Bezug zu *babbeln* ist auch kontextuell wahrscheinlicher. In jedem Fall scheint allein der Gebrauch bei Groth zu diesem SHWB-Lemma geführt zu haben. Zugleich findet sich hier ein Beispiel für den üblichen kurzen Zitatverweis, der nicht mehr auf die Erzählung *Trina*, sondern allein auf den dritten Band der GW verweist. In den GW selbst präsentiert sich das Zitat im Detail anders als im SHWB wiedergegeben, „do gev dat en lächerli Babelsnack" (Groth 1921, 148). Die Sorgfalt der Artikelbearbeitung galt erkennbar vor allem dem betroffenen Lexem und weniger seinem Kontext.

Es deutet sich an, dass vor allem die wortbezogenen Anmerkungen der GW Groths und das müllenhoffsche Glossar älterer *Quickborn*-Ausgaben für das SHWB ausgewertet wurden (vgl. Müllenhoff 1856), so dass zu überlegen ist, wie eigenständig und vollständig die weitere Verzettelung des grothschen Werkes erfolgt ist. Die Spannweite reicht von einer genauen Lektüre und Verzettelung der Texte bis zu einer bloßen Übernahme der in den GW-Anmerkungen erläuterten Lexeme auf Wörterbuchzettel, wobei der letztere Fall unwahrscheinlich ist. Das müllenhoffsche Glossar muss eigenständig ausgewertet worden sein. Personelle Zuständigkeiten dafür können nicht mehr ohne Weiteres erschlossen werden, da eine größere Anzahl von Mithelfenden im Land auch für die Auswertung der Literatur in die Wörterbucharbeit eingebunden war.[21]

Während die beiden bisher angeführten Belege keinen besonderen Verweis auf die Region enthielten, wird der Groth-Beleg zu *bemanteln* mit dem besonderen Hinweis auf „Dtm." (= Dithmarschen) versehen. „be-manteln ,ankleiden'. *se foder un fichel un bemantel ęr* Dtm. (s. Groth 3, 210)." (SHWB 1, 1927, 287) Noch expliziter wird im Falle des Belegs zu *bewümpeln* verfahren. „be-wümpeln wie – *wrummeln. he harr sik in en Dutt Heu benusselt un bewümpelt* Ndtm. 1850 (Groth 3,14)." Dieses Zitat aus der Erzählung *Detlef* (Stand 1893 bzw. 1904), erstmals 1855 erschienen, 1868 und 1881 jedoch erheblich umgearbeitet, wird mit einer detaillierten Regionenangabe (Norderdithmarschen), die Groths Herkunftsort Heide abdeckt, und mit einer Jahreszahl (1850) versehen. Zumindest im Fall der Jahreszahl ist der Bezug undeutlich, da sie nicht zu den Publikationsjahren passt. Sie kann allenfalls andeuten, dass Groths Literatursprache grundsätzlich einen um 1850 üblichen Sprachstand widerspiegelt, da er sie in dieser Zeit entwickelt hat. Alternativ ließe sich auch seine eigene erstsprachliche Spracherwerbsphase ansetzen, dann wäre das dithmarsische Niederdeutsch der 1820er und 1830er Jahre in Groths Literatursprache abgebildet.

Ähnlich verhält es sich im Falle des Belegs zum Lemma *billig*, bei dem ebenfalls genauere Einordnungen des Belegs unternommen werden. „billig (…). Selten als Adj. *se helpt ęr, wenn se b. is* ,ziemlich wohl' Ndtm. 1850 (vgl. Groth 2, 96)." (SHWB 1, 1927, 351) Gegenüber dem konkreten Groth-Beleg ist die Angabe im Wörterbuch abstrahiert, um den Figurennamen im Textzitat zu vermeiden. „Se hölp Fru Haarlem, wenn se billig weer." (Groth 1921, Bd. 2, Heisterkrog, 96) In den GW selbst erfolgt die Erläuterung „billig: ziemlich wohl" (Groth 1921, Bd. 2, Heisterkrog, 96, Anmerkungen). Auch in diesem Falle wird die sprachliche Information aus den Worterläuterungen der Textausgabe also direkt übernommen. Die Zuordnung Norderdithmarschen bezieht sich auf Groths Herkunftsort Heide, die Zuordnung 1850 ist jedoch sehr kursorisch und kann als ,Mitte des 19. Jahrhunderts' gedeutet werden (siehe oben). Das Versepos *De Heisterkrog*, aus dem das leicht abgewandelte Zitat stammt, erschien erstmals Anfang 1871 im *Quickborn* 2 (vgl. Groth 1871).

Im Falle von *baden* übernimmt das SHWB eine spezifische grothsche Schreibung, um einen hilfreichen Verweis setzen zu können. Die Variante bei Groth wird damit als relevant und erwähnenswert erachtet. „baden ,nützen' (Groth 2, 28), s. *baten*." (SHWB 1, 1927, 213)

Im Falle des umfangreichen Artikels zu *binnen* belegen Groths GW eine besondere syntaktische Stellung. „binnen (…). Nachgestellt: *he bringt de Ladung,*

---

21 Ein Rückschluss auf die konkrete Verzettelung konnte bisher nicht gezogen werden, vgl. Anm. 8. Unabhängig davon fokussiert der Beitrag die endgültige Präsentation der Groth-Belege in den gedruckten Lieferungen des SHWB.

dat Schipp Haben binn Dtm. (vgl. Groth Bd. 2, 258, 286)." (SHWB 1, 1927, 357) Der erste Beleg entstammt dem Sonett *Koptein Weenke schrift an sin Rheder*, das besonderen formalen Bedingungen unterliegt. Der zweite Beleg stammt aus dem Langgedicht *Plattdütsch æwerall*.

> Jung, kumm mal her, un krig mi mal dat Black, / Dat grote Blackfatt, un en nie Feder! / Ik mutt doch wul mal schreiben an min Rheder, / Dat Ladung Haben binn, un Schipp keen Wrack. (Groth 1921, Bd. 2, 258)

> Un wenn't mal gelt in Storm un Noth, / Wenn't geit op Leben oder Dod, / Wenn't hukt un kracht opt wilde Meer, / Denn klingt dat Plattdüütsch ruhig dœr, / Un wenn't Latin ok all to Enn, / Bringt Plattdütsch uns den Haben binn. (Groth 1921, Bd. 2, 285–286)

Die Verse unterliegen dem (unreinen) Paarreim *Enn/binn*. Dort findet sich auch innerhalb der GW die Erläuterung „Haben binn: in den Hafen." (Groth 1921, Bd. 2, 286, Anm.) Im Falle dieser beiden Belege für *Haben binn* mit nachgestelltem *binnen* in der Bedeutung ‚(in den) Hafen hinein' statt ‚binnen (den) Haben / im Hafen' wird nicht näher reflektiert, dass die lyrische Gebundenheit der Verse die Wortstellung sowohl mitbestimmt als auch ermöglicht, um Metrum und Reim einhalten zu können. Allerdings könnte der gleich zweifache Beleg diesen Zweifel an der auch allgemeinen Verwendbarkeit wieder zerstreuen und die Wendung als besonders glücklich für den hier notwendigen poetischen Detaileinsatz erweisen.

Auch der Groth-Beleg zu *Bispill* fällt in besonderer Weise aus und bietet dadurch Zusatzinformation. „Bispill n. 1. ‚Beispiel' wie im Hd. 2. ‚Sprichwort', ‚Fabel', ‚Parabel'; vgl. mhd. *bîspel* ‚Gleichnisrede', ahd. *spel* ‚Rede'. In dieser Bdtg. noch bei Groth 1, 60. Als Beispiel eines B.-sprękwort führt Diermissen, Strohhoot (1847) an: *man sacht, sä Krischan, un da kreeg he en Fust up't Oog*." (SHWB 1, 1927, 361) Groth tritt demnach für die ältere Wortbedeutung ‚Sprichwort' ein. Der konkrete Verweis bezieht sich auf den Titel des bekannten *Quickborn*-Gedichts *Bispill* („De Mann, de wull liggn / De Kater wull singn", Str. 1, V. 1–2) (Groth 1904, Band 1, 60) – also auf einen Sonderfall, der die ältere Wortbedeutung besonders markiert, indem ein parabelartiger Text folgt. Für das illustrierende Sagwort zur Funktion des ‚Beispielsprichwortes' wird allerdings zusätzlich auf einen Text des Dichters Johannes Diermissen zurückgegriffen (vgl. Diermissen 1847).

In der Regel ist es irrelevant, aus welchem Groth-Text ein Beleg stammt. Die GW werden als ein großes Korpus niederdeutscher, im Detail dithmarsischer oder spezifizierter norderdithmarsischer Sprache gewertet und bisweilen mit der ebenso kursorischen Jahreszahl 1850 versehen. Im *Bispill*-Beleg muss daher der explizite Verweis auf *De lüttje Strohhoot* von Johannes Diermissen mit einer Jahreszahl auffallen, wenn auch die Seitenzahl fehlt. Die Häufigkeit der Verweise auf Groth macht es hingegen möglich, diese oftmals kursorischer ausfallen zu lassen. Die hier eingebrachte Information „noch bei Groth" markiert die Annahme eines sprachlichen Wandels, weitere Belege zu dieser Bedeutung fehlen dementsprechend. Neben das öfter auftretende „Dtm. 1850" (vgl. auch SHWB 1, 1927, 381) tritt aber auch das einzeltextbezogenere „Dtm. 1870" (SHWB 1, 1927, 659), so dass keine vollständig klare Linie erkennbar ist. Der dort gebrachte Hinweis, dass *Dalbręker* für ‚Draufgänger' von 1870 stamme, ist insofern folgerichtig, als dass der Beleg „Groth 4, 67" auf die Erzählung *Mien Jungsparadies* verweist, die zuerst 1871 gedruckt wurde. In der Regel nehmen die Verweise darauf jedoch keine Rücksicht. In den GW wird *Dalbręker*, das wörtlich als ‚Runterbrecher' erschlossen werden könnte, nicht erläutert, anders als das Lexem *Brascher*, mit dem es in einer Paarformel steht („Brascher: Prahler", Groth 1921, Bd. 1, 67). „Awer he weer ökern un drödig un keem darmit eben so wit as de Braschers un Dalbrękers, an de dat oppen Lüttenheid ok ni feil." (Groth 1921, Bd. 1, 67) Der SHWB-Eintrag zu *Brascher* verweist allerdings nicht auf Groth, obgleich die Textstelle bekannt war. „Subst. Brascher m. ‚redseliger Mensch', ‚Großprahler' Dtm. Wschl., auch ‚Durchgänger' Dtm. Mh. vgl. *Bratscher*." (SHWB 1, 1927, 507) Auf Belege wird verzichtet, obgleich der Groth-Beleg insbesondere den dithmarsischen ‚Durchgänger' als Pendant zum *Dalbręker* belegt hätte. Dieses Beispiel zeigt, dass nicht jeder naheliegende Groth-Verweis genutzt wurde. Ob ein Groth-Zettel zu *Brascher* vorliegt, ist noch nicht bekannt (vgl. Anm. 8).

Ein Beispiel für die Dokumentation grammatischer Vielfalt mit Hilfe von Groth bietet der Eintrag zu *blieben*. „blieben (…). Praes. *ik blief, du bliffst, he blifft (blüffst, blüfft* Dtm. 1850; vgl. Groth 1, 30. 2, 52. 77. 3, 152)" (SHWB 1, 1927, 386) Bei diesem frequenten Verb wird eine lautliche Varianz im Zuge der Flexion in Dithmarschen über Groths GW belegt, die somit auch für grammatische Paradigmen als aufschlussreich gelten.

Ein kurzer Hinweis wie „Das Subst. *Bliedheit* (Groth 3, 128) ist nicht volkstümlich." (SHWB 1, 1927, 387) bietet die bisweilen notwendige Abgrenzung zwischen den Entscheidungen der Literatursprache und der erhobenen niederdeutschen Alltagssprache. Für seltene Namen und Bezeichnungen oder auch kreative lautliche Anpassungen von hochdeutsch eingebrachtem Sprachmaterial sind Groths Texte ebenfalls relevant, wie das Beispiel zu *Brasilien* zeigt. „Brunsilgen, Brunsilin ‚Brasilien' Dtm. (Groth 1, 156. 2, 281)." (SHWB 1, 1927, 541) Groths Anpassung wird hier erneut als dithmarsisch (= Dtm.) gekennzeichnet, wobei in diesem Sonderfall nicht mit lautlichen Unterschieden in anderen Regionen Schleswig-Holsteins zu rechnen ist. Weitere Belege zu diesen Wortformen fehlen.

Ein seltener kursorischer Verweis auf die Verwendungen bei Groth findet sich im Eintrag zum Artikel ndt. *de* (hdt. *der, die*) bei der Festlegung von Gebieten, in denen die Formen des Objektfalls, im SHWB als Akkusativ bezeichnet (SHWB 1, 1927, 695), mit den Nominativformen zusammenfallen, wozu sich expliziter ausgeführte Informationen ergeben.

> Die Grenze ist aber heute nicht mehr fest; die *den*-Formen haben sich z. B.
> in der Hohner Gegend nach Norden ausgedehnt; umgekehrt greifen *de*-For-

men z. B. nach Norderdithm. über (bei Klaus Groth gehen beide Formen regellos nebeneinander her). (SHWB 1, 1927, 695)

Die freie Verwendung der Formen bei Groth darf somit ebenfalls den beobachteten Wandel belegen.

Auch zur Illustration einer ungewöhnlichen Verwendung von *dennig* (hdt. *kräftig, stark*; bei Groth jedoch das Gegenteil: hdt. *schwach*) geht der Artikel ausführlicher auf die abweichende Beleglage bei Groth ein. „Klaus Groth 3, 208 *he węr en beten quini un denni* ‚kümmerlich' (1856); vgl. 2, 96. Dieser Gebrauch scheint aber auf Dtm. beschränkt gewesen zu sein und ist heute ausgestorben." (SHWB 1, 1927, 711) Nach Möglichkeit wird darauf geachtet, mehrere Belege für eine bestimmte Bedeutung in Groths Werk zu identifizieren, so auch in diesem besonderen Fall, der eine regionale und inzwischen weitgehend geschwundene Sonderbedeutung markiert.

Die Frage der Beleghäufigkeit für einzelne SHWB-Lemmata im Groth-Korpus wird gelegentlich durch Sammelverweise gelöst, so zum Beispiel zu *dennöß*.

> dennöß (...), dennößen adv. ‚demnächst', ‚nachher', zu nöß ‚nächst' (s. d.). wi gaht d. noch mal to Klaasohm Dtm. (sehr häufig bei Groth, z. B. 1, 12. 31. 2, 56. 3, 5. 14. 210); sonst kaum gebraucht. (SHWB 1, 1927, 712–713)

Damit wird ein starker Gebrauch in Dithmarschen und eine besondere Bevorzugung in der grothschen Literatursprache verdeutlicht.

Der Eintrag zu *Dippen* ist wiederum ein Beispiel für einen allein über Groth belegten Begriff, der entsprechend auch mit der Zuordnung ‚Dithmarschen' versehen wird. „Dippen (...) n. ‚kleine Vertiefung', ‚Grübchen'. *se harr en D. int Kinn* Dtm. (Groth 3, 223)." (SHWB 1, 1927, 739)

Im Falle der Illustration einer archaischen Verwendung von *Dögd* wird der literarische, besonders poetische Groth-Beleg um einen Verweis auf wissenschaftliche Literatur im *Niederdeutschen Jahrbuch* ergänzt und gestärkt (siehe auch den Eintrag zu *Apeldör*), wodurch ein interessanter Kombinationsverweis entsteht.

> Dögd, (...). Früher wurde D. gern in Vbdg. mit Jögd (‚Jugend') gebraucht: *Jögd hett keen D.* vgl. Groth 3, 217 u. Nd. Jb. 41, 104. In Beziehung auf die sittliche Tüchtigkeit wird das Wort jetzt fast nur noch literarisch verwendet (vgl. Groth 2, 296. 4, 79). (SHWB 1, 1927, 781)

Besonders aufschlussreich ist die ausgeführte Erläuterung zum ‚fast nur noch literarischen' Gebrauch, der ein hohes quellenkritisches Bewusstsein verdeutlicht und zugleich den Eigenwert der literarischen Quelle würdigt.

Auch der Artikel zu *Dös* ist prägnant für die Einbringung der Groth-Belege im SHWB, da dort die Singularität des Belegs sogar besonders betont wird.

Dös (…) f. ‚Niederung‘, ‚Wiese‘, ‚Moor‘; vgl. mnd. dose ‚hellfarbiger Moostorf‘. *enige Holtbüten un Törfmoor in'e Dösen* Dtm. 1850; nur bei Groth 3, 104 u. 2, 46 bezeugt. (SHWB 1, 1927, 819)

Dennoch fand *Dös* Aufnahme in das Wörterbuch, wodurch das Vertrauen in die literarische Quelle besonders deutlich wird. Obwohl zur Bearbeitung des Eintrags vermutlich nur ein einziger Wörterbuchzettel mit diesem Groth-Beleg vorlag, fand das Wort dennoch Berücksichtigung. Bei Groth findet sich entsprechend „ehr man dal kumt na de Dös'" (Groth 1921, Bd. 2, 46, De Heisterkrog), dort erläutert als „Niederung, Wiese" (Groth 1921, Bd. 2, 46, Anm.). Im Band 3 auf S. 104 findet sich jedoch kein Beleg für *Dös*.

Als ebenfalls besonders exklusiv wird der Eintrag zu *Duuz* erläutert. „Duuz (…), Duuts f., ‚Kröte‘, nur in Dtm. (vgl. Groth 2, 50). Entstanden durch falsche Abtrennung aus *Quaad-uuz* (s. d.) ‚Dreck-kröte‘." (SHWB 1, 1927, 933) Hier wird allerdings mittelbar verdeutlicht, dass neben dem Groth-Beleg weitere Verweise aus Dithmarschen nachweisbar sind.

Die besondere Qualität des literarischen Belegs verdeutlicht wiederum der Eintrag zu *Ebentür*.

Ebentür (…), Ewentür, Ümtür (…) Wm., n. u. f. ‚Abenteuer‘, mnd. eventure, zu franz. aventure. Dem hd. ‚Abenteuer‘ entspricht E. nur bei Groth 3, 39. 178. Aus älterer Zeit ist es in der Bdtg. ‚Gefahr‘, ‚Risiko‘ bezeugt. (SHWB 1, 1927, 981)

Die literatursprachliche Bedeutung kann als singulär herausgestellt werden, wird aber dennoch dokumentiert.

Auch der Eintrag zu *ehrumlütt* illustriert eindrücklich die Arbeitsweise der Artikelerstellung und den Umgang mit den literarischen Quellen und den bereits vorliegenden Anmerkungen.

ehrumlütt (…) adv. ‚je um ein Kleines‘, ‚alle Augenblick‘ (vgl. *allumtlütt* S. 108); nur bei Groth 1, 44 u. 191. Die Bedeutung des *ehr* (an der zweiten Stelle schreibt Groth *erumlütt*) ist unklar; nach Müllenhoff im Glossar z. Quickborn ist *er = erer = ider* ‚jeder‘. (SHWB 1, 1927, 1017)

Die Entscheidung für eine etymologisch passende Schreibung bleibt offen und wäre noch eingehender zu prüfen.

Häufig sind es allein bestimmte Bedeutungsnuancen, für die – neben anderen zu diesem Zweck verzettelten Belegen – auch Groth-Belege angeführt werden, so im Fall von *am Enn*.

Enn (…) n. u. m. ‚Ende‘ (…). *se leten em am Ende* [Variante zu *Enn*, R.L.] *wenen* ‚schließlich‘, ‚endlich‘, ‚zum Schluss‘; in dieser Bdtg. wohl nur noch bei Groth (vgl. 1, 34. 87. 151), sonst abgeschwächt: *wat liggt mi am E.*

doran, und weiter: *dat kunn em am (an'n) E. ni passen* ‚möglicherweise‘, ‚vielleicht‘. (SHWB 1, 1927, 1055)

Während Groth die entsprechende Bedeutung mehrfach bringt, besteht auf Grund der übrigen Beleglage Unsicherheit über die weitere Verbreitung. Der Mehrwert der Verzettelung der literarischen Werke verdeutlicht sich in der Erfassung dieser andernfalls nicht mehr greifbaren Bedeutungsnuancen.

Auch der Eintrag zum seltenen *entzücken* zeugt von einer sehr gründlichen Auswertung der GW Groths und dem Wunsch, möglichst umfangreich weiterführende sprachliche Informationen seiner Literatursprache – wie in diesem Falle einen reflexiven Gebrauch – zu dokumentieren.

> entzücken (…) sw. v. mit veränderter Bdtg. aus dem Hd. entlehnt (vgl. anzüglich S. 149). Bei Groth 1, 24 refl.: *wo węr de Mann doch dodenblaß; ik entzück mi fast un meen, ik seeg en Liek* ‚ich entsetzte mich‘, ‚erschrak‘. (SHWB 1, 1927, 1059)

Bisweilen findet sich auch zu sehr häufig gebrauchten Wortformen wie bestimmten Adverbien ein Bezug auf Groth, so im Falle der Variante *der* für *dor*.

> dor (…) adv., in der Aussprache oft zu der (…) geschwächt: *wat is der los?*; so immer bei Groth, z. B. 1, 47 *is der een dood?* 1, 105 *nu staht der Hüs en ganze Reeg*; (…) – 1. räumlich: ‚da‘, ‚dort‘. (SHWB 1, 1927, 774)

Die Angabe „so immer bei Groth“ deutet eine umfassende Kenntnis und Verzettelung der Texte an und verweist zugleich auf die verlässliche Autorität, die diesem literarischen Material zuerkannt wird, das hier weniger als Ausweis einer bestimmten Region, sondern als zweckmäßige Referenz auf eine weit verbreitete Variante aufgerufen wird.

Die hier angeführte Summe der exemplarisch vorgestellten, jeweils unterschiedlich angelegten Verweise auf Groths *Gesammelte Werke* zeigt eine große Anwendungsvielfalt für diese Belege auf, die es beim Anlegen und Verfassen der Artikel ermöglichte, besonders spezifisch auf den jeweiligen Befund bei Groth einzugehen. Es gab also kein allein standardisiertes Verfahren, sondern über viele Einzelentscheidungen konnte die Autorität der grothschen Texte einmal stärker und einmal geringer gewichtet werden. Auch daran wird die Sonderstellung dieses Materialkomplexes im Wörterbuch, der vielfältig und umfassend für die Belegstruktur verwendet und über die konkrete Nennung des Autornamens Groth auch explizit gemacht wurde, deutlich. Eine Sonderstellung darf angesetzt werden, weil kein weiteres verzetteltes und im Text angeführtes Belegmaterial des SHWB derart häufig direkt genannt wird (vgl. Abschnitt 2).

In umgekehrter Betrachtung ist zudem zu prüfen, in welchem Umfang das Wortmaterial eines beliebig ausgewählten Textabschnitts von Groth über das SHWB geklärt werden kann und eventuell auch als Beleg für bestimmte Wörterbucheinträge ins Feld geführt wurde. Diese Überprüfung wird anhand eines kurzen

Auszugs aus der Erzählung *Trina*, die erstmals 1859 erschien und Eingang in den dritten Band der *Gesammelten Werke* (vgl. Groth 1921, Bd. 3) fand, vorgenommen. Der untersuchte Abschnitt findet sich dort auf den Seiten 176 und 177. Der einfachste Weg zur Überprüfung einer Berücksichtigung von Wortmaterial aus diesem Abschnitt ist daher die Suche nach Verweisen auf „Groth 3, 176" oder „Groth 3, 177" und ähnlich angelegte Verweisstrukturen (zum Beispiel unter Nennung weiterer Seitenzahlen).[22] Von Interesse ist daran anschließend, ob das jeweilige Wort nur auf Grundlage der Verwendung bei Groth eingebracht wird, oder auch weitere Belege genannt oder nahegelegt werden. Eine Überprüfung der Repräsentanz aller Wortformen der Textseiten im SHWB wäre insofern nicht zielführend im Sinne der Fragestellung, als dass die Verwendung von Wortformen der Textseiten als Wörterbuchbeleg auf diese Weise erst in einem zweiten Arbeitsschritt deutlich würde. Das gewählte Verfahren ist unmittelbarer und kann den Umfang der direkten Verweisstrukturen rascher verdeutlichen.

Tatsächlich finden sich im SHWB entsprechende Einträge, die sich explizit auf die exemplarisch aufgerufene Textpassage aus der Erzählung *Trina* beziehen. Drei Verweise beziehen sich auf „Groth 3, 176". In längeren Auflistungen mehrerer Belegseiten findet sich diese Seite 176 nicht. Es ist zunächst der Eintrag „karken –oold adj. ‚uralt'. *en steenolen Mann in en k. Huus* (Groth 3, 176)" (SHWB 3, 1931, 44), der sich für das zusammengesetzte Adjektiv nur auf den korrekt zitierten Groth-Beleg stützt, der zudem auch in den GW als „kirchenalt, uralt" (Groth 1921, Bd. 3, 176, Anm.) erläutert wird. Dann folgt „Sitt–hohn n. ‚Bruthenne' (Groth 3, 176)" (SHWB 4, 1933, 502), in diesem Fall ohne Zitat, da der Kontext nicht Not tut, aber wiederum als einziger Beleg für das Kompositum überhaupt. Auch in den GW ist es als „Bruthenne" erläutert (Groth 1921, Bd. 3, 176, Anm.). Schließlich folgt der Eintrag „Vergang m. ‚Untergang', ‚Verschleiß'. *dor is keen V. an (in)* ‚das vergeht nicht leicht' Wm.; auch von rüstigen alten Leuten (Groth 3, 176)" (SHWB 5, 1935, 382), der die grundsätzliche Bedeutung der Wilstermarsch zuordnet, bei Groth aber singulär belegt auch den angesprochenen Bezug auf die Beschreibung älterer Menschen findet. „Trina ehr Grotmoder weer een vun de kralln oln Lüd, de utseht as weer der keen Vergang in." (Groth 1921, Bd. 3, 176) Die Anmerkungen auf der gleichen Seite geben „Vergang: Altern, Untergang" an (Groth 1921, Bd. 3, 176, Anm.) und erläutern aus diesem Satz auch „krall: munter". Während deutlich ist, dass das SHWB für ein gängiges Lexem wie *Grotmoder* keinen Verweis auf diesen Groth-Satz setzen würde, ihn für die besondere Wendung „is keen Vergang in" in Bezug auf Menschen aber ohne Zitat nutzt, wäre auch für *krall* ein Verweis denkbar. Zwar bietet der Artikel zu *krall* (vgl. SHWB 3, 1931, 296–297) zwei andere Verweise auf Groth für bestimmte Bedeutungsnuancen, aber die ebenfalls ausführlich angeführte Bedeutung ‚rüstig' wird nicht mit „Groth 3, 176" (oder einem

---

22 Die Textverteilung auf die gezählten Textseiten hat sich im Verlauf der Auflagen der GW nicht verändert, eventuell später hinzutretende Seiten wurden jedenfalls mit dem Zusatz a, b, c versehen.

anderen Groth-Verweis) belegt, obgleich es gut möglich gewesen wäre und der Satz, wie gezeigt, in jedem Fall verzettelt wurde. Es fanden sich hinreichend außerliterarische andere Belege, die im Artikel dokumentiert sind, womit sich aber nicht zwangsläufig eine Bewertung der Quellen verbinden muss. Auch in diesem Fall wäre ein Blick auf die konkrete Verzettelung des Wortes *krall* aufschlussreich.[23]

Die Anmerkungen zur S. 176 in den GW erläutern die Lexeme *krall*, *Vergang*, *gau*, *Sitthohn*, *klucker*, *fichel*, *tründel*, *hœgli*, *Manns*, *brö*, *dœgli*, *plitsch*, *Schülleratsen*, *Pütt* und *karkenold* (vgl. Groth 1921, Bd. 3, 176, Anm.). Bis auf zwei Ausnahmen lassen sich alle dort erläuterten Wörter auch im SHWB klären – wobei die Ausnahmen überraschen und nicht der Umstand der Klärung über das SHWB. Die Wörter *karkenold*, *Sitthohn* und *Vergang* in der vorliegenden Bedeutung sind im SHWB singulär über „Groth 3, 176" belegt. Allein die hier vorliegende Bedeutung von *Manns*, erläutert als ‚bei Kräften', und das Lexem *Schülleratsen*, erläutert als ‚Wandbilder', finden sich nicht im SHWB, was insbesondere für *Schülleratsen* verwunderlich ist, denn schließlich fanden auch andere nur bei Groth belegte Wörter den Weg in das SHWB. Daraus folgt, dass der besondere Wortbestand der Seite weitreichend, aber nicht vollständig über das SHWB zu klären ist, zugleich aber auch als Beleggruppe im SHWB dient, wobei aber nicht alle sprachlich auffälligen Lexeme der Seite Aufnahme im SHWB fanden.

Auf der anschließenden Seite 177 der GW, Band 3, die den Abschnitt der Erzählung *Trina* fortsetzt, zeigt sich ein vergleichbares Bild. Dort werden die Lexeme *strakel*, *Fleerlinken*, *Slüsen*, *Flünken*, *Dik*, *Hüschertau*, *Dœrgericht*, *Kœksch*, *Spill*, *Utleggn*, *Sparn*, *brüden*, *gluddern*, *Löw* und *Ruten* in den GW erläutert (vgl. Groth 1921, Bd. 3, 177, Anm.). Im SHWB finden sich wiederum zwei Verweise auf „Groth 3, 177". In längeren Aufzählungen mehrerer Belegseiten findet sich diese Seite 177 nicht. Belegt werden die beiden auch in den GW erläuterten Wörter *Hüschertau* und *Dörgericht*, die zudem in einem direkten Satz- und Sinnzusammenhang in Groths Erzählung stehen, „se maken sik en Hüschertau int Dœrgericht mit dat Mäden ęr [sic!] Hölp fast" (Groth 1921, Bd. 3, 177). Der Eintrag zum *Dörgericht* verortet den Begriff in Dithmarschen und der angrenzenden Wilstermarsch, und der einzige konkrete Beleg ist der Groth-Verweis. „Dör-gericht n. ‚Zarge', ‚Türrahmen' Dtm. Wm.; vgl. -*sars. se maken sik en Hüschertau* („Schaukel") *int D.* (Groth 3, 177)." (SHWB 1, 1927, 794) Der angeführte Begriff *Dörsars* wird in der Folgespalte als ‚Türzarge' übersetzt (SHWB 1, 1927, 795). Es liegt nahe, dass dieser Satz auch als Beleg für das *Hüschertau* herangezogen wurde.

Hüsch (…) Eid., Hüschel (…) Hus. Schwabst. und Hüscher (…) Eid. Dtm. Stap. f. ‚Schaukel'; ein langes Tau, Hüsch-tau Dtm. 1755, gewöhnlich Hüscher-tau, wird mit den beiden Enden an einen Balken der Scheunendie-

---

le gebunden; die Kinder setzen sich hinein und schwingen sich darin, indem sie sich mit beiden Händen am Tau festhalten. Vgl. Groth 3, 177, 282.
(SHWB 2, 1929, 974)

Auch der direkt im Anschluss als häusliches Herumschaukeln der Kinder an Möbeln erläuterte Begriff *Hüscherie* wird dazu passend in Dithmarschen verortet. Der Eintrag zu *Hüschertau* verdeutlicht zudem das volkskundliche Interesse des SHWB, indem der Erläuterung viel Raum geboten wird. Inhaltlich hätte sich daher auch hier ein Zitat des Groth-Belegs aus der Erzählung *Trina* angeboten. Passend zur (später erfolgten) Erläuterung des Wörterbuchs symbolisiert das *Hüschertau* auch in Groths Erzählung das eigentlich noch zu kindliche Spiel zweier jugendlicher Mädchen in einem Coming-of-Age-Prozess. Groths Texte transportieren eine größere Summe volkskundlich brauchbarer Daten, die für das SHWB besonders gut einsetzbar waren und bisweilen auch zitiert werden.

Die weiteren auch in den GW erläuterten Lexeme der Seite 177 lassen sich auch im SHWB nachweisen. Von Interesse ist *gluddern*, da sich dazu zwar ein Verweis auf „Groth 1, 260" findet, wo es im *Quickborn*-Gedicht *Vullmacht sin Tweschens* heißt „Wat gluddert in Blomhof un lacht achtern Tun?" (Groth 1921, Bd. 1, 260), aber der *Trina*-Beleg „un noch bet deep inne Nacht gluddern un flüstern se" (Groth 1921, Bd. 3, 377) keine Erwähnung findet, obgleich er ein sinnvoller Mehrfachbeleg gewesen wäre. Zwar erläutern die GW *gluddern* einmal als „vom dumpfen, halbunterdrückten Lachen" (Groth 1921, Bd. 1, 260, Anm.) und einmal als „kichern" (Groth 1921, Bd. 3, 377, Anm.), doch fallen diese Bedeutungen sowohl sachlich als auch in der SHWB-Angabe „,lachen'. Kremp. 1797 ,auf eine dumme Art lachen', ,stark lachen' Dtm. 18. Jht. Jetzt wohl meist vom dumpfen, halb unterdrückten, albernen Lachen, wie es namentl. Kinder bei Tisch und junge Mädchen an sich haben" (SHWB 2, 1929, 399–400) zusammen. Die Erläuterungen in den GW reagieren jeweils sensibel auf den Textzusammenhang. Das SHWB übernimmt erkennbar den Ansatz der Erläuterung zur S. 266 im Band 1 der GW und setzt auf das dort angeführte ,dumpfe, halb unterdrückte Lachen'. Das hellere Kichern tritt als weitere Nuance hinzu und hätte grundsätzlich als Bedeutungsangabe mit Groth-Beleg „Groth 3, 177" auch noch Eingang in das SHWB finden können. Folglich sind nicht alle Entscheidungen gleichermaßen nachvollziehbar und nicht alle Belegstellen gleichermaßen vollständig ausgeschöpft worden.

Viele weitere Überprüfungen von Querverbindungen zwischen Einzeltexten Groths und dem SHWB wären möglich, so ließe sich zum Beispiel auch der Lexembestand einzelner, vielleicht auch besonders bekannter Gedichte wie *Min Jehann* (= „Groth 1, 2" als Verweisformel) entsprechend überprüfen. Es würde sich ein immer wieder ähnliches Bild zeigen. Der Wortbestand der Groth-Texte ist sehr weitreichend über das SHWB erschlossen. Nur wenige Groth-Lexeme hat das SHWB nicht aufgenommen. Häufig setzt das SHWB Verweise auf die Verwendungen bei Groth, vielfach handelt es sich auch um singuläre Belege. In diesen Fällen ist die Aufnahme in das SHWB und somit in die lexikografisch dokumentierte Lexik jeweils der Dichtung Groths und ihrer Kommentierung in den GW zu verdanken, die größeren Einfluss auf die Entscheidungen der Bearbeiter gehabt haben dürfte.

Fazit

Eine nachträgliche Systematik des Einbringens von Groth-Belegen kann nur noch bedingt ermittelt werden. Aus der Praxis der Artikelabfassung heraus sind die Zettelbestände zu Groth unterschiedlich, aber umfassend eingebracht worden.[24] Unterscheidbar sind die variierenden Intensitätsgrade. Manche Einträge beruhen nur auf einem Groth-Beleg, in anderen Fällen unterfüttern kursorische Verweise auf Groth die breite Gebräuchlichkeit eines Lexems oder eine spezifische Variante.

Erfasst wurden leicht abweichende Lautungen, die entweder als literarisch bzw. scherzhaft oder als dithmarsisch bzw. norderdithmarsisch aufgefasst werden. Auch ist der Gebrauch von Wortformen in relativ festen, musterhaften Wendungen von Interesse, die über Groths Texte dokumentiert werden. Bisweilen beruhen Lemmata nur auf einem oder auf zwei Groth-Belegen, in dem Fall ist das belegte Wortaufkommen singulär geblieben, dennoch wurde auf eine Aufnahme nicht verzichtet. Im Gegenzug wird nicht jeder Wortgebrauch in den *Gesammelten Werken* Groths auch als Beleg im entsprechenden Wörterbuchartikel bemüht. Das Textkorpus „Groth, GW" wurde vielmehr für die Erfassung und den weiteren Beleg besonders regionaler oder in anderer Weise formal besonders auffällige Wortformen angewendet. In den Fällen, die nur einen Verweis auf Groth bringen, kann die Wortverwendung in den GW auch ursächlich zur Aufnahme des Wortes im SHWB geführt haben.

Der vertiefende nachträgliche Blick auf die Materialgewinnung und -auswertung zeigt die Gefahren des Zirkelschlusses auf, der sich zumindest für die späteren Nutzer ergeben kann. Das Wortmaterial der Groth-Texte wurde aufgenommen, weil es norderdithmarsisch oder dithmarsisch ist, und wird häufig entsprechend markiert. In den Texten kann die Sprachform wiederum als norderdithmarsisch oder dithmarsisch erfasst werden, weil das SHWB zu einigen der in den Texten verwendeten Wortformen genau diese Information gibt – die jedoch erst über die Groth-Texte überhaupt hineingekommen ist. Die verlässliche sprachliche Korrektheit der Texte ist daher als gemeinsamer Ausgangspunkt entscheidend. Neben die regionale Relevanz tritt im Falle Groths die grundsätzliche literatursprachliche Autorität seiner Texte für die sprachliche Gestaltung des Niederdeutschen in Schleswig-Holstein.

---

24 Wie bereits ausgeführt (vgl. Anm. 8), konnte das Material bisher nicht bis zu den Zetteln selbst zurückverfolgt werden. Die Stationen Wörterbuchartikel und Primärtext liegen vor, die Zwischenstation Wörterbuchzettel fehlt. Auch ohne diese Zwischenstation ist die Betrachtungsweise jedoch relevant, weil sie die mögliche Rezeptionshaltung, von den Wörterbucheinträgen wieder auf die Primärtexte zu schließen, nachvollzieht.

Das Einbringen der Groth-Belege erfolgt weniger einheitlich und systematisch als denkbar. Zum einen sind die konkreten Umsetzungen im Wörterbuchartikel selbst sehr unterschiedlich, zum anderen scheint die Summe des interessanten Wortaufkommens nicht ganz ausgeschöpft worden zu sein. Wenn eine vollständige Verzettelung aus Groths *Gesammelten Werken* vorlag, scheint sie nach Lektüre des SHWB aber auch umfassend genutzt worden zu sein. Weshalb keine weiteren Belege eingebracht wurden, kann allenfalls vermutet werden. In jedem Fall übersteigt die Erwähnung Groths deutlich diejenige anderer Autoren, so dass sich die Auswertung seiner *Gesammelten Werke* wie ein schützendes Netz oder stützendes Gerüst um den Wortbestand des SHWB legt. Dabei ist der Fall, dass der Groth-Beleg das Hauptlemma betrifft, im Gesamtvergleich eher selten. Häufiger ist der Fall, dass Komposita und Varianten des Lemmas über einen Groth-Beleg in den Wörterbuchartikel eingebracht oder dort weitergehend illustriert werden.

In der Summe entsteht der Eindruck eines grothschen Gerüstes im schleswig-holsteinischen Wörterbuchbau, wenn auch mit großen Freiflächen, die über andere Quellen und vornehmlich mündliche Befragungen auszufächern waren, auch kann die Tragkraft mancher grothscher Sprachstrebe sicherlich in Frage gestellt werden. Deutlich aber ist zum einen, dass sich Otto Mensing auf Groths sprachliche Autorität verließ und zum anderen, dass darin auch kein grundsätzlicher Nachteil liegt. Der Ansatz, hier das Sprachwissen und das Sprachempfinden einer älteren schleswig-holsteinischen Sprechergeneration ab etwa 1840 abzubilden, findet in den grothschen Texten deutlichen Widerhall, da die eigene Spracharbeit des Dichters in diese Phase fällt und stets von dem Bemühen geprägt war, dabei ausgehend von erstsprachlicher Kompetenz, eine angemessene Form des dithmarsischen Niederdeutschen in der Schriftsprache zu finden (vgl. Groth 1858b/2005, 53–55). Sehr weit sind der mundartliterarische Text und der Dialektwörterbuchartikel nicht voneinander entfernt. In beiden Fällen muss gesprochene Sprache in das Medium der Schriftlichkeit überführt werden und somit medial dort greifbar gemacht werden, wo sie zunächst nicht verortet war.

Auch die spätere Nutzung des Wörterbuchs bleibt stark in der Sphäre des Schriftlichen. Lesende niederdeutscher Texte schlagen ihnen unbekannte Wörter nach. Dass jedoch Hörende niederdeutscher Rede ihnen unbekannte Wörter im Wörterbuch nachschlagen, ist ein eher seltener, auch schwer umzusetzender Vorgang. Das Wörterbuch hat ebenso wie der literarische Text den Dialekt in die Sphäre des Philologischen hineingeführt, in der sich nun eine fortwährend andauernde Wechselwirkung der philologischen Informationen vollzieht.

Die Rekonstruktion des Anteils literarischer Texte an der Lemmastruktur eines Wörterbuches, das nicht primär zur Abbildung einer bestimmten Literatursprache, sondern zur Spiegelung eines lebendigen dialektalen Wortschatzes konzipiert wurde, kann aus den publizierten Lieferungen heraus nur bedingt geleistet werden. Es wurde deutlich, dass kein einheitliches Verfahren zur Einbringung der literarischen Belege angewendet wurde. Die Vorstufe zum Wörterbuchartikel in Form einzelner

Datenaufnahmen auf Zetteln mit entsprechenden Quellenangaben verspricht der fortgesetzten Analyse genaueren Aufschluss über die Genese der Informationen. Somit verdichtet sich die Fragestellung auf den Aspekt, wie viel Raum den literarischen Quellen noch in den publizierten Lieferungen eingeräumt wird. In einer Zusammenschau kann von dem beschriebenen Netzwerk literaturbezogener Auswertung ausgegangen werden.

Abschließend sei bemerkt, dass auch das SHWB selbst als Lesebuch für Schleswig-HolsteinerInnen gedacht war, in dem sie zur Unterhaltung, Erbauung und Bildung ihrer eigenen Sprache nachspüren sollten. Nach entsprechenden Bemerkungen in der Einleitung zum Wörterbuch (vgl. Mensing 1927, XVI, XXI) kommt Mensing auch im finalen Vorwort des fünften Bandes darauf zurück.

> Was mich immer wieder vorwärts trieb, auch wenn die Kraft einmal zu erlahmen drohte, das war die freudige Zustimmung, die mir aus allen Kreisen meiner Landsleute während der langen Jahre ununterbrochen entgegengebracht wurde. Zahlreiche Zuschriften bewiesen mir immer wieder, daß die Arbeit nicht umsonst getan wurde. Ein fast Achtzigjähriger schrieb mir einmal, daß er das Erscheinen jeder Lieferung kaum erwarten könne und daß es die größte Freude seines Alters sei, sich in den volkstümlichen Stoff, der hier in reicher Fülle dargeboten wurde, zu versenken. (SHWB 5, 1935, Vorwort, [VII])

Somit ist das SHWB kein reines Nachschlagewerk, sondern ein auch literarisches Kompendium sprachlichen, volkskundlichen und auch literarischen Wissens – so war es erwünscht, und so hat es sich sogar erfüllt, wie auch bis heute Äußerungen von Nutzern belegen; man liest nach wie vor im SHWB.[25] Im Rahmen eines CodingDaVinci-Projekts für Schleswig-Holstein hat die Universitätsbibliothek Kiel im Frühjahr 2021 eine Digitalisierung des *Schleswig-Holsteinischen Wörterbuchs* erstellt, die durchsuchbar ist und damit die lange geforderte digitale Erreichbarkeit einlöst. Sie wird der weiteren Rezeption sehr zuträglich sein.[26]

Im Mittelpunkt dieses Beitrags stand die Beziehung zwischen dem SHWB und Groths *Gesammelten Werken*, angeregt durch die Frage, ob diese Verbindung in kritischer Betrachtung zu fruchtbar gewesen sein könnte. Zu fruchtbar ist die Beziehung allenfalls dann, wenn der Gebundenheit lyrischer Sprache in der lexikografischen Auswertung zu wenig Aufmerksamkeit geschenkt wird. Dieser Umstand stellt sich jedoch nur selten ein, vielmehr wird ein sehr bewusster Umgang mit dem Quellentyp Literatur deutlich. Das Wörterbuch musste entscheiden, ob es

---

25 Bei diesen Nutzeräußerungen handelt es sich um Hörbelege des Verfassers aus Sprachkursen und Fortbildungen oder auf Vereinstagungen in Schleswig-Holstein, die zeigen, dass niederdeutschinteressierte Kreise das SHWB fortgesetzt vielfältig nutzen. Auch Spenden von SHWB-Ausgaben an die Universität Flensburg waren von entsprechenden Erzählungen begleitet, die dann zwar auf die Vergangenheit verwiesen, aber doch die jüngere Rezeption des Wörterbuchs illustrierten.

26 Vgl. https://dibiki.ub.uni-kiel.de/viewer/toc/PPN1750113996/1/ (2. 1. 2024).

allein einem mehrfach und in verschiedenen Quellen belegten Wortgebrauch oder auch einem von Groth bisweilen ausgeprägten besonderen oder sogar dem singulär belegten Gebrauch bei Groth den Vorzug gibt. Immer wieder fällt die Entscheidung zu Gunsten der grothschen Besonderheiten aus. Sie haben das SHWB erkennbar lexikalisch bereichert.

Für das SHWB und seinen Quellenbestand ergeben sich weitere Perspektiven. So lohnt es sich, auch für dieses niederdeutsche Großlandschaftswörterbuch weitere Tiefenbohrungen in seiner Belegstruktur vorzunehmen, die vom Wörterbuchartikel zu den Wörterbuchzetteln und ihren Quellen zurückgehen, um auf diese Weise die sprachliche Materialbasis des Wörterbuchs noch besser erkennen und auch anderweitig auswerten zu können. Das gilt insbesondere auch für die nach 1923 nicht mehr näher berücksichtigten Auswertungen zur mittelniederdeutschen Überlieferung Schleswig-Holsteins, deren Erarbeitungsstand nach einem Jahrhundert wieder aufzurufen und zu prüfen ist. Davon wird an anderer Stelle zu berichten sein.

Literatur

Quellen

Berghaus, Heinrich (1880–1883): Der Sprachschatz der Sassen. Ein Wörterbuch der Plattdeütschen Sprache in den hauptsächlichsten ihrer Mundarten. Band 1. Berlin 1880. Band 2. Berlin 1883.

Diermissen, Johannes (1847): De Lüttje Strohoot. Kiel.

Kauffmann, Friedrich (1903): Die Hauptprobleme der Volkskunde. In: Die Heimat 13, 193–197.

Groth, Klaus (1852/1853): Zunächst für meinen schlichten plattdeutschen Landsmann einige Worte [Vorwort]. In: Ders.: Quickborn. Volksleben in plattdeutschen Gedichten dithmarscher Mundart nebst Glossar. Mit einem Vor- und Fürwort vom Oberconsistorialrath Pastor Dr. Harms in Kiel. Hamburg 1853 [erschienen 1852], V–XII.

Groth, Klaus (1858a): Briefe über Hochdeutsch und Plattdeutsch. Kiel.

Groth, Klaus (1858b/2005): Eine Lebensskizze. In: Ders. (2005): Memoiren. Hg. von Ulf Bichel und Reinhard Goltz. Heide, 13–56. [Entstanden 1858. Erstdruck 1932].

Groth, Klaus (1871): Quickborn. Zweiter Theil. Volksleben in plattdeutschen Dichtungen dithmarscher Mundart. Leipzig.

[Groth, Klaus] (1880a): Vun'n Bökerdisch. In: Plattdüütsche Husfründ 5, Heft 20, 77–78.

[Groth, Klaus] (1880b): Nochmals das Wörterbuch der plattdeutschen Sprache in den hauptsächlichsten ihrer Mundarten von Dr. Heinr. Berghaus, das er unter dem Titel Sprachschatz der Sassen herausgiebt. In: Plattdüütsche Husfründ 5, Heft 25, 1.

Groth, Klaus (1899/2005): Memoiren. Wie mein Quickborn entstand. In: Ders. (2005): Memoiren. Hg. von Ulf Bichel und Reinhard Goltz. Heide, 161–200. [Erstdruck 1899].

Groth, Klaus (1911): Klaus Groth über sich selbst. Hg. v. Z. In: Euphorion 18, 146–150. [Edition eines Briefes Klaus Groths vom 20. 4. 1859 an den Großherzog Carl Alexander von Sachsen-Weimar].

Groth, Klaus (1893): Gesammelte Werke. 4 Bände. 1. Aufl. Kiel / Leipzig.

Groth, Klaus (1898): Gesammelte Werke. 4 Bände. 3. Aufl. Kiel. [Ausgabe letzter Hand].

Groth, Klaus (1904): Gesammelte Werke. 4 Bände. 4. Aufl. Kiel / Leipzig.

Groth, Klaus (1921): Gesammelte Werke. 4 Bände. 9. und 10. Aufl. Kiel / Leipzig.

Groth, Klaus ([1958]/1981): Sämtliche Werke. Band 3. Quickborn. Zweiter Teil. Mit Einleitung, Anmerkungen und Glossar hg. von Ivo Braak und Richard Mehlem. Flensburg [1958]. 2. Aufl. Heide 1981.

Mecklenburgisches Wörterbuch (1937 bis 1998): Mecklenburgisches Wörterbuch. Hg. von Richard Wossidlo und Hermann Teuchert. Bände 1–7. Neumünster / Berlin 1937–1997. Band 8. Nachtrag und Index. Neumünster 1998.

[Mensing, Otto] (1906): Anweisungen zur Sammeltätigkeit. Kiel.

Mensing, Otto (1904): Das Schleswig-Holsteinische Wörterbuch. In: Die Heimat 14, 149–157.

Mensing, Otto (1924): Das Schleswig-Holsteinische Wörterbuch. In: Die Heimat 34, 285–287.

Mensing, Otto (1927): Einleitung. In: Schleswig-Holsteinisches Wörterbuch. (Volksausgabe). Hg. von Otto Mensing. Band 1. Neumünster 1927, IX–XXI.

Müllenhoff, Karl (1854): Glossar. In: Klaus Groth: Quickborn. Volksleben in plattdeutschen Gedichten ditmarscher Mundart. Dritte sehr vermehrte und verbesserte Auflage. Mit einem Glossar nebst Einleitung von Prof. K. Müllenhoff. Hamburg, 259–331.

Müllenhoff, Karl (1856): Glossar. In: Klaus Groth: Quickborn. Volksleben in plattdeutschen Gedichten ditmarscher Mundart. Mit einem Glossar nebst Einleitung von K. Müllenhoff. 6. vermehrte und verbesserte Aufl. Hamburg, 311–365.[27]

SHWB (1927–1935): Schleswig-Holsteinisches Wörterbuch. (Volksausgabe). Hg. von Otto Mensing. 5 Bände. Neumünster. [Bd. 1 1927. Bd. 2 1929. Bd. 3 1931.

---

27 1856 erschienen sowohl die vierte Auflage des Quickborn, erstmals mit Illustrationen von Otto Speckter, als auch die fünfte Auflage mit wortgetreuer Übersetzung ins Hochdeutsche, sowie die sechste Auflage ohne Illustrationen und Übersetzung. Während die vierte und die sechste Auflage das Glossar mit einer Einleitung von Karl Müllenhoff enthalten, bringt die fünfte Auflage allein eine Einleitung von Müllenhoff unter dem Titel „Zur Nachricht an den Leser". Müllenhoffs Angaben in der sechsten Auflage scheinen für das SHWB verwendet worden zu sein.

Bd. 4 1933. Bd. 5 1935]. Digitalisat unter: https://dibiki.ub.uni-kiel.de/viewer/toc/PPN1750113996/ (1. 2. 2024).

Storm, Theodor (1898/1917): Sämmtliche Werke. Neue Ausgabe in acht Bänden. 1. Aufl. Braunschweig 1898. 30. Aufl. Braunschweig 1917. Band 9. Nachträge. Braunschweig 1913.

Westfälisches Wörterbuch (1969–2021): Westfälisches Wörterbuch. Hg. von der Kommission für Mundart- und Namenforschung des Landschaftsverbandes Westfalen-Lippe. Beiband. 5 Bände. Neumünster / Kiel.

Sekundärliteratur

Appenzeller, Gerrit (2011): Das Niedersächsische Wörterbuch. Ein Kapitel aus der Geschichte der Großlandschaftslexikographie. Wiesbaden / Stuttgart (Zeitschrift für Dialektologie und Linguistik. Beihefte, 142).

Baur, Gerhard W. (1987): Quellen und Corpora. Zur Materialbasis deutschsprachiger Dialektwörterbücher. In: Hans Friebertshäuser (Hg.): Lexikographie der Dialekte. Beiträge zu Geschichte, Theorie und Praxis. Tübingen (Reihe germanistische Linguistik, 59), 75–91.

Bichel, Inge / Ulf Bichel / Joachim Hartig (1994): Klaus Groth. Eine Bildbiographie. Heide (Klaus-Groth-Gesellschaft. Jahresgabe 36).

Bieberstedt, Andreas / Doreen Brandt / Klaas-Hinrich Ehlers / Christoph Schmitt (2023): Stationen in der Geschichte der Niederdeutschen Philologie. Ein Überblick aus Rostocker Perspektive. In: Dies. (Hg.): 100 Jahre Niederdeutsche Philologie. Ausgangspunkte, Entwicklungslinien, Herausforderungen. Teil 1. Schlaglichter auf die Fachgeschichte. Berlin (Regionalsprache und regionale Kultur. Mecklenburg-Vorpommern im ostniederdeutschen Kontext, 6), 11–102.

Damme, Robert (2013): Das Westfälische Wörterbuch als Projekt. Arbeitsoptimierung und Materialreduzierung. In: Niederdeutsches Wort 53, 7–20.

Damme, Robert (2021): Das Westfälische Wörterbuch (WWb). In: Alexandra N. Lenz / Philipp Stöckle (Hg.): Germanistische Dialektlexikographie zu Beginn des 21. Jahrhunderts. Wiesbaden / Stuttgart (Zeitschrift für Dialektologie und Linguistik. Beihefte, 181), 223–249.

Drieschner, Carsten (2009): Der „plattdeutsche Professor" oder: Was ist ein Experte? Das Beispiel Otto Mensing und das „Schleswig-Holsteinische Wörterbuch". In: Katrin Amelang (Red.): Volkskundliches Wissen. Akteure und Praktiken. Münster u. a. (Berliner Blätter, 50), 68–86.

Friebertshäuser, Hans (1983): Die großlandschaftlichen Wörterbücher der deutschen Dialekte: Areale und lexikologische Beschreibung. In: Werner Besch u. a. (Hg.): Dialektologie. Ein Handbuch zur allgemeinen und deutschen Dialektforschung. Band 1.2. Berlin / New York (Handbücher zur Sprach- und Kommunikationswissenschaft, 1.2), 1283–1293.

Friebertshäuser, Hans (1986): Zu Geschichte und Methoden der deutschen Dialektlexikographie. In: Ders. (Hg.): Lexikographie der Dialekte. Beiträge zu Geschichte, Theorie und Praxis. Tübingen (RGL, 59), 1–13.

Goltz, Reinhard / Hartwig Molzow (2004): Mensing, Otto Ludwig Theodor. In: Christoph König (Hg.): Internationales Germanistenlexikon 1800–1950. Bd. 2. Berlin / New York, 1200–1201.

Grimme, Hubert (1910): Plattdeutsche Mundarten. Leipzig. [2. Aufl. Berlin u. a. 1922].

Haas, Walter (1981): Das Wörterbuch der schweizerdeutschen Sprache. Versuch über eine nationale Institution. Hg. von der Redaktion des Schweizerdeutschen Wörterbuchs. Frauenfeld.

Hausmann, Franz Josef u. a. (Hg.): Wörterbücher. Ein internationales Handbuch zur Lexikographie. Bde. 1–3. Berlin / New York 1989–1991. Bd. 4. Berlin / Boston 2013 (Handbücher zur Sprach- und Kommunikationswissenschaft, 5.1–4).

Jebsen, Nina (2011): Verlorener Raum Nordschleswig – die Bedeutung volkskundlichen Wissens im deutsch-dänischen Grenzraum 1920–1940. In: Vokus 21, Heft 1/2, 19–33.

Jørgensen, Peter (1934 /1981): Die dithmarsische Mundart von Klaus Groths „Quickborn". Lautlehre, Formenlehre, Glossar. Kopenhagen 1934. Neudruck Hamburg 1981.

Kohbrok, Hugo (1901): Der Lautstand des žym-Gebiets in Dithmarschen. Darmstadt.

Langhanke, Robert (2007): „Der Mundart ein Denkmal errichten". Wilhelm Oesterhaus und Lippe-Detmold. Anmerkungen zu Leben und Werk des ersten Dichters lippischer Mundart. In: Augustin Wibbelt-Gesellschaft. Jahrbuch 23, 21–79.

Langhanke, Robert (2009): Dichtung und Dialektologie. Verbindungen zwischen westfälischer Mundartliteratur und Mundartforschung im 19. Jahrhundert. In: Augustin Wibbelt-Gesellschaft. Jahrbuch 25, 7–43.

Langhanke, Robert (2024): Theodor Storm im *Schleswig-Holsteinischen Wörterbuch*. In: Mitteilungen aus dem Storm-Haus 37 (im Druck).

Menke, Hubertus (2003): Kauffmann, Carl Friedrich. In: Christoph König (Hg.): Internationales Germanistenlexikon 1800–1950. Bd. 2. Berlin / New York, 902–904.

Molzow, Hartwig (2000): Mensing, Otto Ludwig Theodor. In: Dieter Lohmeier (Red.): Biographisches Lexikon für Schleswig-Holstein und Lübeck. Bd. 11. Neumünster, 257–263. [Korrektur zu Mensing in: Bd. 13 (2011), 517].

Niebaum, Hermann (2004): Zu Lexik und Lexikographie des Niederdeutschen. In: Dieter Stellmacher (Hg.): Niederdeutsche Sprache und Literatur der Gegenwart. Hildesheim / Zürich / New York, 149–189.

Ocker, Jan (2021): „Wer het mi min Karf mit Flesch stahlen?" Schleswig-Holstein als niederdeutsche Sprachregion im späten 19. und frühen 20. Jahrhundert. In: Nina Gallion u. a. (Hg.): Regionalgeschichte. Potentiale des historischen Raumbezugs. Göttingen, 55–72.

Ruge, Jürgen / Ingrid Schröder (2019): Die areale Lexik im Niederdeutschen. In: Joachim Herrgen / Jürgen Erich Schmidt (Hg.): Sprache und Raum. Ein internationales Handbuch der Sprachvariation. Band 4. Deutsch. Berlin / Boston, 733–756.

Sarauw, Christian (1921): Niederdeutsche Forschungen 1. Vergleichende Lautlehre der niederdeutschen Mundarten im Stammlande. Kopenhagen.

Scheuermann, Barbara (2018): „Ich nehme auch die Plattdeutschen mit." Klaus Groth und Fritz Reuter in zeitgenössischen Lesebüchern und Anthologien. In: Klaus-Groth-Gesellschaft. Jahrbuch 60, 63–90.

Thomsen, Hargen (2019): Klaus Groths Quickborn. Eine unglaubliche Buchkarriere. Hg. von der Klaus-Groth-Gesellschaft. Heide.

Wanner, Hans (1971): Das Mundartmaterial des Schweizerdeutschen Wörterbuchs. In: Maria Bindschedler u. a. (Hg.): Festschrift für Paul Zinsli. Bern, 62–70.

Wossidlo-Teuchert online (2023): www.wossidlo.uni-rostock.de/wossidlo-forschungsstelle/forschung/aktuelles-forschungsprojekt-wossidlo-teuchert-online/wossidlo-teuchert-online/ (1. 2. 2024).

Zimmermann, Harm-Peer (1995): Vom Schlaf der Vernunft. Deutsche Volkskunde an der Kieler Universität 1933 bis 1945. In: Hans-Werner Prahl (Hg.): Uni-Formierung des Geistes. Universität Kiel im Nationalsozialismus. Kiel, 171–200.

Enzyklopädische Angaben in niederdeutschen Dialektwörterbüchern

Matthias Vollmer, Greifswald

1. Einleitung

Dieser Beitrag setzt sich mit der Berücksichtigung enzyklopädischer Angaben in großlandschaftlichen niederdeutschen Dialektwörterbüchern auseinander, wobei der Schwerpunkt auf denjenigen Informationen liegt, die volkskundlich relevante Inhalte betreffen. Diese Fokussierung wurde in erster Linie deswegen vorgenommen, weil gerade zwischen der Dialektlexikographie und der Volkskunde enge historische Beziehungen bestehen, auf die im nächsten Absatz näher eingegangen wird. Für die vorliegende Untersuchung sind vier bereits abgeschlossene und zwei noch in Bearbeitung befindliche Werke ausgewählt worden. Zu den schon beendeten Projekten gehören das Brandenburg-Berlinische Wörterbuch (BBWb), das Mecklenburgische Wörterbuch (MWb), das Preußische Wörterbuch (PrWb) und das Westfälische Wörterbuch (WWb), während das Niedersächsische Wörterbuch (NdsWb) und das Pommersche Wörterbuch (PWb) erst in einigen Jahren vollständig vorliegen werden.

Die vordringlichste Aufgabe, die an wissenschaftliche Dialektwörterbücher heranzutragen ist, besteht unzweifelhaft in der Dokumentation und semantischen Analyse des mundartlichen Wortschatzes einer bestimmten Sprachlandschaft. Zu den sprachlich relevanten Informationen, die Leserinnen und Leser von Dialektwörterbüchern neben der obligatorischen Bedeutungserläuterung und grammatischen Angaben zumindest fakultativ in den einzelnen Wortartikeln erwarten können, zählen zunächst (möglichst typische) Beispiele für freien und phraseologisch gebundenen Wortgebrauch. Außerdem sind in diesem Zusammenhang vor allem noch laut- und formengeographische sowie etymologische Angaben zu nennen. Weil die Grenzen zwischen Sprach- und Sachwörterbüchern jedoch fließend sind und es eine Schnittmenge zwischen Sprach- und Weltwissen gibt, die u.a. das für einen angemessenen Sprachgebrauch erforderliche Sachwissen umfasst (vgl. Haß-Zumkehr 2001, 291–295), können und wollen Dialektwörterbücher selbstredend nicht vollständig auf enzyklopädische Angaben verzichten. Diese grundsätzliche Auffassung wird zusätzlich dadurch legitimiert, dass sachbezogene Informationen in Dialektwörterbüchern nicht zuletzt aus der Perspektive möglicher Benutzergruppen sowie angesichts der Singularität der jeweiligen Projekte für ihr Bearbeitungsgebiet durchaus begrüßenswert sind (vgl. Niebaum 1986, 128). Hinzu kommt noch, dass (wie bereits angedeutet) in der Geschichte der deutschen Dialektologie ein durchaus enges Verhältnis speziell zu volkskundlichen Fragestellungen vorhanden gewesen ist, das sich zum Beispiel in den thematischen Schwerpunkten der Fragebogenerhebungen für Dialektwörterbücher im 20. Jahrhundert widerspiegelt (vgl. Bauer 1986, 99). Aber schon geraume Zeit vorher haben frühe Dialektwörterbücher volkskundliche Inhalte aufgegriffen. Diese Eigenschaft kann nämlich bereits einigen Idiotika zugesprochen werden, die seit der zweiten Hälfte des 18. Jahrhunderts im deutschen Sprachraum erarbeitet worden sind (vgl. Reichmann 1989, 239). Besonders deutlich werden diese Bezüge dann aber durch das 1806 fertiggestellte Holsteinische Idiotikon von Johann Friedrich Schütze, der mit seinem Wörterbuch nicht zuletzt einen Beitrag zur Volkssittengeschichte leisten wollte (vgl. Schütze 1800–1806). Die Dokumentation der mit den Wörtern verbundenen Sachen hat also in der deutschen Dialektologie und speziell in der Dialektlexikographie eine lange Tradition, weswegen folgender Äußerung aus den 1980er Jahren auch kaum ernsthaft widersprochen werden kann: „Daher ist ein Mundartwörterbuch auch meist eine Fundgrube für volkskundliche Fragestellungen" (Friebertshäuser 1986, 6).

Damit ist natürlich noch nicht zwingend gesagt, dass sach- und besonders volkskundliche Informationen in niederdeutschen Dialektwörterbüchern nach weitgehend einheitlichen Kriterien aufgenommen worden sind oder werden. Mögliche Differenzen in dieser Hinsicht sind abgesehen von finanziellen und organisatorischen Zwängen zuvörderst vor dem Hintergrund konzeptioneller Unterschiede zu erklären, wobei das unterschiedliche Alter der Wörterbuchkanzleien und damit eng verknüpft die jeweilige wissenschaftshistorische Einbettung eine entscheidende Rolle spielen. So ist beispielsweise für die noch in der ersten Hälfte des 20. Jahrhunderts gegründeten Projekte wenigstens bis in die 1950er Jahre hinein ein Einfluss des sogenannten Wörterbuchkartells, zu dem sich deutschsprachige Dialektwörterbücher zusammengeschlossen hatten, anzunehmen, der sich insgesamt eher günstig auf die Berücksichtigung volkskundlicher Informationen ausgewirkt hat (vgl. Reichmann 1989, 239). An der damaligen Dominanz wortgeographischer Fragestellungen innerhalb der deutschen Dialektologie konnte dadurch allerdings nicht gerüttelt werden (vgl. Berthold 1924, Wrede 1919).

Zu Beginn der jeweiligen Projekte gültige Konzeptionen und daraus abgeleitete Vorgaben für die Erarbeitung von Wortartikeln sind für Dialektwörterbücher jedoch nicht zwangsläufig sakrosankt. Gerade dann, wenn sich sehr lange Bearbeitungszeiträume ergeben, sind Modifikationen von früheren Vorstellungen keine Seltenheit, wobei es natürlich von Vorteil ist, wenn besonders die zentralen Bearbeitungsrichtlinien nicht oder nur geringfügig verändert werden. Ein instruktives Beispiel für ein solches Vorgehen ist das Westfälische Wörterbuch, das mit einer modifizierten und gestrafften Konzeption unlängst glücklich zu Ende geführt werden konnte (vgl. Damme 2021, 225–226). Auch das Niedersächsische Wörterbuch in Göttingen hat einen ähnlichen Straffungsprozess durchlaufen, um die Arbeiten an diesem Langzeitprojekt in einem überschaubaren Zeitrahmen abschließen zu können (vgl. Lehmberg 2021, 257–258).

Im Folgenden soll zunächst der Frage nachgegangen werden, ob und in welcher Weise Vorworte und Einleitungen der untersuchten Wörterbücher Aufschluss über redaktionelle Regeln zur Aufnahme sachbezogener Informationen ermöglichen. Im Anschluss daran wird die konkrete Praxis der Integration speziell volkskundlicher Angaben in den ausgewählten Dialektwörterbüchern an parallelen Wortartikeln analysiert.

2. Äußerungen zu enzyklopädischen Angaben in Vorworten und Einleitungen

Wer die Vorworte und Einleitungen zu den großlandschaftlichen niederdeutschen Dialektwörterbüchern auf Hinweise zu Art und Weise der Berücksichtigung enzyklopädischer Angaben durchsucht, wird erstaunlicherweise kaum auf explizite Äußerungen zu diesem Themenbereich treffen. Noch am deutlichsten wird die konzeptionelle Ausrichtung eines Dialektwörterbuchs in dieser Frage in der von Hermann Teuchert im Jahr 1942 verfassten Einleitung zum ersten Band des Mecklenburgischen Wörterbuchs zum Ausdruck gebracht. Darin betont der Herausgeber die enzyklopädische, besonders aber die volkskundliche Orientierung des Unternehmens. In der Einleitung heißt es: „Dem Zweck, den Gesamtinhalt der mecklenburgischen Geschichte und des Volkslebens zu erschließen, dienen die sachlichen Angaben. [...] In erster Linie ist, dem Wirtschaftsaufbau des Landes gemäß, der Bereich der Landwirtschaft bedacht worden. [...] Auch Handel und Gewerbe sind herangezogen. [...] Ein ausreichender Platz ist der Beschreibung von Brauch und Sitte, Sage und Märchen, Glauben und allerhand Meinungen eingeräumt" (MWb 1, X–XI). Schon 1937 konnte man zudem im Vorwort zur ersten Lieferung des Wörterbuchs lesen: „Das heimische Volkstum in der Sprache zu erfassen ist die Aufgabe des Mecklenburgischen Wörterbuchs" (MWb 1, V). Die zitierten Äußerungen sind dabei keineswegs nur auf nationalsozialistische Einflussnahme zurückzuführen. Sie stehen vielmehr in einer schon angesprochenen Traditionslinie der deutschen Dialektologie, die volkskundlichen Angaben in Mundartwörterbüchern einen relativ großen Stellenwert beigemessen hat.

In der 1968 veröffentlichten Einführung zum Brandenburg-Berlinischen Wörterbuch aus der Feder von Gerhard Ising wurde im Unterschied zum Konzept des Mecklenburgischen Wörterbuchs die stärkere Fokussierung auf sprachliche Informationen immerhin kurz angesprochen. Dort findet sich die Passage: „Die Darstellung des Sprachgebrauchs wird durch Sachbeschreibungen und volkskundliche

Angaben ergänzt, doch wird dies [...] nicht in der gleichen Ausführlichkeit geschehen können wie z. B. beim Mecklenburgischen Wörterbuch" (BBWb 1, IV).

Eine pragmatische Begründung für die angemessene Berücksichtigung sachund volkskundlicher Informationen hat Reinhard Goltz 1998 in seiner Funktion als Herausgeber des Preußischen Wörterbuchs gegeben. Nicht in einem Vorwort zum Wörterbuch, sondern in einem späteren Aufsatz hat er die Aufnahme enzyklopädischer Angaben in diesem Werk auch mit der besonders problematischen Forschungssituation für die ehemaligen deutschsprachigen Regionen Ost- und Westpreußen gerechtfertigt. Er argumentierte konkret: „Dieser Bereich ist für das PrWb möglicherweise gravierender als für parallele Unternehmungen, die sich auf andere Landschaften beziehen. Der Grund liegt auf der Hand: Volkskundliche und kulturräumliche Forschungen über diesen Raum werden von keiner anderen Institution gefördert oder durchgeführt" (Goltz 1998, 172). Gut zwei Jahrzehnte früher hatte sich der erste Herausgeber des Preußischen Wörterbuchs, Erhard Riemann, allerdings noch deutlich reservierter gegenüber der Vermittlung von volkskundlichen Informationen gezeigt. Er schrieb damals: „Volkskundliches ist nur dann in die Wörterbuchartikel aufgenommen worden, wenn ein sprachlicher Bezug zu dem betreffenden Stichwort vorlag" (Riemann 1976, 224).

Das Niedersächsische Wörterbuch war zwar ursprünglich ähnlich wie das Mecklenburgische Wörterbuch stark volkskundlich ausgerichtet, ging aber schon im Jahr 1954, als Heinrich Wesche die Leitung übernahm, zu einer Konzeption über, die lexikologisch-dialektologisch und damit linguistisch geprägt ist (vgl. Lehmberg 2021, 253). Das Vorwort von Wolfgang Jungandreas zur ersten Lieferung aus dem Jahr 1953 berührt konzeptionelle Fragen dieser Art bemerkenswerterweise aber kaum, sieht man vom letzten Absatz ab, in dem der Autor den Wunsch äußert, das Niedersächsische Wörterbuch möge auch „als Hausbuch dem niedersächsischen Bauern, Handwerker und Lehrer lieb werden" (NdsWb 1, X), womit zumindest indirekt auf die Nähe des Wörterbuchs zu volkskundlichen Inhalten verwiesen wird.

Auch ein Blick in den 1969 veröffentlichten Beiband das Westfälischen Wörterbuchs ist für die Frage der Berücksichtigung sach- und volkskundlicher Informationen in diesem westniederdeutschen Dialektwörterbuch relativ unergiebig. Robert Damme als verantwortlicher Redakteur hat in diesem Zusammenhang aber darauf verwiesen, dass die 1994 beschlossene Neukonzeption für das Wörterbuch ab dem zweiten Band u.a. vorsah, die im Zettelarchiv vorhandenen Angaben volks- und sachkundlicher Art nur noch eingeschränkt in das Werk aufzunehmen (vgl. Damme 2021, 226).

In der 1996 von Renate Herrmann-Winter verfassten Einleitung zum Pommerschen Wörterbuch finden sich ebenfalls nur spärliche Hinweise auf das Verhältnis von sprachlichen und enzyklopädischen Informationen in den Wortartikeln (vgl. PWb 1, IV–XV). Deutlich wird aber wenigstens, dass nach der politisch motivierten Schließung der Greifswalder Arbeitsstelle 1969 und der Wiederaufnahme der Arbeiten im Jahr 1992 erhebliche Kürzungsvorgaben gegenüber der ursprüng-lichen Konzeption des Wörterbuchs zu befolgen waren, die nicht ohne Auswir-kungen auf die Berücksichtigung volkskundlicher Informationen bleiben konnten. Die damalige Leiterin des Wörterbuchs thematisierte in diesem Zusammenhang aber explizit nur die Frage der Reduzierung der Stichwortanzahl, nicht aber die Konsequenzen für die Mikrostruktur der einzelnen Artikel, indem sie formulierte: „Verzichtet wird [...] auch auf manche speziellen Bezeichnungen für volkskund-liches Sachgut" (PWb 1, IX). Ähnlich knapp äußerte sich diesbezüglich der jetzige Herausgeber im Jahr 2021: „Enzyklopädische Angaben ergänzen die Bedeutungs-erläuterungen, falls immer dies notwendig erscheint" (Vollmer 2021, 308).

Insgesamt kann festgehalten werden, dass Vorworte und Einleitungen nieder-deutscher Dialektwörterbücher nur in Ansätzen darüber Rechenschaft geben, wel-che Grundsätze bezüglich der Aufnahme enzyklopädischer Informationen in den Redaktionen gelten oder wenigstens zunächst gegolten haben. Offenbar wird mehr oder weniger stillschweigend vorausgesetzt, dass es zu den selbstverständlichen Aufgaben eines Dialektwörterbuchs gehört, enzyklopädische Inhalte wenigstens in knapper Form zu dokumentieren, wann immer es sich anbietet, d.h. wenn sprach-liche Bezüge deutlich sichtbar werden.

3. Analyse paralleler Wortartikel

An parallelen Artikeln der ausgewählten Wörterbücher zu insgesamt drei verschie-denen Lexemen soll in den nächsten Abschnitten aufgezeigt werden, in welchem Umfang und in welcher Form großlandschaftliche niederdeutsche Dialektwörter-bücher enzyklopädische, besonders aber volkskundliche Angaben verbuchen. Für die keineswegs repräsentative Auswahl der Wortartikel galten zwei Vorgaben. Ei-nerseits sollten dadurch unterschiedliche Sachbereiche abgedeckt werden, anderer-seits wurden nur solche Artikel herangezogen, die für die konkrete Fragestellung möglichst ergiebig zu sein schienen, von denen man also erwarten konnte, dass die beteiligten Wörterbücher speziell auf volkskundliche Angaben nicht völlig ver-zichten würden. Die Wahl fiel deswegen erstens auf die Wortartikel zum Fastel-abend, mit dem im gesamten niederdeutschen Sprachraum ein vielfältiges Brauch-tum verbunden ist, das in den entsprechenden Artikeln in unterschiedlicher Weise Berücksichtigung findet. Zweitens sind aus dem Bereich der landwirtschaftlichen Gerätebezeichnungen die Wortartikel einbezogen worden, die den niederdeutschen Bezeichnungen der Egge gelten. Und schließlich wurden für die Analyse noch die Wortartikel zu den dialektalen Bezeichnungen für die Mühle ausgewählt.

3.1. 'Fastelabend'

Schon der Umfang des Artikels *Fastelabend* im Mecklenburgischen Wörterbuch (vgl. MWb 2, 804–813) übertrifft mit seinen zehn Spalten die Parallelartikel der anderen niederdeutschen Dialektwörterbücher erheblich, was vor allem mit der umfangreichen Berücksichtigung enzyklopädischer Informationen und weniger mit der Menge rein sprachlich relevanter Angaben zu tun hat. Bereits die Mikrostruktur des Wortartikels vermischt nach dem Artikelkopf auf der ersten Gliederungsebene, die durch römische Zahlen repräsentiert wird, sprachliche und enzyklopädische Angaben und kann damit als nicht-integriert bezeichnet werden, weil nicht alle Angaben zu einer spezifischen Bedeutung auch in derselben Gliederungsebene erscheinen (vgl. Wiegand 1989, 489). Damit besteht zugleich ein wesentlicher Unterschied zu den übrigen untersuchten Dialektwörterbüchern, die allesamt integrierte Mikrostrukturen aufweisen. Während der erste Gliederungspunkt im Artikel des Mecklenburgischen Wörterbuchs der näheren zeitlichen Bestimmung des *Fastelabends* gewidmet ist, verzeichnet der zweite Abschnitt ältere Quellen und Redewendungen, denen im dritten Gliederungspunkt Zeugnisse für alte Festbräuche folgen. Im vierten Abschnitt wird auf eine zweite Bedeutung des Lexems rekurriert, nämlich auf die mit dem *Fastelabend* verbundene Feier, deren Anteil am Gesamtartikel mit über sechs Spalten und sechs wiederum sachlich begründeten Unterkapiteln den größten Raum einnimmt. Der fünfte Gliederungspunkt ist dann dem Aberglauben gewidmet, während der abschließende sechste Abschnitt sich auf sprachliche Informationen konzentriert, indem er z.B. einen Flurnamen mit dem Kompositum als Bestimmungswort sowie drei Zusammensetzungen mit dem Lemma als Grundwort nennt.

Die Praxis der anderen niederdeutschen Dialektwörterbücher weicht vom Mecklenburgischen Wörterbuch aber nicht nur bezüglich der mikrostrukturellen Gliederung der Wortartikel erheblich ab. Der entscheidende Unterschied besteht darin, dass die übrigen großlandschaftlichen Wörterbücher an der Dominanz dialektologisch-lexikologischer Informationen gegenüber enzyklopädischen Angaben in ihren Wortartikeln keinen Zweifel lassen, ohne damit auf letztere völlig verzichten zu wollen oder zu können.

Im Preußischen Wörterbuch nimmt der Wortartikel *Fastelabend* etwa eine Spalte Druckraum ein. Enzyklopädische Informationen sind entweder indirekt den aufgelisteten Literaturtiteln zu entnehmen, oder sie werden durch Sprachgebrauchsbeispiele, also durch objektsprachliche Belege vermittelt, wie das Zitat „*Fassloawend wurde Kroffel* ('Krapfen') *gebacke*" (PrWb 1, 1491) verdeutlichen soll. Dieses letzte Verfahren ist geradezu typisch für die Berücksichtigung enzyklopädischer Angaben in niederdeutschen Dialektwörterbüchern, weil es den großen Vorteil bietet, sprachliche und sachkundliche Informationen platzsparend zu kombinieren.

Auch das Brandenburg-Berlinische Wörterbuch räumt dem Artikel *Fasteländ* den Raum einer knappen Spalte ein. Lediglich der Anteil metasprachlicher Passagen mit enzyklopädischer Relevanz ist in diesem Wortartikel größer als im Preußischen Wörterbuch. So heißt es hier etwa an einer Stelle: „zum *Faselåhmd* wurde ein Umzug gemacht, bei dem die jungen Burschen sich aus den Häusern ihre Gaben holten, die sie nachher gemeinsam verzehrten" (BBWb 2, 29).

Ähnlich geht auch das Pommersche Wörterbuch vor, das unter dem Lemma *Fastelåbend* (PWb 1, 763–764) volkskundliche Informationen sowohl in metasprachlicher als auch in objektsprachlicher Form vermittelt und zugleich auf entsprechende Fachliteratur verweist. Ein Petitabsatz enthält zudem mehrere Fastnachtssprüche. Als Beispiel für die objektsprachliche Vermittlung volkskundlich relevanter Inhalte kann das folgende Zitat genannt werden: *„An'n Fastelåwend gifft in'e Spinnstuf Musik un Danz"* (PWb 1, 763).

Im Niedersächsischen Wörterbuch nimmt der Artikel *Fastelāvend, Fast(en)-āvend* etwa eine Spalte Druckraum ein und gehört damit zu den Artikeln mittlerer Länge. Auch in diesem westniederdeutschen Dialektwörterbuch wird das mittlerweile mehrfach angesprochene Verfahren genutzt, enzyklopädische Angaben und objektsprachliche Belege miteinander zu verbinden. Das folgende Zitat soll diese Praxis verdeutlichen: *„Faßlage wadd de erste Pannkoken backt"* (NdsWb 4, 86).

Etwas sparsamer berücksichtigt hingegen das Westfälische Wörterbuch vor allem nach der bereits angesprochenen Neukonzeption von 1994 volks- und sachkundliche Informationen. Daher verzichtet auch der Wortartikel *Faståwend*, der im Jahr 2004 entstand, auf metasprachliche Kommentare zu volkskundlichen Fragestellungen. Stattdessen hat man für solche Informationen ebenfalls den Weg über die platzsparende Kombination mit objektsprachlichen Belegen gewählt. Dafür kann das Sprachgebrauchsbeispiel *„Faslowend go vi van Hus tau Hus"* (WWb 2, 580) stellvertretend stehen.

3.2. 'Egge'

Auch die Wortartikel, in denen die mundartlichen Bezeichnungen für die Egge das Stichwort bilden, weisen zwischen den einzelnen Wörterbüchern Unterschiede in Bezug auf den Umfang sowie auf die Art und Weise der Berücksichtigung enzyklopädischer Informationen auf. Der Artikel zum Stichwort *Äg'* im Mecklenburgischen Wörterbuch (MWb 1, 219–225) ist dabei mit seinen gut sechs Spalten wiederum deutlich umfangreicher als die Parallelartikel der anderen untersuchten niederdeutschen Dialektwörterbücher. Wesentliche Teile des Artikels enthalten zudem nicht in erster Linie sprachliche, sondern sachkundliche Angaben. So folgen nach dem Artikelkopf mit der Bedeutungserläuterung, kurzen etymologischen Angaben und wenigen Lautvarianten drei Gliederungspunkte, von denen die ersten beiden die Bestandteile einer Egge nennen, verschiedene Arten dieser landwirtschaftlichen Geräte differenzieren und ihre unterschiedlichen Einsatzbereiche ansprechen. Mehrere Abbildungen ergänzen diese vorwiegend enzyklopädischen Informationen. Erst der letzte Gliederungspunkt ist stärker sprachlichen Informationen verpflichtet, wobei metasprachliche Kommentare zum Volksglauben rund um die Egge neben niederdeutschen Sprachgebrauchsbeispielen stehen oder mit ihnen kombiniert werden, wie der folgende Auszug verdeutlichen soll: „Im Volksglauben spielt die Egge eine gewisse Rolle; um sich vor Hexen zu schützen, nimmt man *„ne Äg' up 'n Kopp, - dor sünd jo luter Krüzen up"* (MWb 1, 224). Bis auf die dialektalen Sprachbelege hätte dieser Wortartikel nahezu unverändert auch aus einem Sachwörterbuch stammen können, was für die Parallelartikel der übrigen niederdeutschen Dialektwörterbücher eben nicht gilt.

Das Preußische Wörterbuch verzichtet im Wortartikel *Egge¹* (PrWb 1, 1308), der weniger als eine halbe Spalte Druckraum einnimmt und damit zu den Artikeln mittlerer Länge gehört, ganz auf lexikographische Kommentare zu enzyklopädischen Fragen. Sachkundliche Angaben sind dort nur indirekt über den Umweg von Verweisen auf schriftliche Quellen zu erschließen, die unmittelbar nach der Bedeutungserläuterung genannt werden, ohne auf den ersten Blick deutlich zu machen, ob die jeweilige Literaturangabe wegen sprachlicher oder enzyklopädischer Bezüge aufgenommen worden ist.

Weitgehend auf rein sprachliche Angaben beschränkt sich auch das Brandenburg-Berlinische Wörterbuch in seinem Wortartikel *Äje* (BBWb 1, 1105–1106), der etwas weniger als eine Spalte Druckraum beansprucht. Erst ganz am Ende des Artikels werden Hinweise zu Brauchtum und Aberglauben gegeben, die in der Vergangenheit mit der Egge verbunden gewesen sind. Formal wird dabei erneut eine Kombination von metasprachlichen Kommentaren und dialektalen Sprachgebrauchsbeispielen gewählt. In Bezug auf abergläubische Handlungen ist dort beispielsweise zu lesen: „die Eggen wurden mit den Spitzen *nach o 'm gelecht"* (BBWb 1, 1106).

Deutlich umfangreicher fällt demgegenüber der Wortartikel *Egge¹*, *Ēge* (NdsWb 3, 832–834) im Niedersächsischen Wörterbuch aus, der aber ebenso dialektologisch-lexikologisch ausgerichtet ist wie das Brandenburg-Berlinische Wörterbuch. Enzyklopädische Informationen finden sich hier vor allem in einem Abschnitt des Artikels, der auf den ehemaligen Volksglauben Bezug nimmt. Dabei wird wiederum das produktive Verfahren eingesetzt, dialektale Beispiele für den Sprachgebrauch auszuwählen, die zugleich auch sach- bzw. volkskundliche Inhalte vermitteln. Für diese Praxis kann folgendes Zitat stellvertretend stehen: *„Plôg, eggen un alles ackergeschirr mut christabend ünner dack un fack sîn, süß kummt de Heljäger [...]"* (NdsWb 3, 832).

Der nach dem erwähnten Straffungskonzept für das Westfälische Wörterbuch verfasste Artikel *Iᵉgede* (WWb 3, 394), der etwas mehr als eine halbe Spalte lang ist, beschränkt sich ebenfalls ganz auf linguistische Informationen zum Stichwort, wobei die zitierten Sprachbeispiele die in modernen Dialektwörterbüchern übliche Reihenfolge zeigen. Freier Wortgebrauch steht also vor phraseologisch gebundenem Gebrauch und wird von diesem durch ein Gliederungssignal getrennt. Metasprachliche Passagen dienen in erster Linie der semantischen Erläuterung der Sprachgebrauchsbeispiele und nicht als enzyklopädischer Kommentar. Dieses Vorgehen ist aber nur konsequent, folgt es doch damit nur den Vorgaben der modifizierten Konzeption des Westfälischen Wörterbuchs ab dem Jahr 1994. Der verantwortliche Redakteur Robert Damme hat diese gestraffte Konzeption folgendermaßen auf den Punkt gebracht: „Das WWb ist ab dem zweiten Band in erster Linie ein Bedeutungswörterbuch [...]" (Damme 2021, 226).

Der Artikel *Äg^l* (PWb 1, 86) im Pommerschen Wörterbuch ist weniger als eine halbe Spalte lang und ähnelt schon aufgrund der Dominanz sprachlich relevanter Informationen der Praxis in den meisten niederdeutschen Dialektwörterbüchern. Von expliziten enzyklopädischen Informationen wird dieser Wortartikel dadurch entlastet, dass in ihm direkt nach der Bedeutungserläuterung auf den Parallelartikel im Mecklenburgischen Wörterbuch verwiesen wird. Dadurch wird zwar Druckraum gespart, allerdings geschieht dies auf Kosten der Benutzerfreundlichkeit.

3.3. 'Mühle'

Die spezifische Anlage des Mecklenburgischen Wörterbuchs nicht nur als sprach-, sondern zugleich auch als sach- und volkskundliches Nachschlagewerk macht in besonderer Weise der über 16 Spalten reichende und durch sieben Abbildungen ergänzte Artikel zum Stichwort *Mœhl* (MWb 4, 1223–1238) deutlich. Wiederum ist bereits die mikrostrukturelle Gliederung des Artikels durch eine Vermischung sprachlicher und enzyklopädischer Kriterien gekennzeichnet. Nach dem Artikelkopf thematisiert der erste Gliederungspunkt geschichtliche und rechtliche Hintergründe der Getreidemüllerei und damit vorwiegend enzyklopädische Inhalte. Im zweiten Abschnitt folgen weitere sachkundliche Informationen, die sich auf die Beschreibung alter Getreidemühlen und den Ablauf des Mahlvorgangs konzentrieren. Dieser Teil bildet zudem mit fast zehn Spalten den Schwerpunkt des Artikels. Erst der dritte, nur eine knappe Spalte umfassende Gliederungspunkt konzentriert sich auf historische und rezente sprachliche Zeugnisse. Der vierte und letzte Abschnitt listet schließlich mecklenburgische Flurnamen auf, in denen das Lemma als Grund- oder Bestimmungswort fungiert. Auch dieser Artikel im Mecklenburgischen Wörterbuch kann für sich in Anspruch nehmen, dass er in weiten Teilen aus einem enzyklopädischen Werk stammen könnte.

Der parallele Artikel *Mü^elene* im Westfälischen Wörterbuch (WWb 4, 247–248) ist nicht nur erheblich kürzer als sein Pendant im Mecklenburgischen Wörterbuch, sondern beschränkt sich zudem im Unterschied zu diesem nahezu vollständig auf dialektologisch-lexikologische Informationen. Lediglich im ersten zitierten Sprachgebrauchsbeispiel „*De Müel het drei Gäng*" (WWb 4, 247) ist zugleich auch eine sachkundlich relevante Information verborgen, die durch einen objektsprachlichen Beleg und nicht durch eine metasprachliche Erläuterung vermittelt wird.

In ähnlicher Weise ist der Artikel *Mȫle* im Niedersächsischen Wörterbuch (NdsWb 4, 792–795) aufgebaut, der allerdings mit etwas mehr als zwei Spalten Druckraum etwa doppelt so umfangreich ausfällt wie sein Parallelartikel im West-

fälischen Wörterbuch. Unabhängig davon wird auch in diesem Wortartikel weitgehend auf sach- und volkskundliche Angaben verzichtet, während besonders die
Dokumentation des mit der *Mȫle* verbundenen phraseologischen Sprachgebrauchs
einen Schwerpunkt bildet.

Das Brandenburg-Berlinische Wörterbuch verweist zwar in seinem Wortartikel *Mölle* (BBWb 3, 345–347) am Ende des ersten Bedeutungspunktes immerhin
kurz auf ausgewählte Literatur zum Mühlenwesen in der Mark Brandenburg, vermittelt aber davon abgesehen ausschließlich linguistisch relevante Informationen,
zu denen neben der Bedeutungserläuterung und verschiedenen Beispielen für den
Sprachgebrauch besonders auch diverse Laut- und Formvarianten gehören, die
noch vor der Bedeutungserläuterung bereits im Artikelkopf aufgezählt werden.

Etwas stärker sachkundlich geprägt ist demgegenüber der Artikel *Mühle* im
Preußischen Wörterbuch (PrWb 4, 1330–1336). Grund dafür sind einerseits Verweise auf Literatur, die auf die Bedeutungserläuterung folgen, denen man aber
erneut leider nicht unmittelbar entnehmen kann, ob sie sich primär auf sprachliche
oder auf sachkundliche Angaben beziehen. Andererseits ist der Wortartikel durch
Fotografien und technische Zeichnungen ergänzt worden, die enzyklopädisches
Wissen bereitstellen. Innerhalb des Wortartikels kommt vor allem ein Abschnitt
zum Volksglauben diesbezüglichen Informationsbedürfnissen nach, wobei solche
Angaben zumeist objektsprachlichen Belegen zu entnehmen sind, die gelegentlich
auch metasprachlich kommentiert werden (müssen), wie es das folgende Sprachgebrauchsbeispiel verdeutlicht, das allerdings nicht niederdeutsch ist, sondern aus
dem Hochpreußischen stammt: „*Sie muß in die Plibischker Mühle* (der Mühle in
WE-Plibischken wurde die Fähigkeit zugeschrieben, alte Menschen zu verjün-
gen)" (PrWb 4, 1330).

Der knapp eine Spalte umfassende Wortartikel *Mœhl* im Pommerschen Wör-
terbuch (PWb 2, 192–193) beschränkt sich wiederum fast vollständig auf dialektologisch-lexikologische Informationen und enthält nur indirekt enzyklopädische
Angaben, die ihren Platz in der Mikrostruktur des Artikels unmittelbar nach der
Bedeutungserläuterung einnehmen. An dieser Stelle werden die Benutzerinnen und
Benutzer nämlich für Fragen, die mit historischen und rechtlichen Aspekten des
Mühlenwesens oder mit verschiedenen Mühlentypen zusammenhängen, auf die
umfangreichen Hinweise im Mecklenburgischen Wörterbuch und auf einen Titel
aus der Fachliteratur verwiesen. An der Dominanz sprachlicher Informationen in
diesem Wortartikel ändert ein solches Vorgehen jedoch nichts.

4. Fazit

Abgesehen vom Mecklenburgischen Wörterbuch, das in weiten Teilen auch als
sach-, landes- und volkskundliches Nachschlagewerk gelten kann, unterscheiden
sich die großlandschaftlichen Wörterbücher für den niederdeutschen Sprachraum
hinsichtlich der Aufnahme enzyklopädischer Informationen insgesamt nur graduell.

Weil sie sich in erster Linie als Bedeutungswörterbücher verstehen, werden enzyklopädische Wissensbestände, unter denen volkskundliche Angaben noch die größte Rolle spielen, von ihnen zwar nur in eingeschränktem Umfang berücksichtigt,
der zudem von Artikel zu Artikel variiert, aber doch immer dann aufgenommen,
wenn unmittelbare Sprachbezüge zu erkennen sind. Der Verzicht auf umfassendere
sachbezogene Erläuterungen hat in der Regel kaum etwas mit einer diesbezüglich
eingeschränkten Aussagekraft der jeweiligen Wörterbucharchive zu tun, sondern
ist primär auf konzeptionelle Überlegungen zurückzuführen, auch wenn diese z.B.
in Vorworten und Einleitungen nur bedingt genannt werden. Am stärksten scheinen
die Artikel im Westfälischen Wörterbuch seit der angesprochenen Umsetzung einer
gestrafften Konzeption von sachkundlichen, insbesondere von volkskundlichen
Angaben entlastet worden zu sein. Hinsichtlich der formalen Integration enzyklopädischer Angaben sind längere metasprachliche Kommentare in den untersuchten Wörterbüchern eher die Ausnahme. Häufiger wird und wurde hingegen der
ökonomische und platzsparende Einsatz mehrwertiger Sprachgebrauchsbeispiele
gewählt, mit deren Hilfe sprachliche und sachkundliche Angaben zugleich realisiert werden können. Daneben werden häufig Verweise auf weiterführende Literatur als ein probates Mittel genutzt, um wenigstens indirekt enzyklopädische Inhalte
anzusprechen, auch wenn beispielsweise volks- und heimatkundliche Interessen
nicht das Hauptaugenmerk der modernen großlandschaftlichen Dialektwörterbücher darstellen können (vgl. Stellmacher 1986, 40).

Literatur

Bauer, Werner (1986): Die Fragebogenerhebungen in den deutschen Dialektwör-
    terbüchern. In: Hans Friebertshäuser (Hg.): Lexikographie der Dialekte. Bei-
    träge zu Geschichte, Theorie und Praxis. Tübingen, 93–102.
BBWb = Brandenburg-Berlinisches Wörterbuch (1968ff.). Begründet und angelegt
    von Anneliese Bretschneider unter Einschluß der Sammlungen von Hermann
    Teuchert, fortgesetzt von Gerhard Ising, bearb. unter der Leitung von Joachim
    Wiese. Berlin.
Berthold, Luise (1924): Die wortgeographische Forderung und die Programme der
    modernen deutschen Mundartwörterbücher. In: Teuthonista 1, 222–226.
Damme, Robert (2021): Das Westfälische Wörterbuch (WWb). In: Lenz / Stöckle,
    223–249.
Friebertshäuser, Hans (1976) (Hg.): Dialektlexikographie. Berichte über Stand und
    Methoden deutscher Dialektwörterbücher. Festgabe für Luise Berthold zum 85.
    Geburtstag am 27.1.1976. Wiesbaden.
Friebertshäuser, Hans (1986): Zu Geschichte und Methoden der deutschen Dia-
    lektlexikographie. In: Hans Friebertshäuser (Hg.): Lexikographie der Dialekte.
    Beiträge zu Geschichte, Theorie und Praxis. Tübingen, 1–13.
Goltz, Reinhard (1998): Lebenswelt und Mündlichkeit. In: Grosse, 167–176.

Grosse, Rudolf (1998) (Hg.): Bedeutungserfassung und Bedeutungsbeschreibung in historischen und dialektologischen Wörterbüchern. Beiträge zu einer Arbeitstagung der deutschsprachigen Wörterbücher, Projekte an Akademien und Universitäten vom 7. bis 9. März 1996 anläßlich des 150jährigen Jubiläums der Sächsischen Akademie der Wissenschaften zu Leipzig. Stuttgart / Leipzig.

Haß-Zumkehr, Ulrike (2001): Deutsche Wörterbücher – Brennpunkt von Sprach- und Kulturgeschichte. Berlin / New York.

Lehmberg, Maik (2021): Das Niedersächsische Wörterbuch auf dem Wege zu seiner Fertigstellung. In: Lenz / Stöckle, 251–273.

Lenz, Alexandra N. / Stöckle, Philipp (2021) (Hg.): Germanistische Dialektlexikographie zu Beginn des 21. Jahrhunderts. Stuttgart (Zeitschrift für Dialektologie und Linguistik. Beiheft, 181).

MWb = Mecklenburgisches Wörterbuch (1937ff.). Hg. von der Sächsischen Akademie zu Leipzig aus den Sammlungen Richard Wossidlos und aus den Ergänzungen und nach der Anlage Hermann Teucherts. Neumünster.

NdsWb = Niedersächsisches Wörterbuch (1965ff.). Neumünster u. a.

Niebaum, Hermann (1986): Lemma und Interpretament. Zur Problematik der Artikelgestaltung in Dialektwörterbüchern. In: Hans Friebertshäuser (Hg.): Lexikographie der Dialekte. Beiträge zu Geschichte, Theorie und Praxis. Tübingen, 125–143.

PrWb = Preußisches Wörterbuch (1981ff.). Deutsche Mundarten Ost- und Westpreußens. Begründet von Erhard Riemann, fortgeführt von Ulrich Tolksdorf. Hg. von Reinhard Goltz. Neumünster.

PWb = Pommersches Wörterbuch (1997ff.). Begründet von Wolfgang Stammler. Fortgesetzt von Hans-Friedrich Rosenfeld und Renate Herrmann-Winter. Hg. von Matthias Vollmer. Berlin.

Reichmann, Oskar (1989): Geschichte lexikographischer Programme in Deutschland. In: Franz Josef Hausmann u. a. (Hg.): Wörterbücher. Ein internationales Handbuch zur Lexikographie. Erster Teilband. Berlin / New York, 230–246.

Riemann, Erhard (1976): Das Preußische Wörterbuch. In: Friebertshäuser, 217–227.

Schütze, Johann Friedrich (1800–1806): Holsteinisches Idiotikon, ein Beitrag zur Volkssittengeschichte; oder Sammlung plattdeutscher, alter und neugebildeter Worte, Wortformen, Redensarten, Volkwitzes, Sprichwörter, Spruchreime, Wiegenlieder, Anekdoten und aus dem Sprachschatze erklärter Sitten, Gebräuche, Spiele, Feste der alten und neuen Holsteiner. Hamburg.

Stellmacher, Dieter (1986): Der Benutzer des Dialektwörterbuchs. Gibt es eine Antwort auf die ungeklärte Frage der Wörterbuchforschung (Metalexikographie)? In: Hans Friebertshäuser (Hg.): Lexikographie der Dialekte. Beiträge zu Geschichte, Theorie und Praxis. Tübingen, 35–45.

Vollmer, Matthias (2021): Das Pommersche Wörterbuch. In: Lenz / Stöckle, 303–317.

Wiegand, Herbert Ernst (1989): Formen von Mikrostrukturen im allgemeinen einsprachigen Wörterbuch. In: Franz Josef Hausmann u. a. (Hg.): Wörterbücher. Ein internationales Handbuch zur Lexikographie. Berlin / New York. Erster Teilband, 462–501.

Wrede, Ferdinand (1919): Zur Entwicklungsgeschichte der deutschen Mundartenforschung. In: Zeitschrift für Deutsche Mundarten 14, 3–18.

WWb = Westfälisches Wörterbuch (1973–2021). Hg. von der Kommission für Mundart- und Namenforschung des Landschaftsverbandes Westfalen-Lippe. Kiel / Hamburg.

Von Redensarten, Wetterregeln und Bräuchen
Der Belegteil in den Artikeln des Mittelelbischen Wörterbuchs

Ulrich Wenner, Wittenberg

1. Funktion und Aufgaben des Belegteils

Die großlandschaftlichen Dialektwörterbücher weisen eine weitgehend feste Artikelstruktur auf. Mehr oder weniger große Übereinstimmungen gibt es naturgemäß bei der Ausgestaltung einzelner Strukturelemente wie z. B. des Lemmas, der grammatischen Informationen oder der Bedeutungs- und auch Verbreitungsangabe (vgl. Lenz / Stöckle 2021).

Eine größere Variationsbreite bietet der Belegteil, der einzige Ort im Artikel, wo das Lemma in einem sprachlichen Kontext gezeigt werden kann, womit sich das Ziel dieses Wörterbuchtyps verbindet, ein Abbild der Kommunikation der Mundartsprecher, wie sie tatsächlich vorkommt, zu bieten. Er erfüllt damit Funktionen im Bereich verschiedener Sprachebenen und hat speziell die Aufgabe, „… die semantischen, grammatischen und kommunikativen Anwendungsbedingungen des Lemmas zu verdeutlichen" (MeWb 2, XIII).

In den Brennpunkt dieses Beitrags sollen deshalb der (maximale) Umfang und der Aufbau des Belegteils im Mittelelbischen Wörterbuch genommen werden. Dies gilt auch für Faktoren, welche die Art und Weise der Darbietung bestimmen sowie für Probleme, die sich daraus ergeben.

2. Das Mittelelbische Wörterbuch (MeWb)

Da bei Wenner (2021) eine ausführliche Darstellung des Projekts erfolgte, seien an dieser Stelle nur einige wichtige Punkte herausgegriffen. Das MeWb sammelt und beschreibt den dialektalen Wortschatz in den nördlichen zwei Dritteln des Bundeslandes Sachsen-Anhalt. Die niederdeutschen Mundarten (Nordwestaltmärkisch, Nord- und Mittelbrandenburgisch, Elbostfälisch) nehmen den größeren Raum ein, die ostmitteldeutschen (Nordthüringisch, Anhaltisch) finden sich am Südrand des Bearbeitungsgebiets. Beim Lemmaansatz dominieren demzufolge Formen in einem normalisierten Niederdeutsch (vgl. Wenner 2021, 281).

1935 erhielt Karl Bischoff den Auftrag von Walther Mitzka, ein entsprechendes Wörterbuch in Angriff zu nehmen, um die Lücke zwischen bereits bestehenden Unternehmungen zu schließen. Bis 1958 wurde von Bischoff im Alleingang Material gesammelt (siehe 3.) und eingeordnet und damit das Archiv aufgebaut. Auf dieser Grundlage wie auch durch selbst gezeichnete Wort- und Lautkarten waren Analysen der Sprache und Geschichte des untersuchten Raums möglich[1]. Aufgrund politischer Repressionen floh Bischoff zum Jahreswechsel 1958/59 in den Westteil Deutschlands. Das Archiv musste er zurücklassen, eine Weiterarbeit auch von anderen Wissenschaftlern war von den zuständigen Behörden nicht erlaubt worden. Erst nach der Wiedervereinigung konnte eine Wörterbucharbeitsstelle eingerichtet werden. Unter der Leitung von Gerhard Kettmann wurden zwei Bände erarbeitet (H–O: 2002, A–G: 2008). Aufgrund einer fehlenden kontinuierlichen Förderung war von 2008 bis 2018 nur eine Weiterarbeit in bescheidenerem Umfang möglich. Seit 2018 (bis Februar 2026) finanziert das Land Sachsen-Anhalt die Mitarbeiterstelle in Vollzeit. Die bisher ausgearbeiteten Wörterbuchartikel vom abschließenden Band 3 wurden und werden in Form von internen (nicht gedruckten) Lieferungen präsentiert.[2]

3. Quellen und ihre Eignung für den Belegteil

Die unter 1. genannten Ziele des MeWb sind nicht immer leicht zu erfüllen, fehlt es doch des Öfteren an Belegen, die hierfür herangezogen werden können. Um diese Aussage zu illustrieren, sei die Quellenlage des Mittelelbischen Wörterbuchs kurz charakterisiert.

Eine wichtige Grundlage der Wörterbucharbeit sind Fragebogen, weil hier recht effektiv Sprachmaterial aus dem gesamten Bearbeitungsgebiet gesammelt werden kann. In der Regel handelt es sich um onomasiologische Abfragen nach „… Gegenständen, Dingen und Tätigkeiten des dörflichen Alltags sowie Eigenschaften, besonders von Personen …" (Wenner 2021, 278). Nur selten enthalten sie Syntagmen oder Sätze und diese sind meist so gewählt, dass sie auf bestimmte lautliche oder grammatisch-syntaktische Phänomene abzielen, nicht aber darauf, wie wahrscheinlich sie in der Kommunikation verwendet werden, z.B. „Hinter unserem Hause liegt der Garten." oder „Mein Bruder und meine Schwester schlafen schon". Zudem können diese Sätze nicht beliebig oft im Wörterbuchtext erscheinen, will man eine Vielfalt abbilden.

---

1   Vgl. die Werke von Bischoff im Literaturverzeichnis bei Wenner (2021, 301).
2   Bisher 7 Lieferungen (*P–Spilder*).

Aus diesem Grund entstammen die verwendeten Kontextbelege häufig nicht den Fragebogen, sondern recht unterschiedlichen Quellen: Orts- und Landschafts-wörterbüchern, anderen Abhandlungen zur Mundart, direkten Abfragen durch Dialektologen, privaten Wortsammlungen sowie der Mundartliteratur. Die ersten drei Quellenarten sind in der Regel vertrauenswürdig und die darin enthaltenen Belege mundartecht, z. B.

Ortswörterbuch
klōm 'verfroren, steif' (MeWb 2, 544): *Meine Hen'ne sin jans klōm.* (Wb-Ak 91[3]).

Landschaftswörterbuch
klabastern 'geräuschvoll hantieren, Lärm verursachen' (MeWb 2, 500): *Hör maol, wu dat klabastert.* (Wb-Altm 101);
aframmeln 'durch Herumtoben oder Herumwälzen beschädigen' (MeWb 1, 76): *se hebben et ganze grās āferammelt* (Wb-Nharz 6).

Abhandlung über die Mundart
Hāke 'Gittertür vor der eigentlichen Haustür', auch 'Gartentür' (MeWb 2,13): *nich von der hēke jaen* 'nicht von der Seite weichen' (Mda-Sti 148f.)

Abfrage durch Dialektologen
Kribbel 'prickelndes, stechendes Gefühl an Händen oder Füßen', bes. durch Kälte hervorgerufen (MeWb 2, 723): *ik heff än Kribbel inne Hänne* (JE2-Scho).

Abfrage durch Laien (zur Problematik vgl. 4.3)
[1]*messen* 'Kot absondern', von Tieren (MeWb 2, 1019): *de Kau hat op'n Hoff e' messet* (HA-Oh);
[2]*Blēke* f. 'Zunge' (MeWb 1, 435): *weise mich ma deine Bläke* (ZE-Roß).

Texte in Mundart weisen eine große Bandbreite auf. Während ein Teil der Mundartschriftsteller um ein recht genaues Abbild der gesprochenen Mundart bemüht ist, steht bei anderen Originalität und nicht Authentizität im Mittelpunkt. Dafür ein Beispiel, das selbstverständlich keinen Eingang in das MeWb gefunden hat:

Liewe heimatliche Mulde, wie haste dich vorändort. Dein modarnes Fluidum schtinkte je bis in'n Himmel. (Krause 1964, 28)

Sätze und Satzbau sind nicht immer wirklich mundartlich. Baur (1986, 81) spricht von Unmundartlichem „... im Lautgewand der Mundart". Auch in diesen Fällen ist eine Abwägung zu treffen. Aufgenommen wurden z. B.

---

3   Zur Auflösung der Siglen s. https://mew.uzi.uni-halle.de/siglen (Literatur) und https://mew.uzi.uni-halle.de/kreise (Kreis- und Ortssiglen) sowie der Abkürzungen https://mew.uzi.uni-halle.de/abkuerzungen.

Kleinmagd 'die jüngste Magd' (MeWb 2, 526): *De Kleinmoagd löeust de-an'n Speck voan d'Knoak'n* ... (Matthies 1903, 44);

Brātkartuffeln 'Bratkartoffeln' (MeWb 1, 516): *Am'nds gaw et wedder Melkzuppe un Gäusewittsuer un Bratkartuffeln.* (Rauch 1929, 155);

Kribbensetter 'älterer Mann, der sich noch nach jungen Mädchen umschaut oder der heiraten möchte' (MeWb 2, 724): *Ja, ja, der ale Krimmnsetzer jeht uf de Freite.* (Wäschke ⁶1920, 37).

Die Verwendung des behandelten Wortes in verschiedenen sprachlichen Kontexten bildet sozusagen das ‚Rückgrat' des Belegteils.

4. Der Belegteil im Mittelelbischen Wörterbuch

4.1. Der Belegteil im engeren Sinn

Im MeWb findet der Belegteil seinen Platz hinter der Verbreitungs- und Häufigkeitsangabe – durch einen Bindestrich von ihr getrennt.

> **Schäper** m. 1. 'Schafhirte, Schäfer' verbr. - *dord gimmd dor Schåbor mid de Schäfe* BE-Gü; *Mi is't graod, as hürt' ick den Schaoper all fleuten.* POHLMANN 1905,57; *Wenn et hett, de Schaper hat esegt, et gift ander Wäder, denn glöwet se't alle.* WEDDE 1938,8; *De Schaper mott sess Jahr leern, drei Reken un Schriewen, drei muern, dat e' dat Schwitzen leert.* HELD 1963,101; *Underdessen de Schaper driwt, brukt he nich to höen* (hüten). Hbl-Ohre 1926 Nr. 6 (CALV-Zo); Schnellsprechübung: *An Schaper is kan Dummr nich un an Dummr is kan Schaper nich.* Spr-Asch 49; Rda.: *fuel wie'n Schaper* Vk-Harz 3,45; *Half Busk, half Rock! segt de Schaop'r un satt hinner'n Knüttelstick'n.* auch mit Anspielung darauf, dass die S. während des Hütens häufig strickten,Wb-Altm 257; Sprw.: *liet Schaper - liet Hund* HA-No; Bauernregel: *den 1. Mai sieht de Schaper lieber en Wulf in en Stall wie de Sunne an en Himmel* WA-KIWa; Reim:
> *Schäper, wu hast'e din Mäken?*
> *Dat hewwe ik in de Karre verstäken.*
> *Schaper, wu hast'e dinen Hakenstock?*
> *Dä liet bi de Kare, paßt for't Mäken op.*
> *Schaper, wu hast'e dinen Hund?*
> *Steit op'n Barge un kiekt in'n Grund.* Chr-Em 432.
> - Brauch: Der Schafhirte ging durch das Dorf und gab durch Pfeifentöne das Signal, ihm die Schafe zum Hüten zu übergeben (verstr.), Reim:
> *Ruh, ruh, reitje,*
> *De Schaper hat 'ne Fleitje,*
> *De Kauheer hat 'nen Dudelsack,*
> *Dudelt uhsen Lüttjen wat.* Lieder-Ma Nr. 42 (WE-Ro);
>
> *Piep, Schaaper, piep,*
> *dreimal um den Diek,*
> *dreimal um den Kirschenkeern*
> *Ruthchen un Ernstchen danzen jeern.* QUE-Fr.

Abb. 1: Artikel *Schāper*[4]

---

[4] Der Artikel entstammt der Alphabetstrecke *P–Spilder*, die bisher nur in internen Lieferungen vorliegt, vgl. Punkt 2.

Um dem Benutzer des Wörterbuchs eine einfachere Orientierung zu geben, wird nach dem Prinzip vom Einfachen zum Umfänglichen verfahren. Während Syntagmen und Sätze ohne weitere Kennzeichnung dargeboten werden, findet eine solche bei anderen, besonders bei feststehenden oder idiomatisierten[5] syntaktischen Formen / Textarten statt. Diese Angaben fungieren zugleich als Gliederungssignal:

syntaktische Form / Textart	Kennzeichnung
Syntagmen	ohne
Sätze	ohne
feste Verbindungen (nicht idiomatisiert)	Verbdg.
Redensarten	Rda.
Sprichwörter	Sprw.
Wetterregeln	Wetterregel
Bauernregeln	Bauernregel
Rätsel	Rätsel
Reime mit Spezifizierungen	Reim Kinder-, Neck-, Abzähl-, Bastlöse-, Tanz-

Allen verschiedenen syntaktischen Formen/Textarten ist gemein, dass das Lemma dort an prominenter Stelle steht oder es sich um „typische" Verwendungsweisen handelt. Dabei kann es durchaus vorkommen, dass gleiche oder ähnliche Konstruktionen unter verschiedenen Lemmata erscheinen. Dann wird versucht, jeweils andere Quellen aus anderen Mundartgebieten heranzuziehen, ferner kann es auch leichte Variationen geben: z. B.:

frēsen (MeWb 1, 1041): *er friert wie'n Schnieder* JE1-Ma (mbrdb.)

Snīder: *mi früst ass'n Snid'r* Wb-Altm 199 (nbrdb.)

Kind (MeWb 2, 485): *Kinder un Besopene spreken de Wahrheit* Sprw-Börde (elbostf.)

besūpen (MeWb 1, 389): *Besopene un Kinner sagen de Wahrheit* JE2-Bö (nbrdb.)

Lüde (MeWb 2, 906): *Achtern Berg wohnen ok noch Lüd.* Spr-Altm 76 (nbrdb.)

Barg (MeWb 1,316): *hindern Barge wohnt ok noch Lü* WE-Be (elbostf.)

---

5   Das ist auch gängige Praxis bei anderen großlandschaftlichen Dialektwörterbüchern, vgl. die Erläuterungen zu den einzelnen Vorhaben in Lenz / Stöckle (2021).

Von Seiten der Phraseologie wurde z. T. recht massive Kritik an der Einbindung von Phraseologismen in die Mundartwörterbücher geübt. Sie würden der bloßen „Illustration von Lemmata" (Zürrer 2007, 544) dienen und als „undifferenziertes Belegmaterial" (ebd., 544) präsentiert.[6] Was hier quasi als abwertend konstatiert wird, ist aber eben die spezielle Aufgabe der Dialektlexikographie: das Aufzeigen der verschiedenen Verwendungsmöglichkeiten eines Lexems bzw. einer Bedeutung. Da etliche Phraseme recht häufig belegt sind, muss durch den Bearbeiter eine Auswahl getroffen werden, es kann eben nicht das gesamte Belegmaterial Eingang finden. Der phraseologischen Forschung wird in den (gedruckten) Wörterbüchern, aber noch viel mehr im Archivmaterial, das vielfach bereits digitalisiert vorliegt, Material für eine weitere Bearbeitung zur Verfügung gestellt. Inzwischen ist die areale Phraseologie tatsächlich stärker in den Fokus der Sprachwissenschaft gerückt. Ausgehend vom Westmünsterländischen hat Piirainen (2000) mit ihrer Arbeit zur Phraseologie des betreffenden Gebiets sowohl theoretisch (im Band 1) als auch praktisch (Band 2: Wörterbuch) einen wichtigen Anstoß gegeben. Inzwischen gibt es verschiedene Publikationen zu diesem Themenfeld[7].

Ein weiterer Kritikpunkt ist, dass die Zuordnung zu einer bestimmten Bedeutung problematisch sei, da es durch Idiomatisierung zu einer Verdunklung der ursprünglichen Bedeutung komme (Wirrer 2000, 17f.; Burger 2002, 15; Zürrer 2007, 544). Als Möglichkeit, diese Gefahr zu umgehen, wird eine Präsentation unabhängig von den einzelnen Bedeutungen vorgeschlagen (ebd., 544).[8] Das ist in der Tat bedenkenswert, ist aber beim Mittelelbischen Wörterbuch nicht praktiziert worden.

Bevor auf die als Gliederungssignal im MeWb verwendeten Termini und deren Spezifika eingegangen wird, sei noch ein Blick auf die „Terminologie-Vielfalt der Phraseologieforschung" geworfen, die nach Farø (2015, 229) „legendär" sei. Innerhalb der Fachwissenschaft gibt es hierbei große Unterschiede, auch abhängig davon, ob man eher volkskundlich oder rein linguistisch orientiert[9] ist. Hinzu treten Benennungen der Alltagskommunikation.[10] Für die (ökonomische) Arbeit am Sprachmaterial, aber auch im Hinblick auf die Benutzer des Wörterbuchs empfiehlt sich eine leicht zu handhabende, nicht zu kleinteilige Nomenklatur, deren Krite-

---

6　Vgl. dazu auch Piirainen (2006, 198f.).
7　Als Beispiele sollen genannt werden: Mulch (2000) zum Südhessischen, Burger (2002), Häcki Buhofer (2004) und Burger / Zürrer (2011) zum Schweizerdeutschen, Filatkina (2005) zum Letzebuergeschen, Šiffalovičová (2009) für das Karpatendeutsche, Knop (2011) zum Pfälzischen, vgl. auch den Überblick bei Zürrer (2007, 542ff.) und die Aufsatzsammlung Piirainen (2016). Vgl. aber bereits Flechsig (1974) mit ostfälischen Sprichwörtern.
8　Wirrer (2000,17) plädiert für die Erfassung der Phraseologismen in einem Spezialwörterbuch. Werden diese aber in das großlandschaftliche Dialektwörterbuch integriert, sollte das in einem abgehobenen Teil geschehen, in dem – klar strukturiert – Angaben zur Syntax, Semantik und zu Restriktionen erscheinen.
9　Vgl. z. B. Burger (1998, 36ff.) bzw. Burger (⁵2015, 30–52) sowie die Übersicht bei Donalies (2009, 30f.).
10　Vgl. Burger / Dobrovol'skij / Kühn / Norrick (2007, 2ff.).

rien gut zu durchschauen sind. Im Mittelelbischen Wörterbuch finden dabei primär semantische und nicht syntaktische[11] Parameter Anwendung, die nachfolgend erläutert werden sollen.

Die erste syntaktische Form/Textart, die durch ein Gliederungssignal gekennzeichnet wird, sind ‚feste Verbindungen‘ (Kürzel ‚Verbdg.‘, s. Abb. 2).

> **Fudder** n. ‘Futter, Nahrung’, bes. für Tiere, 1: SA-Dä
> Rist, 2: vereinz. nbrdb., verstr. mbrdb., 3: verstr. elbostf.,
> 4: verstr. omd. – ... *dät Fudder wärd schön torecht mokt* ...
> Heimatkalender-Je 1923,99 (JE2-Fi); ... *"du hast doch*
> *de Stallunge derzu un Futter o ..."* WÄSCHKE [6]1915,93;
> Verbdg.: *opp Futter staan* ‘in Pflege stehen, zur Arbeit
> herangezogen werden’ Wb-Holzl 94 (HA-Eil); *Futter*
> *machen* ‘Blätter von den Rüben brechen’ Wb-Ak 63;
> Rda.: *der hett det letzte Fudder im Liewe* ‘er stirbt bald’
> JE2-Re.

Abb. 2: Artikel *Fudder* (MeWb 1, 1065)

Merkmale sind einmal die Invarianz in Bestand und Reihenfolge der beteiligten Elemente[12] und als wichtiges Unterscheidungskriterium zu den nachfolgenden Gruppen kein oder ein nur sehr geringer Grad an Idiomatizität, z. B.:

dörchblicken loaten ‘andeuten’ Heimatkalender-Je 1923,96 (JE2-Vie);

mins Gefalln ‘meinetwegen’ Wb-Altm 137;

forr Dau un Daach ‘vor Tagesanbruch, sehr früh’ Wb-Holzl 74;

en scheenen Pennig Jeld ‘eine recht beträchtliche Summe’ WE-Oster.

Häufig handelt es sich um so genannte Paar- oder Zwillingsformeln: *graids un gwäor* DE-Ca oder *Sack un Pack* ‘die gesamte bewegliche Habe’ JE2-Ki.

Daneben findet der Terminus ‚Verbdg.‘ bei der Bedeutungsangabe Anwendung, wenn sich die Benennung für das Denotat erst aus dem Zusammenwirken der Bestandteile ergibt, z. B.: *engelsch Lerrer* ‘Manchesterstoff’ CA-Ak (MeWb 2,825); *de strengen Regenten* ‘die drei Eisheiligen’ QUE-Kö oder bestehend aus einem attributiv gebrauchten Ortsnamen und einem Substantiv: *Lindenberger Schulze*

---

11 Rein syntaktisch (und nicht semantisch) determiniert sind im MeWb nur Syntagmen und Sätze. Bei den aufgeführten Phraseologismen spielt die syntaktische Struktur hingegen nur eine untergeordnete Rolle als zusätzliches Unterscheidungsmerkmal z. B. zwischen Redensarten und Sprichwörtern. Anders verfährt beispielsweise das Wörterbuch der Ungarndeutschen Mundarten, das bei Phraseologismen syntaktische Unterscheidungen vornimmt, z. B. syntagmawertige und satzwertige Phraseologismen und auf einer darunter liegenden Ebene dann Phraseologismen in Verbindung mit einzelnen Wortarten, vgl. Knipf-Komlósi / Müller (2021, 332ff.).

12 Vgl. Duden 11 (1992, 8): Bestimmte Operationen sind mit festen Wendungen nicht durchzuführen wie u. a. Kommutation, Attribuierung, Permutation.

'Schellenober', Spielkarte, BA-Sil (MeWb 2, 869) oder z. B. für Necknamen: *Barwiesche Heiducken* NeckN für die Bewohner von Barby, CA-We (MeWb 1, 312). In der Reihenfolge bei der Präsentation des Belegmaterials schließen sich Redensarten und Sprichwörter an. Während der Terminus ,Sprichwort' in Darstellungen zur Phraseologie durchaus Verwendung findet, sieht es mit dem Begriff ,Redensart' etwas anders aus. Der eher volkskundlich orientierte Zweig der Phraseologieforschung benutzt ihn nicht nur, es wird auch noch eine weitere Differenzierung besonders von einfachen und sprichwörtlichen Redensarten[13] vorgenommen.

Unter Redensarten werden im MeWb feststehende sprachliche Wendungen bzw. lexikalische Einheiten unterhalb der Satzebene[14] verstanden, die sich durch Stabilität und in der Regel Idiomatizität auszeichnen. Eine weitere Subkategorisierung entfällt. Häufig auftretende Typen sind (ohne dies jedoch hervorzuheben) u. a. komparative Redensarten (s. Abb. 3) und die als sprichwörtliche Redensarten bekannten Phraseme (z. B. *en'n Sparren in'n Koppe hem* 'verrückt, geistesgestört sein' Wb-We 131), die nicht gesondert abgehoben werden.

> **Rāwe** m. TiN 'Rabe', bes. als zusammenfassende Benennung für versch. Rabenvögel, vorw. für TiN 'Krähe', ↗ *Kreie*, 2: verbr. Altm. (außer West- und Südrand, dort nur vereinz. n WO), vereinz. sw ZE, 3: vereinz. n/mittleres elbostf., verstr. s elbostf., 4: verstr. omd. - *Rǟw, Rǟw, giw mi auk en Knoken aff* Ausdeutung des Krächzens der Krähe, SA-Gü; Rda.: *schwart wie'n Rabe* Vk-Harz 3,45; *där klaut wie sonn Rawe* ZE-Roß; *Er maust wie an Rabe.* Vk-Anhalt[a] 62; *schilt (schimpft) wie 'n Rawe* Sprw-Börde; Sprw.: *Raw'n bäi Raw'n un Hästers* (Elstern) *bäi Hästers*, mit Variante: *un Ul'n bäi Ul'n.* Bewohner-Altm 1,358; *Ēn Raow hackt d' anner d' Ōg nich ūt.* Wb-Altm[*] 72; Reim:
> *Ra(o)we, Ra(o)we, schtolze*
> *T' Funken sinn in'n Holze.*
> *'S Näst prännt, 's Näst prännt*
> *schwinge* (geschwind), *schwinge Wassr hänn.* Ldk-Anhalt 2,48 (BA-Ha);
> Bastlösereim:
> *Pipe, Pipe, kloppe dei,*
> *Und wenn du dei nich kloppen läßt,*
> *Denn schmiet ick dei in'n Graben,*
> *Denn fressen dei de Raben.* Vk-Anhalt[b] 83 (ZE-Ro).

Abb. 3: Artikel *Rāwe*

---

13 Vgl. hierzu vor allem Röhrich / Mieder (1977); Röhrich (1991/92). Daneben wird auch der Terminus ,idiomatische Redewendung' verwendet.

14 Der Bezug auf syntaktische Parameter erfolgt hier nur in Hinsicht auf die Definition, nicht aber, um eine weitere Binnengliederung vorzunehmen.

Gemeinsam für Redensarten und Sprichwörter gilt, dass eine Bedeutungsangabe nur erfolgt, wenn davon auszugehen ist, dass der Benutzer sie nicht erschließen kann. Sind sie aus der Standardsprache bekannt, erübrigt sich in der Regel eine Erläuterung. Bei komparativen Redensarten z. B. kommt es dagegen darauf an, ob das nicht ausdrücklich genannte (und daher mitzudenkende) Tertium comparationis deutlich wird. Beim Artikel *Rāwe* beispielsweise können die Vergleiche ohne Probleme nachvollzogen werden, wenn auf das Äußere (schwarz) bzw. die (unterstellte) Eigenschaft des Entwendens (glitzernder) Gegenstände referiert wird. Bei der Redensart *Dät is jo'n Für, as wenn de Köster backt un de Bur gewt Holt daoto* (Bewohner-Altm 1, 346: MeWb 1, 1068) wird hingegen die Kenntnis vorausgesetzt, dass Vertreter beider Berufe als geizig gelten, so dass es sich folglich um ein sehr kleines Feuer handeln muss.

Die so genannten ‚Sagwörter' oder ‚Wellerismen' wurden kommentarlos hier eingeordnet, eine Entscheidung, die nicht recht glücklich ist, da es sich beim ersten Teil dieses Konstruktionstyps zuallererst um ein Sprichwort handelt, das von dem oder der Sprechenden (im Mittelteil benannt) relativiert, verfremdet bzw. in einen anderen Kontext gestellt wird[15], der der überlieferten Anwendung entgegensteht und so eine komische Wirkung erzielt (s. Abb. 4): Das weithin bekannte Sprichwort: ‚*Aller Anfang ist schwer.*' wird Personen (Bauer, Dieb) in den Mund gelegt, die eine eigentlich nicht schwer zu bewältigende Tätigkeit völlig verkehrt anpacken, Die Komik besteht darin, dass in diesen Fällen nicht von einem Anfängerfehler die Rede sein kann.

> **Anfang** m. **1.** 'Ausgangspunkt, Beginn' 2: vereinz. nbrdb., 3: vereinz. elbostf., 4: vereinz. omd. – *māke man emāl den Anfang* BLA-Brau; *In Ahnfange war eersch en orntijer Happen ejetten.* Vk-Harz 8,30; Rda.: *da finste keinen Anfang un kein Enne* 'es herrscht heillose Verwirrung' Sprw-Börde; *All' Anfang is swar – sä de Bur, dao woll häi de Koh bäin Stärt in'n Stall trecken.* von jmdm., der eine Angelegenheit verkehrt anpackt, Bewohner-Altm 1,323; *Aller Anfang is swar, seggt de Dew, da slep'r 'n Möhlensteen weg.* dass., Spr-Altm 88; Sprw.: *Watt'n Anfang hätt, mütt ok'n En'n hämm'.* Wb-Altm* 72. – **2.** 'erster Teil eines Zeitabschnittes' 2: Hausfr-Altm 1929,23 (STE-KlMö), JE2-Gü Scho – *et wor so Anfang September un buten wor ne bannige Hitze* JE2-Gü.

Abb. 4: Artikel *Anfang* (MeWb 1, 150)

Im Unterschied zu den Redensarten weisen Sprichwörter meist Satzcharakter aus (s. Abb. 3). Sie sind (volkstümliche) pointierte, einprägsame allgemeine Regeln, die (auf erzieherische Weise) Erfahrungen, traditionelle Ansichten und Wertvor-

---

15   Vgl. u. a. Röhrich / Mieder (1977, 11f.); Bausinger (²1980, 108f.); Donalies (2009, 95f.).

stellungen zum Ausdruck bringen.[16] Die darin enthaltene Weltsicht ist an die gesellschaftlichen, ökonomischen und sozio-kulturellen Verhältnisse einer bestimmten Zeitepoche gebunden. Man muss sich notwendigerweise im Klaren sein, dass
das Belegmaterial im MeWb hauptsächlich vom Ende des 19. bis zur Mitte des
20. Jahrhunderts stammt und dass in Redensarten und Sprichwörtern Normvor-
stellungen vorhergehender Epochen konserviert werden. Ein paar Beispiele mögen
genügen:

Geschlecht
Mäken (MeWb 2, 944): *Mäkens de fleutchet* (die flöten, d. h., die vorlaut,
wenig zurückhaltend sind) *und Heuhner de kreihn, de mot'n bi Tieten et
Genicke umdreihen.* Chr-Em 431;

Beruf
Lemma *Advokat* (MeWb 1, 21), der angeblich zur Bestechlichkeit neigt:
Advokaten und Wagenräder möt'n beid' smert werd'n. Spr-Altm 87;

Ethnie
Lemma *inkȫpen* (MeWb 2, 309), in der Verbdg. (Rda.) *englisch inkȫpen*
'stehlen';

Religion (in dem evangelisch bzw. kalvinistisch geprägten Bearbeitungsgebiet)
kathōlsch (MeWb 2, 433), das mit den Bedeutungen wie 'heuchlerisch,
falsch' oder 'wenig umgänglich, eigensinnig, dickköpfig' die ablehnende
Haltung der Bevölkerung gegenüber dieser Konfession zeigt. Dies bildet
auch den Hintergrund für folgende Redensarten: *katoolsche Ooren* (Augen)
machen 'inbrünstig, schwärmerisch gucken' (CA-Ca) oder *den hewwe wei
kattolsch emoakt* (OSCH-Grö) von einem Frosch, der mit einem Strohhalm
aufgeblasen wird.

Da es kaum möglich ist, überall dort, wo aus heutiger Sicht eventuell diskrimini-
rende Aussagen transportiert werden, Erläuterungen anzubringen, wird sozusagen
auf den „mündigen" Benutzer gebaut, der in der Lage ist, diese Aussagen bzw.
Konnotationen einzuordnen.

Als eine Sonderform des Sprichworts[17] kann die Bauernregel[18] angesehen werden. Sie ist eine aus Erfahrungen und Beobachtungen erwachsene, teilweise aber
auch im Aberglauben wurzelnde Aussage zu Dingen und Vorgängen, welche den
Bereich der Landwirtschaft sowie die Natur betreffen, z. B.: *den 1. Mai sieht de
Schaper lieber en Wulf in en Stall wie de Sunne an en Himmel* (WA-KlWa, s. Abb.

---

16 Vgl. u. a. Beyer (1985, 6); Röhrich / Mieder (1977, 1ff.); Röhrich (1991/92, 23f.); Donalies (2009,
    91ff.).
17 Vgl. u. a. Röhrich / Mieder (1977, 7).
18 Vgl. u. a. Röhrich / Mieder (1977, 7ff.); Donalies (2009, 94).

1). Mehrheitlich wird eine konditionale Beziehung hergestellt: wenn – dann: *Maimand* (Maimonat) *kolt un winnig, makt de Banse* (Lagerraum der Scheune) *vull un pünnig* (pfündig). Chr-Em 427 (MeWb 2,940). Wie die Beispiele zeigen, wird häufig eine Relation ‚Witterung zu einem bestimmten Zeitpunkt – Ernte' hergestellt.[19] Im Unterschied dazu fehlt bei der Wetterregel[20] die Auswirkung auf die Landwirtschaft (s. Abb. 5).

> **Morgengast** m. 'Gast, der am Morgen kommt', nur in Rda., 3: vereinz. elbostf. – Rda.: *Morgengäste bitt men kein'n Stauhl* WO-HWa; Wetterregel: *morjenjeste wandern* 'am Morgen fallender Regen verzieht sich im Verlauf des Tages' Wb-Nharz 128.

Abb. 5: Artikel *Morgengast* (MeWb 2, 1083)

Die im Belegteil verwendeten Reime sind hinsichtlich der Sprecher sowie der Situationen, in denen sie verwendet werden, recht verschieden. Aus diesem Grund wird – wenn möglich – eine Subklassifizierung vorgenommen (s. Tabelle). Auch per Fragebogen wurden Reime erfasst z.b. über den Maikäfer oder Neckreime über Nachbarorte und deren Bewohner. Einige sind an bestimmte Situationen gebunden: über den Marienkäfer, wenn er auf einem Finger sitzt oder solche, die beim Ablösen der Rinde eines Weidenzweigs zwecks Herstellung eines einfachen Blasinstruments aufgesagt werden. (vgl. Abb. 3).

Bei Artikeln mit einem sehr umfangreichen Belegteil wird zwecks besserer Übersichtlichkeit eine Strukturierung vorgenommen z. B. beim Artikel *Būer* 'Bauer' (MeWb 1, 571f.) mit einer semantischen Gliederung der Redensarten und Sprichwörter nach einzelnen Eigenschaften[21], die dem Bauern zugeschrieben werden.

1. Eigenes Standesbewusstsein, höhere soziale Stellung: *ein Bur kann nich artreckt* (erzogen) *wern, dei mot geboren sien* WO-Gu;

2. Bestreben, dieser Stellung auch äußerlich Ausdruck zu verleihen, regt zu Spott an: *Dät versteiht sich, sä de Bur, dao sprak'r hochdütsch.* Bewohner-Altm 1,325;

3. Bauern wird Eigennutz, Geiz und übermäßiges Gewinnstreben nachgesagt: *'ne Arme kann man ebenso argern as 'ne Rieke sagte de Bur, as he nach Geld freiete.* Spr-Altm 87;

---

19 Bausinger (²1980, 107) unterscheidet bei den Bauernregeln Arbeits- und Wetterregeln.
20 Ist aber eine Beziehung zwischen bestimmten Wetterphänomenen und der Landwirtschaft herzustellen, wird der Spruch als Bauernregel klassifiziert.
21 Für jede Aussage wird nachfolgend nur jeweils ein Beispiel angeführt.

4. aus der Sicht der Stadtbevölkerung werden den Bauern Unkultiviertheit, Rückständigkeit, Beschränktheit, sogar Dummheit und Grobheit vorgeworfen: *Wat de Welt doch grod is, sä de Bur, dunn keek'r ääwer'n Kohltun.* Bewohner-Altm 1,324.

4.2. Belegteil im weiteren Sinn

Um das Ziel, die Lebens-, Arbeits- und Vorstellungswelt der Landbewohner vornehmlich in der ersten Hälfte des 20. Jahrhunderts, lebendig werden zu lassen und sie im kulturellen Gedächtnis zu bewahren, finden auch Sachbeschreibungen sowie die Darbietung von Bräuchen und Elementen des Volksglaubens[22] ihren Platz. Große (1988, 33) ist sogar der Meinung, dass man berechtigt und sogar verpflichtet ist, solche Beschreibungen mitzuliefern. Damit besitzt das Wörterbuch mehr oder weniger enzyklopädischen Charakter. Für den Begründer des Mittelelbischen Wörterbuchs, Karl Bischoff, gehörten Sprache, Geschichte und Kultur – auch unter Einfluss der Kulturraumforschung – unabdingbar zusammen, was seinen Niederschlag im Wörterbuch finden sollte. Das wird in einigen von ihm verfassten Wörterbuchartikeln wie *Anger, afdanzen* oder *backen*[23] deutlich. Bei *Aschermittwoch, -middewoche(n)*[24] nimmt die Beschreibung der Bräuche dieses Tages einige Spalten ein.

Umfangreichere Schilderungen von Arbeitsabläufen, Bräuchen oder des Volksglaubens finden sich bei Lemmata[25] zu Inhalten, die in der traditionellen Volks-

---

22 Auf den Terminus ‚Aberglaube‘ mit seinem nicht eindeutigen Bedeutungsumfang und vor allem seiner negativen Konnotierung als ‚falscher, irriger Glaube‘ wurde bewusst verzichtet. Allerdings ist der verwendete Begriff ‚Volksglaube‘ nicht minder problematisch. Auf das Verhältnis beider Bezeichnungen wurde bereits im Handwörterbuch des deutschen Aberglaubens (HDA 1, Vff.) verwiesen. Der erste Bestandteil ‚Volk‘ suggeriert eine gesellschaftspolitische und soziale Einheit. Zudem bleibt unklar, ob gemeint ist „aus dem Volk heraus entstanden … für das Volk geeignet, den Bedürfnissen des Volkes entsprechend." (Merkt 2009, 20). In diesem Zusammenhang ist am ehesten von den Bewohnern einer bestimmten Region / eines bestimmten Landes, die durch Sprache und Kultur miteinander verbunden sind, auszugehen. Der Begriff ‚Volksglaube‘ ist weiter gefasst als der des Aberglaubens, er enthält ein „in sich logische[s] System an Beobachtungen, Regeln und Folgerungen […] als eine Art und Weise, die Welt zu handhaben." (Kreissl 2013, 10). Eine zusammenfassende Definition gibt Lang (1988, 38): „Unter Volksglaube könnte man die von der Mehrheit eines Volkes bejahten Überzeugungen verstehen, die gemischt sind aus dem ‚Vertrauen‘ in unsichtbare Kräfte, Wesen und Instanzen und dem ‚Fürwahrhalten‘ von (rational nicht oder nicht völlig durchschaubaren) Zusammenhängen in der sichtbaren (natürlichen) und unsichtbaren (geistigen) Welt." Zu den Überzeugungen treten Handlungen in verschiedensten Bereichen, bei denen in vielfältiger und selbstverständlicher Weise christliche Elemente integriert werden (z. B. beim Besprechen von Krankheiten, vgl. Artikel *böten* MeWb 1, 494).

23 Es existiert ein handschriftliches Manuskript der Alphabetstrecke *A-bedöwen* 'betäuben'. Bischoff probierte darin aus, wie die Wörterbuchartikel aufgebaut werden könnten. Bei einzelnen Artikelpositionen ist noch ein Schwanken zu beobachten. Nach der Wiederaufnahme der Arbeiten 1992 bestand ein Arbeitsgang darin, seine Vorstellungen zu analysieren und mit den Erfordernissen der modernen Dialektlexikographie abzugleichen.

24 Als Musterartikel veröffentlicht bei Bischoff (1984, 36ff.).

25 Liegen mehrere Synonyme vor, erscheinen die entsprechenden Darlegungen unter dem Lemma

kunde meist mit ‚Brauch und Sitte im Lebens- bzw. Jahreslauf' bezeichnet wurden. Zum Jahreslauf gehören auch eng mit der bäuerlichen Wirtschaft verbundene Ereignisse wie z. B. das nicht kirchliche Ernte- oder das Schlachtefest. Wenn auch die Beschreibungen in der Standardsprache erfolgen, so werden doch mundartliche Elemente dort, wo es sinnvoll erscheint, eingebunden:

Slachtefest n. 'Hausschlachtung (von Schweinen) mit anschließendem Mahl' verstr. (mbrdb. keine Belege) - *Morgen is Schlachtefest.* EHLIES 1960ᵃ 78; *En Erendag ist Slachtefest.* GORGES 1938,84. - Brauch: Das S. stellte ein großes Ereignis dar, da nicht nur die zum Haushalt gehörenden Personen, sondern viele Helfer aus der Verwandtschaft und Nachbarschaft mit eingebunden waren: *Un stickt de Slächter t' Swien nu dot, Fat't jeder jâm mit an ...* GORGES 1938,84. Dabei wurde Branntwein ausgeschenkt: *Un wie de Mutter wedder schenkt En Sluck vorr jeden in ...* a.a.O. 84. Zudem fand die Hausschlachtung und die Bereitung von Fleisch und Wurst durch ein gemeinsames Mahl ein Ende.
Ummer is sö'n Schlachtefest, jum ...
dat Beste von et Jahr ewest. Jum. HÖPNER o.J. 199.
Awwer sonn richtijes Schlachtefest nah de ahle Mode jiwwets in de Stadt schon lange nich mehr ... Uffs Dorf da is das noch was janz anneres. Da hat oh jeder Mietsmann seinen Stall ... HEESE ²1919,85. Die Hausschlachtungen wurden von November bis Februar vorgenommen, denn die niedrigen Temperaturen erhöhten die Haltbarkeit der frischen Waren. Die Schweine konnten geschlachtet werden, wenn *... se denne ihre drei odder vier Zentnär hann ...* HEESE ²1919,86. *Jeschlacht wurre ins Waschhaus un inne Stowwe ...* Wb-Ak 148. Die Schlachtung nahm ein bestellter Fleischer (→ *Slachter*) vor, der zunächst das Schwein durch einen Schlag oder einen Abschuss eines Bolzens betäubte. Anschließend ... *naohmpe das Stechmessr, staochs ... Unn'r das Loch schoop eenr schnell de Stichmolle, aus de Molle kippnses Blut in' Top ...* Heimathefte-Be 1956,242 und 243 (BE-GrWi). Das aufgefangene Blut musste gerührt werden, damit es nicht gerinnen konnte. *Drnao worre das Tier inne Briehwanne jela't, ...* (a.a.O. 242 - BE-GrWi) *... jebrieht un mein Glocken un Messer jeputzt ... Dr Flaescher zitt denn nach uffen Ricken 's Fell ob.* Vk-Unterharzᵇ 100 (BA-Schie). Danach wird es an einen Haken gehängt. *Sau bale et Schwien an Haken hänget, ward een Klein inneschenket* (WE-Re). Nach einem Frühstück wurde das Schwein auf der → *Slachtebank* zerteilt. Die Teile, die für die Wurstbereitung benötigt wurden, kamen zum Kochen in einen großen Kessel. Pökelware wurde eingesalzen, Speck und Schinken hängte man in den (ehemals weiten) Schornstein. Sie wurden erst im Frühjahr (wenn der Kuckuck ruft) angeschnitten.
Wie nuh de Worscht lange jenunk jekocht hadde, da meente Mohs, se wehr jut, un se kennten sa rauslangen aus de Worschtsuppe. HEESE ²1919,95.
De Slächter stoppt (die Würste). *De Mutter bind't*
En Bimfamt tau un tüllt
De Wöste, dee nu fartig sünd.
De Slächter krijjt sien Jeld. GORGES 1938,85.
Bereitet wurden Stichfleisch, Sülze und Wurstsorten

wie u.a. Leber-, Semmel-, Zwiebel-, Rot-, Grützwurst. In Anhalt wurde auch Rosinenfleisch bzw. Rosinenwurst bereitet (vgl. Vk-Unterharzᵇ 99, Vk-Anhaltᵃ194, Brauch-Anhalt 306). Nachdem alle Arbeiten erledigt waren, wurden ... *jude Bekannte injelaodn.* Heimathefte-Be 1956,243 (BE-GrWi). Neben frischem Schlachtgut wurden bei diesem Schmaus u.a. Kuchen, Salate, Klöße und eingemachte Früchte (wie Pflaumen, Kürbis) serviert. Auch Nachbarn und Freunde wurden bedacht: *Jee'n Mitaok kaom' schonn anne Menge Leite, die brachtn Henkelteppe un holtn sichn Aomt Worschtsuppe.* Heimathefte-Be 1956,243 (BE-GrWi). *Noawers un Frünn frein sick a upp Stäkfleisch, Gehacktes, Bröh un frisch Wost.* EHLIES 1960ᵃ 78.
Begleitet wurden die Arbeiten durch Neckereien, z.B. wird der Schweineschwanz jmdm. unbemerkt auf den Rücken geheftet. Vk-Unterharzᵇ 99, Vk-Anhaltᵃ 193. Unkundige oder Leichtgläubige erhalten Aufgaben, die nicht erfüllbar sind: ... *nimmeste mit de linke Hand hie die Priese Saalz un strauest se's Schwein uffn Schwanz, denn kanns nich loofen.* HEESE ²1919,90. Sie sollen fiktives Gerät herbeischaffen wie z.B. Darmhaspel, Sülzen- bzw. Wurstpresse oder Schlackenbohrer. EHLIES 1960ᵃ 79f., HÖPNER o.J. 201, KLAUS 1936,32, Vk-Unterharzᵇ 100. Jugendliche verkleiden sich oder schwärzen ihre Gesichter, um sich Schlachtgut zu ersingen:
Wi hett ehört, ji hett eslacht,
hett ji tüsch kene Wost emikt,
steck wi jüch all in swarten Sack. Brauch-wAltm 106 (GA-Sie). Im Wörlitzer Winkel verkleiden sich die Frauen als Männer und umgekehrt. Vk-Anhaltᵃ 194. Ausf. vgl. u.a. Essen-nwAltm 18f., EHLIES 1960ᵃ 78ff., Brauch-wAltm 105f., HÖPNER o.J. 176-207, Vk-Unterharzᵇ 96ff., Vk-Anhaltᵃ 193ff., Heimathefte-Be 1956,242ff. (BE-GrWi), HEESE ²1919,85-98. - Volksgl.: Bedauert man das zu schlachtende Schwein, stirbt es schwerer. Vk-Anhaltᵃ 193. Ein betäubtes Schwein liefert nur minderwertiges Fleisch. a.a.O. 193 (BA-Sip).

Abb. 6: Artikel *Slachtefest*

---

mit der größten Verbreitung bzw. mit der Synonymenzentrale (z. B. beim bereits genannten nicht kirchlichen Erntefest unter *Ernekranz*).

Bei diesem Beispiel handelt es sich in erster Linie um Passagen aus unterschiedlichen Quellen (auch in Reimform), die den Ablauf und die einzelnen Arbeitsschritte bei der Hausschlachtung darstellen. Zusätzlich werden Aussagen zur Bedeutsamkeit (... *dat Beste von et Jahr* ... Höpner o. J., 199) oder zum Rückgang dieses Ereignisses (*Awwer sonn richtijes Schlachtefest nah de ahle Mode jiwwets in de Stadt schon lange nich mehr* ... Heese [2]1919, 85) in den Text integriert.

Es ist dabei nicht immer ganz einfach, die Waage zwischen ausreichender Information und gebotener Kürze zu halten. An der einen oder anderen Stelle wären sicher Straffungen möglich, so z.B. bei der Ausführlichkeit, in der Varianten beim Ablauf von Arbeitsgängen oder Brauchhandlungen geschildert werden.

4.3. Prinzipien bei der Gestaltung des Belegteils und dabei auftretende Schwierigkeiten

Im Belegteil soll möglichst der Versuch unternommen werden, eine Vielfalt abzubilden: sowohl kommunikativ-semantisch, syntaktisch als auch in Bezug auf die unterschiedlichen Mundartlandschaften. Im Idealfall könnten alle diese Punkte in einem Wörterbuchartikel realisiert werden. Doch die tägliche Praxis sieht anders aus, denn die Möglichkeit des Auswählens ist oft begrenzt. Zu etlichen Stichwörtern lassen sich keine Sprachbeispiele finden oder nur solche mit geringem Aussagewert. Das ist beispielsweise bei Adjektiven der Fall, die Eigenschaften von Personen kennzeichnen: Verwendung des prädikativen Musters:

X (Person) *is* Adjektiv.

Verschiedentlich sind nicht für alle Gebrauchsweisen eines Wortes Belegsätze vorhanden, beim folgenden Beispiel nicht für die Verbindung mit *ōpen*:

> **sparrangelwīt** Adj., vorw. in der Verbdg. mit *ōpen* oder *up* 'ganz weit offen, so weit offen, wie es die Türangel erlaubt' 2: vereinz. nbrdb., ZE-Roß, 3: verstr. elbostf., 4: vereinz. anhalt. - *de Döär stat sperrangelwiet up* STE-Wa; *mach doch't Maul nich so sprangeweit uff* ZE-Roß.

Abb. 7: Artikel *sparrangelwīt*

Innerhalb des Arbeitsgebiets ist in Bezug auf die einzelnen Mundartlandschaften ein Ungleichgewicht der Quellen, die für Sprachbeispiele herangezogen werden können, zu konstatieren: Eine relative Vielfalt bieten die nordbrandenburgische Altmark und das (Elb)Ostfälische zwischen Ohre und Harz, Magdeburg und der westlichen Landesgrenze. Dagegen stehen für das Brandenburgische östlich der Elbe und dem Nordthüringischen im Südwesten nur wenige geeignete Quellen mit Kontextbelegen zur Verfügung. Bei einer genauen Durchsicht der Artikel wird man feststellen, dass aus einigen Quellen relativ häufig zitiert wird. Dazu gehören u. a.

das Altmärkische Wörterbuch von Danneil (nbrdb.: Wb-Altm[26]), das Nordharzer Wörterbuch von Damköhler (elbostf.: Wb-Nharz) oder das Bernburger Wörterbuch (omd.: anhalt: Wb-Be) von Matthias (nicht gedruckt) bzw. die sich unter den Ortspunkten JE2-Scho (Schollene, nbrdb., direkte Abfragen in Lautschrift durch Helmut Schönfeld), HA-Oh (Ohrsleben, elbostf., Wortsammlung Otto Held) oder DE-Ca (Capelle, anhalt.: Belege Schönfeld für seine Dissertation über die Mundart des Fuhnegebiets) verbergenden Sammlungen. Allen ist gemein, dass sie eine große Anzahl an Stichwörtern aufweisen, die häufig durch Kontextbelege illustriert werden. Allerdings ist bei Wortsammlungen durch Laien (wie z. B. HA-Oh, aber auch im Bernburger Wörterbuch) generell Vorsicht geboten. Das gilt insbesondere bei der Beurteilung, ob überhaupt ein Mundartwort vorliegt, denn sowohl in Hinblick auf Wortfamilien als auch auf Belegsätze orientierte man sich nicht selten an standardsprachlichen Wörterbüchern. Bei Substantivkomposita kann man sich oftmals des Eindrucks nicht erwehren, dass die Stichwortliste des Dudens in die Mundartform transponiert wurde. Erleichtert wird die Entscheidung, ein Lemma unberücksichtigt zu lassen, wenn es sich dabei jeweils um einen Einzelbeleg handelt[27]. Zudem sind dem Redakteur die Quellen, die gelegentlich Anlass zu berechtigten Zweifeln geben, bekannt. Ansonsten wird er seine aktive oder passive Mundartkompetenz zur Beurteilung einsetzen.

Das gilt insgesamt für den Belegteil, denn nur in diesem Teil eines Wörterbuchartikels obliegt es dem Bearbeiter, durch eine gezielte und schöpferische Auswahl und Anordnung des Materials dem Benutzer die Mannigfaltigkeit der Verwendung eines Lexems nahezubringen.

Literatur

Bauer, Werner (1986): Die Fragebogenerhebungen in den deutschen Dialektwörterbüchern. In: Hans Friebertshäuser (Hg.): Lexikographie der Dialekte. Beiträge zu Geschichte, Theorie und Praxis. Tübingen, 93–102 (Reihe Germanistische Linguistik, 59).

Bausinger, Hermann (²1980): Formen der Volkspoesie. 2. Aufl. Berlin.

Beyer, Horst (²1985): Sprichwörterlexikon. Sprichwörter und sprichwörtliche Ausdrücke aus deutschen Sammlungen vom 16. Jahrhundert bis zur Gegenwart. 2., unveränd. Aufl. Leipzig.

---

26 Die vollständigen bibliografischen Angaben sind unter https://mew.uzi.uni-halle.de/siglen zu finden.

27 Zu den Wörtern, die nicht aufgenommen wurden, weil sie nur in einer der Wortsammlungen erscheinen, zählen z. B. aus HA-Oh: *Parsönlichkeit, rentabel* oder aus Wb-Be: *Rüstung, Schlagader, Sofabein* oder *Steinbruch*.

Bischoff, Karl (1984): Das Mittelelbische Wörterbuch. Wiesbaden (Abhandlungen der Akademie der Wissenschaften und der Literatur Mainz. Geistes- und sozialwissenschaftliche Klasse, 7).

Burger, Harald (1998): Phraseologie. Eine Einführung am Beispiel des Deutschen. Berlin (Grundlagen der Germanistik, 36).

Burger, Harald (2002): Dialektale Phraseologie – am Beispiel des Schweizerdeutschen. In: Elisabeth Piirainen / I. T. Piirainen (Hg.): Phraseologie in Raum und Zeit. Akten der 10. Tagung des Westfälischen Arbeitskreises „Phraseologie / Parömiologie" (Münster, 2001). Baltmannsweiler, 11–29.

Burger, Harald (2015): Phraseologie. Eine Einführung am Beispiel des Deutschen. 5., neu bearb. Aufl. Berlin (Grundlagen der Germanistik, 36).

Burger, Harald / Dmitrij Dobrovol'skij / Peter Kühn / Neal R. Norrick (2007): Phraseologie: Objektbereich, Terminologie und Forschungsschwerpunkte. In: HSK Phraseologie. Teilbd. 1, 1–9.

Burger, Harald / Peter Zürrer (2011): Phraseologie in der Deutschschweiz und schweizerdeutsche Phraseologie. In: Elisabetta Fazzini (Hg.): Il Tedesco Superiore. Tradizione scritta e varietà parlate. Alessandria (Alemannica, 4), 87–156.

Donalies, Elke (2009): Basiswissen Deutsche Phraseologie. Tübingen / Basel (UTB, 3193).

Duden. Redewendungen und sprichwörtliche Redensarten (1992). Wörterbuch der deutschen Idiomatik. Mannheim (Duden, 11).

Farø, Ken (2015): Feste Wortgruppen / Phraseologie II: Phraseme. In: Haß / Storjohann (Hg.), 226–247.

Filatkina, Natalia (2005): Phraseologie des Letzebuergeschen. Empirische Untersuchungen zu strukturellen, semantisch-pragmatischen und bildlichen Aspekten. Heidelberg.

Flechsig, Werner (1974): Ostfälische Sprichwörter. Volksweisheit und Volkshumor aus fünf Jahrhunderten. Zsgest. aus gedruckten und ungedruckten Quellen, erläutert und eingeleitet von Werner Flechsig unter Mitarbeit von Fritz Habekost. Braunschweig.

Große, Rudolf (1988): Einige Überlegungen zu den Grundlagen der Dialektlexikographie: In: Dialektlexikographie. Jena, 29–34.

Häcki Buhofer, Annelies (2004): Schweizerdeutsche Phraseologie? Perspektiven der Veränderung. In: Europhras 2000. Internationale Tagung zur Phraseologie vom 15.–18. Juni 2000 in Aske. Tübingen, 183–192.

Häcki Buhofer, Annelies (2007): Phraseographie im Variantenwörterbuch des Deutschen. In: Kritik und Phrase. Festschrift für Wolfgang Eismann zum 65. Geburtstag. Wien, 665–674.

Haß, Ulrike / Petra Storjohann (Hg.) (2015): Handbuch Wort und Wortschatz. Berlin / Boston (Handbücher Sprachwissen, 3).

HDA Hoffmann-Krayer, Eduard / Hans Bächtold-Stäubli (1987): Handwörterbuch des deutschen Aberglaubens. 10 Bde. Berlin / New York (Unveränderter photomechanischer Nachdruck der Ausgabe 1927–1942).

Heese, Bernhard (²1919): Sie'mterlee. En paar lustije Jeschichten die n richtijer Anhalter so vorrzellt, wie'n seine Landsleite forr jewehnlich sprechen. Dessau.

Höpner, Dora (o. J.): Meine Lieder. Ein Gedichtband. Zusammengestellt (aus dem Nachlass) von Ilse Höpner, hg. von Martin Höpner. Books-on-demand.

HSK Phraseologie: Phraseologie / Phraseology. (2007). Ein internationales Handbuch der zeitgenössischen Forschung. Hg. von Harald Burger u. a. 1. Halbbd. Berlin / New York (Handbücher zur Sprach- und Kommunikationswissenschaft, 28.1).

Knipf-Komlósi, Elisabeth / Márta Müller (2021): Wörterbuch der ungarndeutschen Mundarten (WUM). In: Lenz / Stöckle, 323–349.

Knop, Kerstin (2011): Phraseologie des Pfälzischen. Exemplarische Untersuchungen zu lexikographischen, kulturellen und stilistisch-pragmatischen Aspekten. Diss. Universität Trier. URL: https://ubt.opus.hbz-nrw.de/frontdoor/index/index/docId/505, https://doi.org/10.25353/ubtr-xxxx-4624-4cea (abgerufen am 17.10.2022).

Kreissl, Eva (Hg.) (2013): Kulturtechnik Aberglaube. Zwischen Aufklärung und Spiritualität. Strategien zur Rationalisierung des Zufalls. Bielefeld.

Lang, Rudolf (1988): Aberglaube? Fragwürdige Versuche zur Daseinsbewältigung – eine aktuelle psychologische Untersuchung. Stuttgart (Evangelische Zentralstelle für Weltanschauungsfragen. Orientierungen und Berichte, 15).

Lenz, Alexandra N. / Philipp Stöckle (Hg.) (2021): Germanistische Dialektlexikographie zu Beginn des 21. Jahrhunderts. Stuttgart (ZDL. Beihefte, 181).

Merkt, Andreas (2009): „Volk". Bemerkungen zu einem umstrittenen Begriff. In: Heike Grieser / Andreas Merkt (Hg.): Volksglaube im antiken Christentum. Darmstadt, 17–27.

MeWb: Mittelelbisches Wörterbuch. Begründet von Karl Bischoff, weitergeführt und hg. von Gerhard Kettmann. Unter der Leitung des Herausgebers bearb. von Hans-Jürgen Bader, Jörg Möhring (nur Band 2), Ulrich Wenner. Band 2: H–O. Berlin 2002. Band 1: A–G. Berlin 2008.

Mieder, Wolfgang (2007): Proverbs as cultural units or items of folklore. In: HSK Phraseologie. Teilbd. 1, 394–413.

Mulch, Roland (2000): Bildlichkeit in den Phraseologismen der südhessischen Dialekte. In: Gerd Richter u. a. (Hg.): Raum, Zeit, Medium – Sprache und ihre Determinanten. Darmstadt, 329–350.

Norrick, Neal R. (2007): Proverbs as set phrases. In: HSK Phraseologie. Teilbd. 1, 381–393.

Piirainen, Elisabeth (2000): Phraseologie der westmünsterländischen Mundart. Teil 1: Semantische, kulturelle und pragmatische Aspekte dialektaler Phraseologismen. Teil 2: Lexikon der westmünsterländischen Redensarten. Baltmannsweiler.

Piirainen, Elisabeth (2006): Phraseologie in arealen Bezügen: ein Problemaufriss. In: Linguistik online 27. URL: https://doi.org/10.13092/lo.27.751 (abgerufen am 17.10.2022).

Piirainen, Elisabeth (2016): Phraseologie und figuratives Lexikon. Kleine Schriften. Tübingen.

Röhrich, Lutz (1991/92): Das große Lexikon der sprichwörtlichen Redensarten. Neuausgabe in 3 Bänden. Freiburg im Breisgau.

Röhrich, Lutz / Wolfgang Mieder (1977): Sprichwort. Stuttgart.

Šiffalovičová, Martina (2009): Karpatendeutsche Phraseologie: Untersuchung der dialektalen Deutschvarietät aus dem Gebiet der Slowakei. Chisinau.

Wenner, Ulrich (2021): Das Mittelelbische Wörterbuch. In: Lenz / Stöckle, 275–302.

Wirrer, Jan (2000): ‚Dau' un ‚Deef'. Morphologische, syntaktische, semantische und pragmatische Aspekte von Phraseologismen und ihre Behandlung in niederdeutschen Wörterbüchern. In: Niederdeutsches Wort 40, 1–26.

Zürrer, Peter (2007): Phraseme aus germanistisch-dialektologischer Sicht. In: HSK Phraseologie. Teilbd. 1, 540–550.